SAKAMOTO DAYS

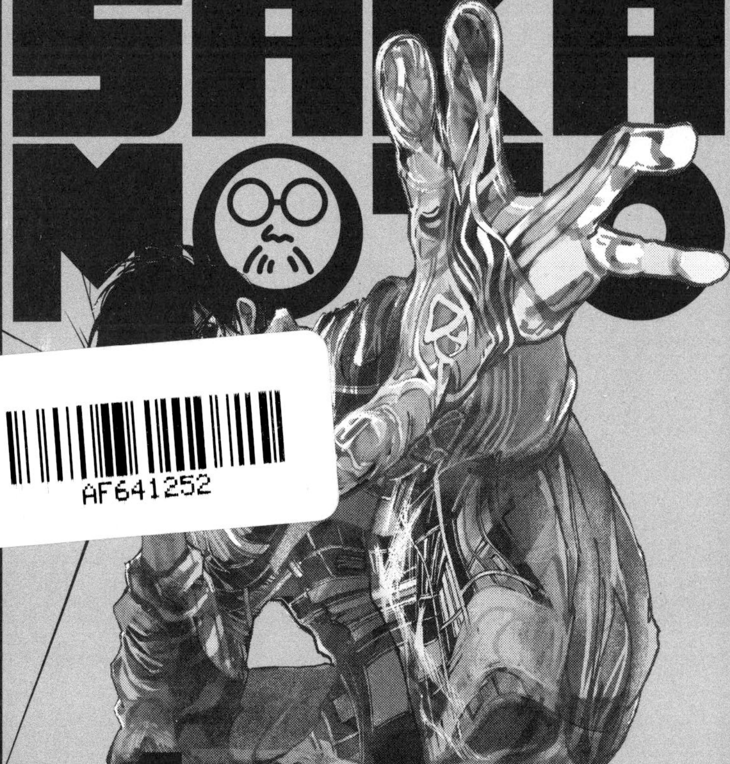

vol. 4

Ruhe im Zug!

YUTO SUZUKI

EMPFEH-
LUNGEN
IN DIESEM
BAND
!!

SAKAMOTOS LADEN

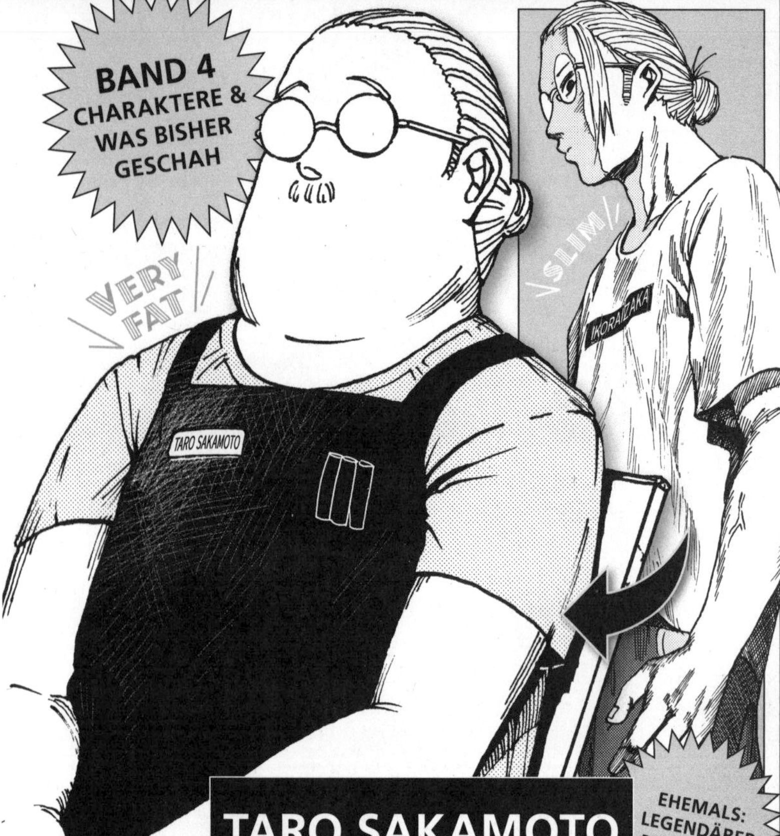

Ehemals der stärkste und gefürchtetste Auftragskiller. Führt jetzt einen kleinen Familienbetrieb, einen Tante-Emma-Laden namens »Sakamoto«, in einem ruhigen Viertel der Vorstadt. Ein recht schweigsamer und gefräßiger Zeitgenosse, der, obwohl er mittlerweile kugelrund ist, noch immer die gefährlichsten Tötungstechniken und alle Tricks und Kniffe eines waschechten Profikillers instinktiv beherrscht. Seine Frau und seine Tochter liebt er über alles. Wenn er zu viele Kalorien verbrennt, magert er schnell ab und ist wieder schlank und fit wie ein Turnschuh.

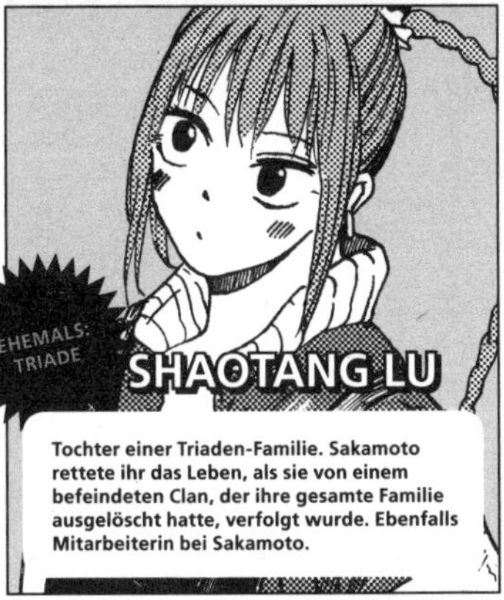

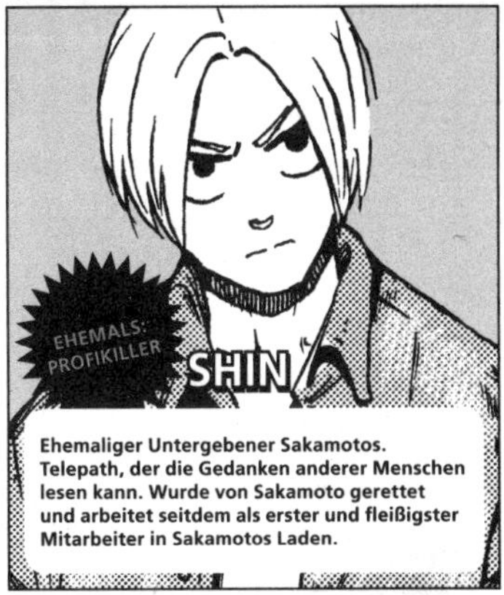

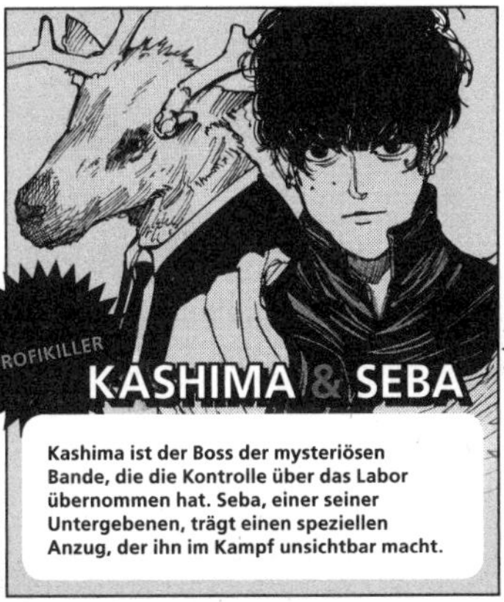

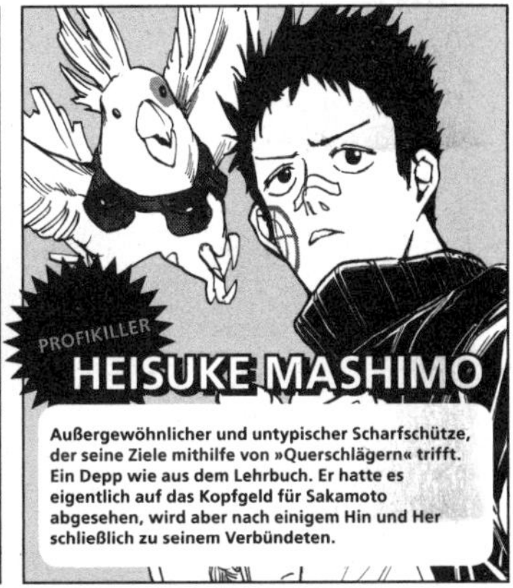

STORY

Es war einmal ein legendärer und erstklassiger Auftragskiller. Sein Name: Taro Sakamoto. Er war der Beste von allen, die Nummer 1 unter den Auftragsmördern, von der gesamten Verbrecherwelt gefürchtet und bewundert zugleich. Doch eines Tages … verliebte er sich! Danach folgten Schlag auf Schlag: Ruhestand, Hochzeit, Nachwuchs – und dann … wurde Sakamoto fett! Und zwar so richtig. Mittlerweile ist er Besitzer eines Familienbetriebs namens »Sakamoto«, und kaum dass er der Unterwelt den Rücken gekehrt hat, sieht er sich ständig neuen Gefahren ausgesetzt. Dabei versucht er doch nur, den ruhigen Alltag und das friedliche Familienleben mit seiner geliebten Frau Aoi und seiner Tochter Hana zu beschützen und löst all die Probleme, die auftauchen, lieber im Geheimen zusammen mit seinem früheren Partner Shin. Aber dann wird Lu entführt! Als sie sich auf die Suche nach ihr machen, landen Sakamoto und Shin schließlich im Labor, einer streng geheimen unterirdischen Anlage verborgen in einem Naturkundemuseum. Shin ist in dieser Forschungseinrichtung aufgewachsen und hat dort auch seine paranormalen Fähigkeiten entwickelt. Das Labor ist jedoch in die Hände einer mysteriösen Profikiller-Bande gefallen, die von einem gewissen Kashima angeführt wird. Unsere Helden müssen sich gegen Gegner mit gewaltigen Kräften zur Wehr setzen. Zwei Mitglieder von ORDER, die vermuten, dass auch der mysteriöse »X« sich an Ort und Stelle befindet, infiltrieren ebenfalls das Labor.

SAKAMOTO DAYS vol. 4

INHALT

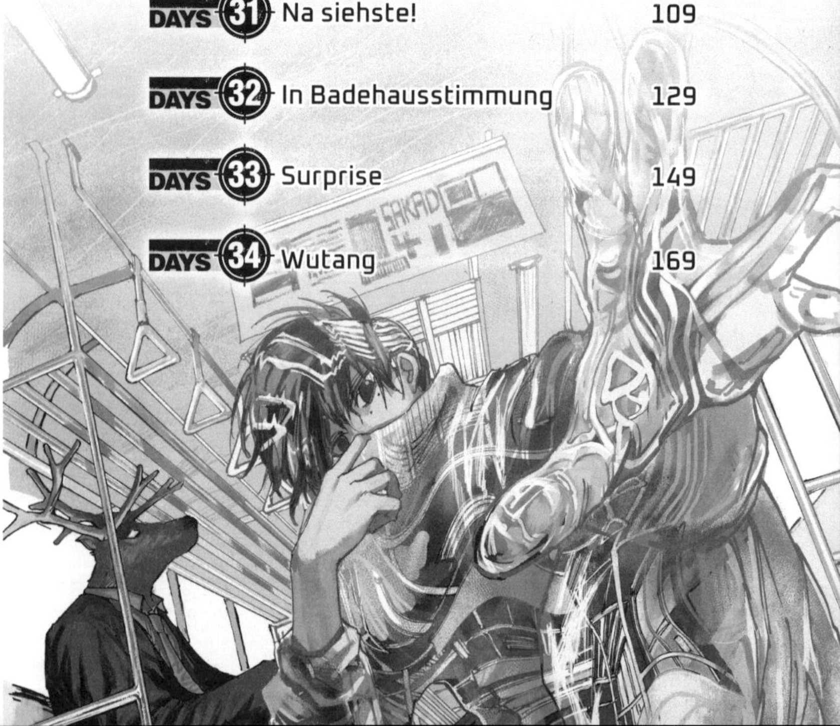

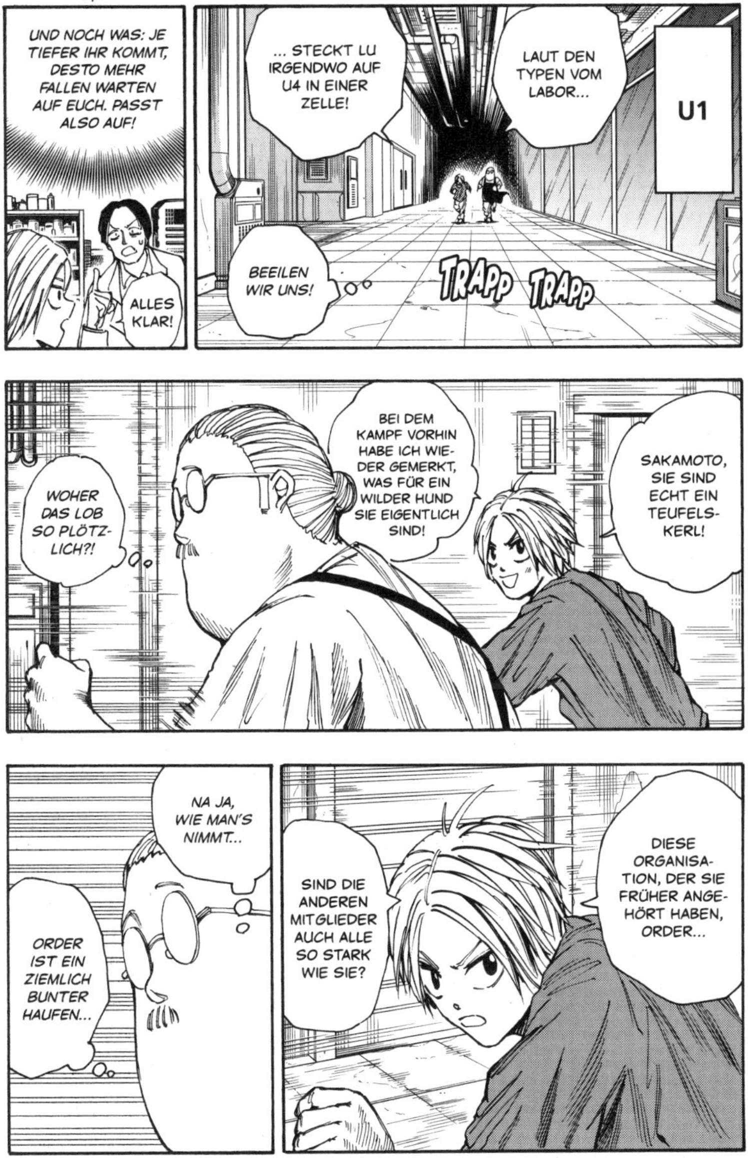
U1
LAUT DEN TYPEN VOM LABOR...
... STECKT LU IRGENDWO AUF U4 IN EINER ZELLE!
BEEILEN WIR UNS!
TRAPP TRAPP
UND NOCH WAS: JE TIEFER IHR KOMMT, DESTO MEHR FALLEN WARTEN AUF EUCH. PASST ALSO AUF!
ALLES KLAR!
SAKAMOTO, SIE SIND ECHT EIN TEUFELS-KERL!
BEI DEM KAMPF VORHIN HABE ICH WIE-DER GEMERKT, WAS FÜR EIN WILDER HUND SIE EIGENTLICH SIND!
WOHER DAS LOB SO PLÖTZ-LICH?!
DIESE ORGANISA-TION, DER SIE FRÜHER ANGE-HÖRT HABEN, ORDER...
SIND DIE ANDEREN MITGLIEDER AUCH ALLE SO STARK WIE SIE?
NA JA, WIE MAN'S NIMMT...
ORDER IST EIN ZIEMLICH BUNTER HAUFEN...

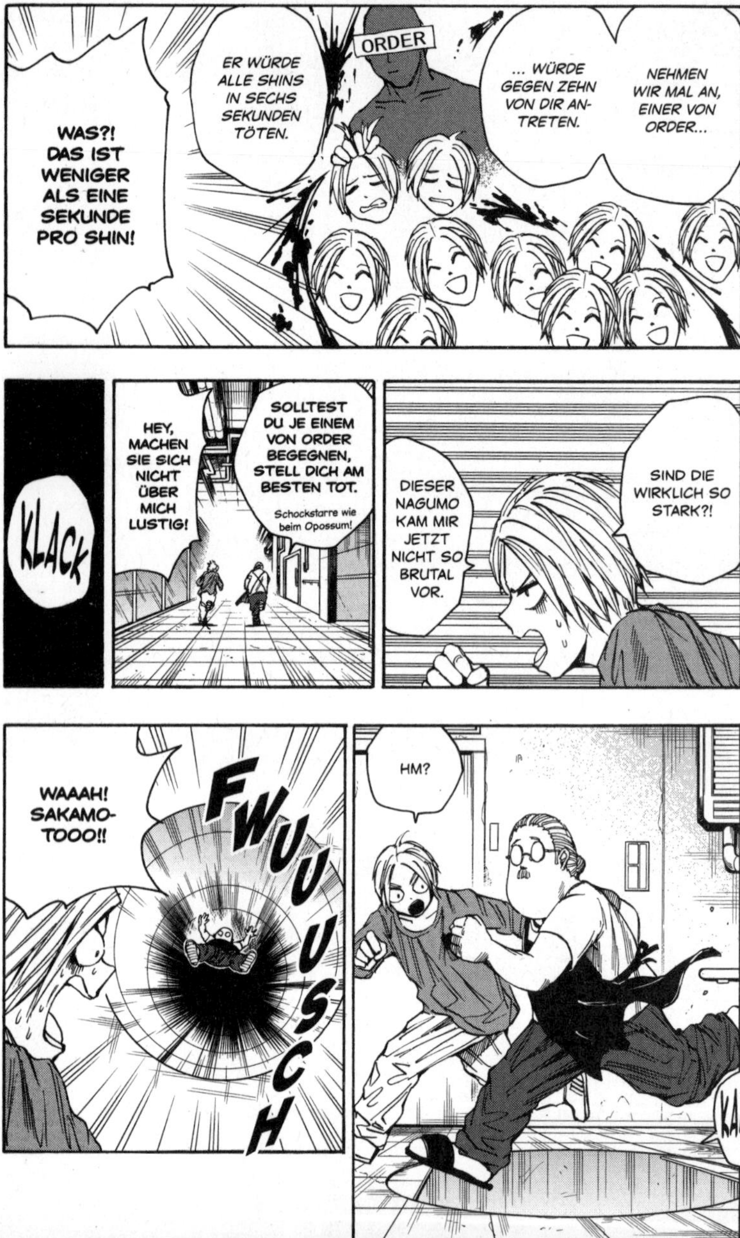
NEHMEN WIR MAL AN, EINER VON ORDER...
... WÜRDE GEGEN ZEHN VON DIR ANTRETEN.
ORDER
ER WÜRDE ALLE SHINS IN SECHS SEKUNDEN TÖTEN.
WAS?! DAS IST WENIGER ALS EINE SEKUNDE PRO SHIN!
SIND DIE WIRKLICH SO STARK?!
DIESER NAGUMO KAM MIR JETZT NICHT SO BRUTAL VOR.
SOLLTEST DU JE EINEM VON ORDER BEGEGNEN, STELL DICH AM BESTEN TOT.
Schockstarre wie beim Opossum!
HEY, MACHEN SIE SICH NICHT ÜBER MICH LUSTIG!
KLACK
HM?
KAPOCK
FWUUUSCH
WAAAH! SAKAMOTOOO!!

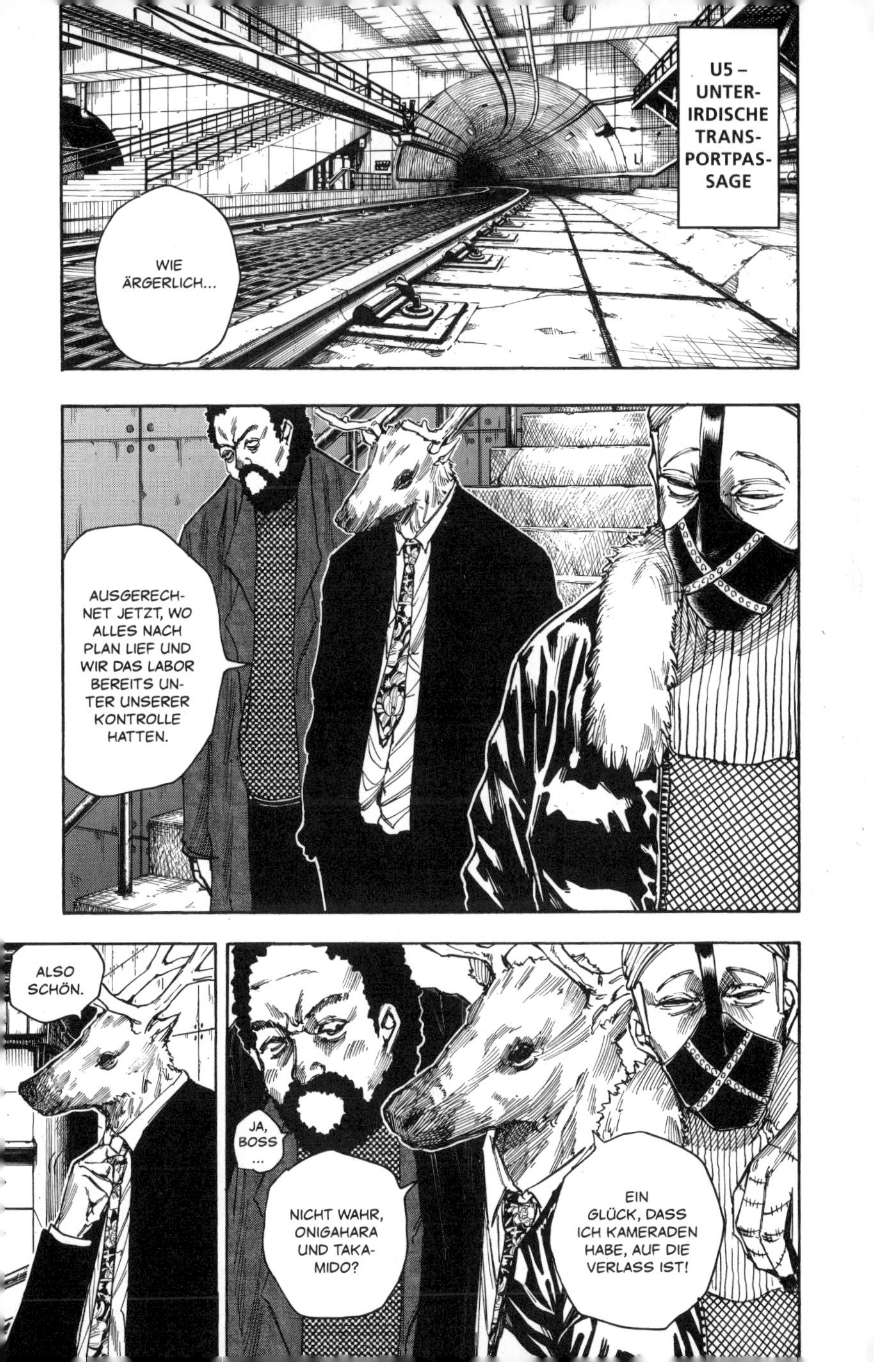
U5 – UNTERIRDISCHE TRANSPORTPASSAGE
WIE ÄRGERLICH...
AUSGERECHNET JETZT, WO ALLES NACH PLAN LIEF UND WIR DAS LABOR BEREITS UNTER UNSERER KONTROLLE HATTEN.
ALSO SCHÖN.
EIN GLÜCK, DASS ICH KAMERADEN HABE, AUF DIE VERLASS IST!
NICHT WAHR, ONIGAHARA UND TAKAMIDO?
JA, BOSS ...

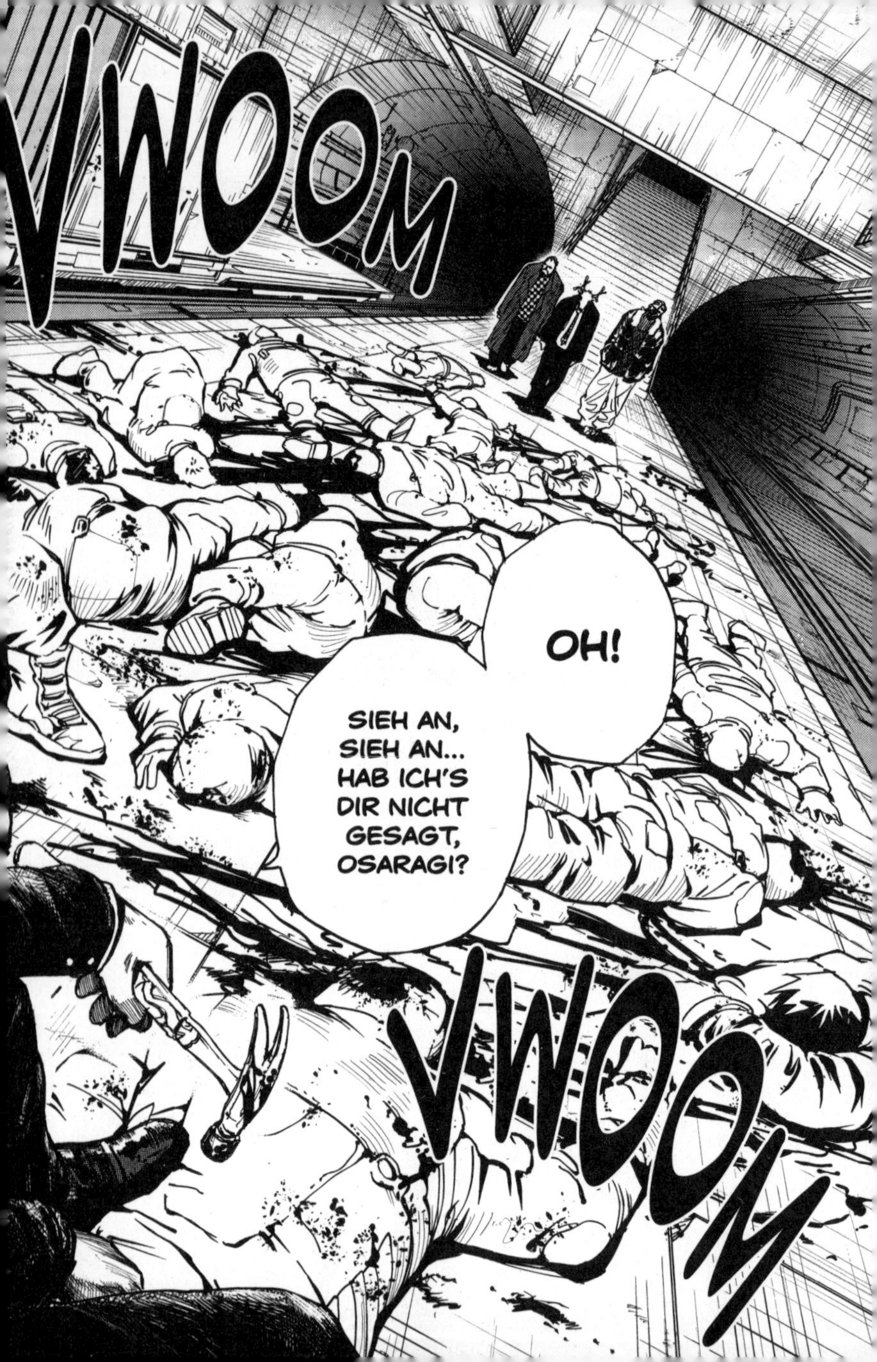
VWOOM
OH!
SIEH AN, SIEH AN... HAB ICH'S DIR NICHT GESAGT, OSARAGI?
VWOOM

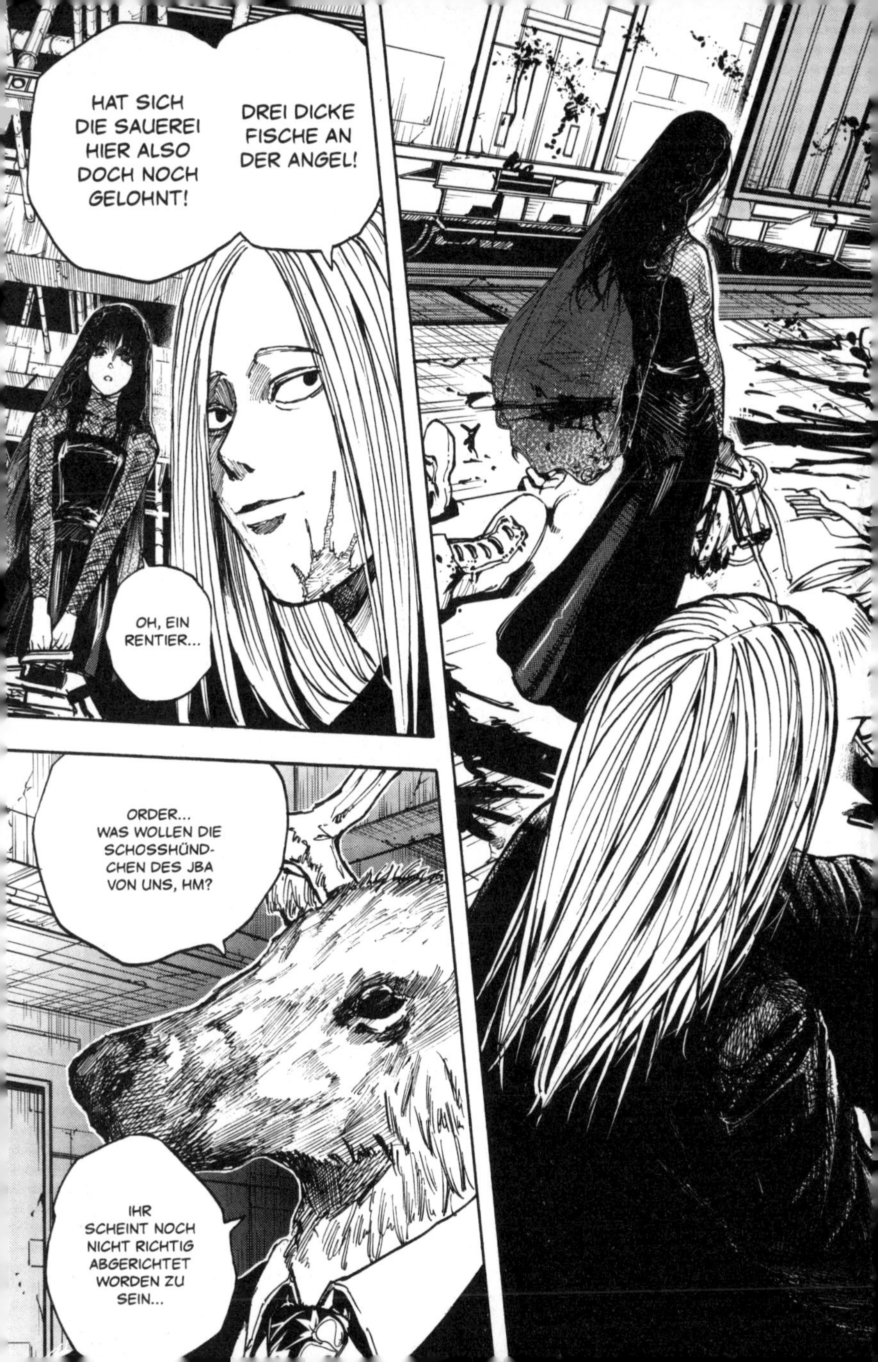
DREI DICKE FISCHE AN DER ANGEL!
HAT SICH DIE SAUEREI HIER ALSO DOCH NOCH GELOHNT!
OH, EIN RENTIER...
ORDER... WAS WOLLEN DIE SCHOSSHÜND-CHEN DES JBA VON UNS, HM?
IHR SCHEINT NOCH NICHT RICHTIG ABGERICHTET WORDEN ZU SEIN...

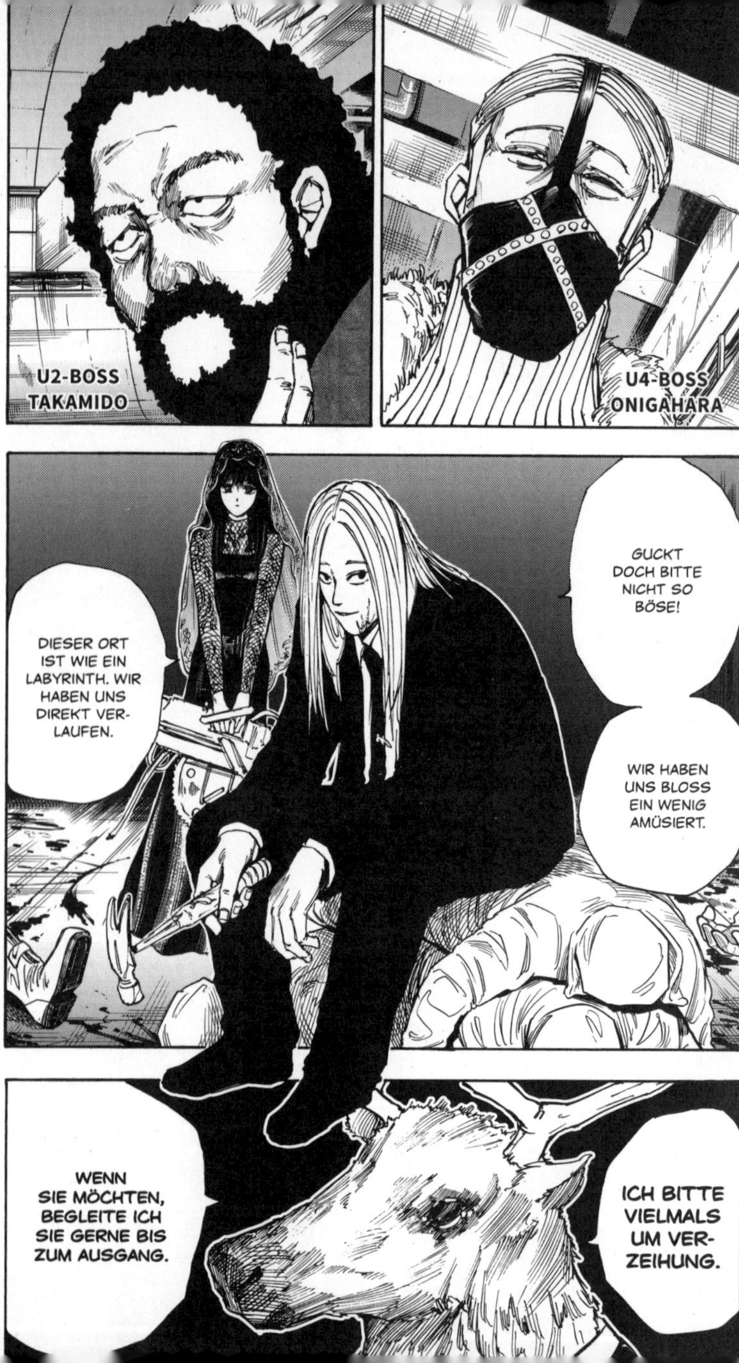
U4-BOSS
ONIGAHARA
U2-BOSS
TAKAMIDO
GUCKT DOCH BITTE NICHT SO BÖSE!
WIR HABEN UNS BLOSS EIN WENIG AMÜSIERT.
DIESER ORT IST WIE EIN LABYRINTH. WIR HABEN UNS DIREKT VER-LAUFEN.
ICH BITTE VIELMALS UM VER-ZEIHUNG.
WENN SIE MÖCHTEN, BEGLEITE ICH SIE GERNE BIS ZUM AUSGANG.

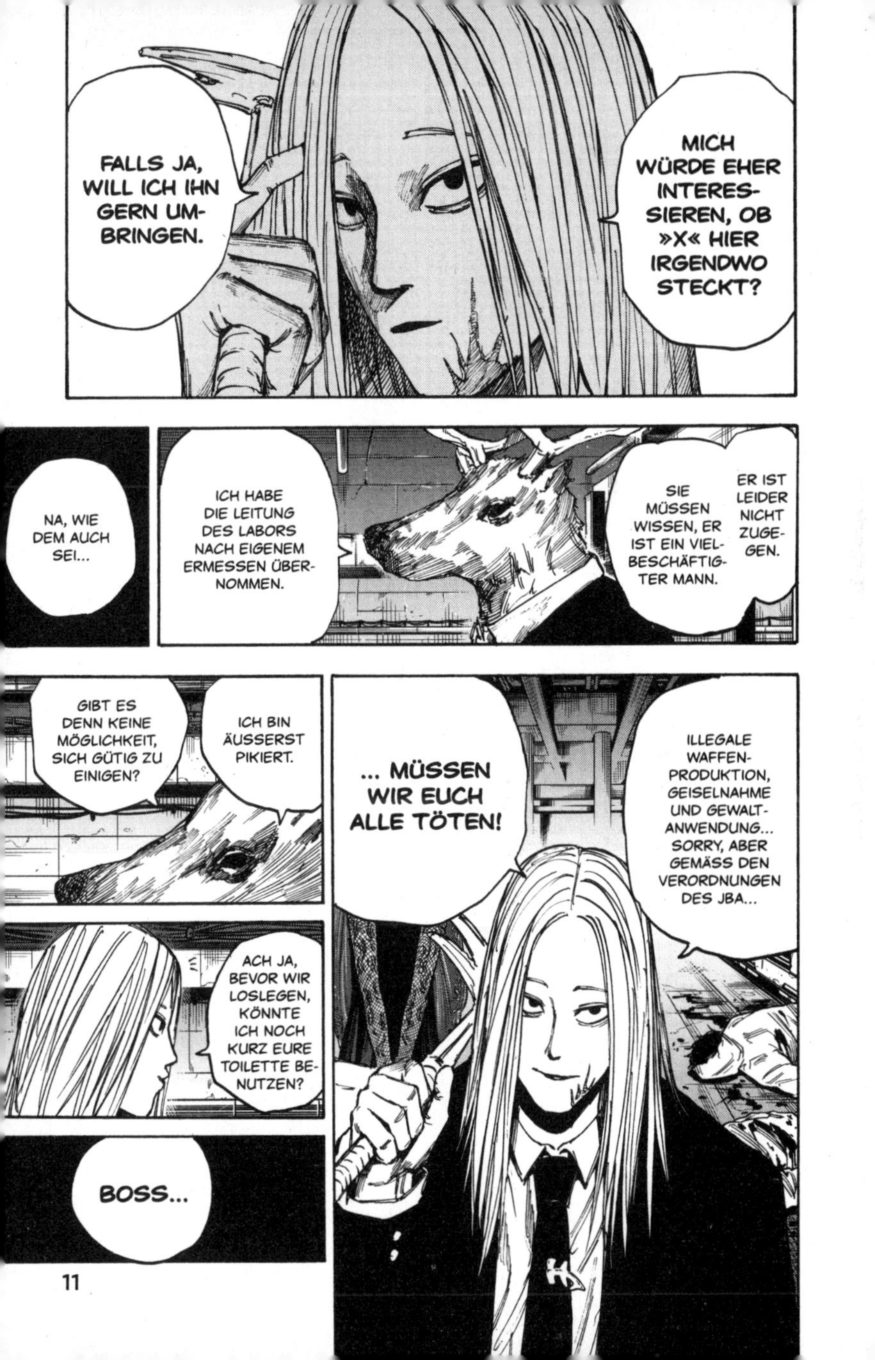
MICH WÜRDE EHER INTERESSIEREN, OB »X« HIER IRGENDWO STECKT?
FALLS JA, WILL ICH IHN GERN UMBRINGEN.
ER IST LEIDER NICHT ZUGEGEN.
SIE MÜSSEN WISSEN, ER IST EIN VIELBESCHÄFTIGTER MANN.
ICH HABE DIE LEITUNG DES LABORS NACH EIGENEM ERMESSEN ÜBERNOMMEN.
NA, WIE DEM AUCH SEI...
ILLEGALE WAFFENPRODUKTION, GEISELNAHME UND GEWALTANWENDUNG... SORRY, ABER GEMÄSS DEN VERORDNUNGEN DES JBA...
... MÜSSEN WIR EUCH ALLE TÖTEN!
ICH BIN ÄUSSERST PIKIERT.
GIBT ES DENN KEINE MÖGLICHKEIT, SICH GÜTIG ZU EINIGEN?
ACH JA, BEVOR WIR LOSLEGEN, KÖNNTE ICH NOCH KURZ EURE TOILETTE BENUTZEN?
BOSS...

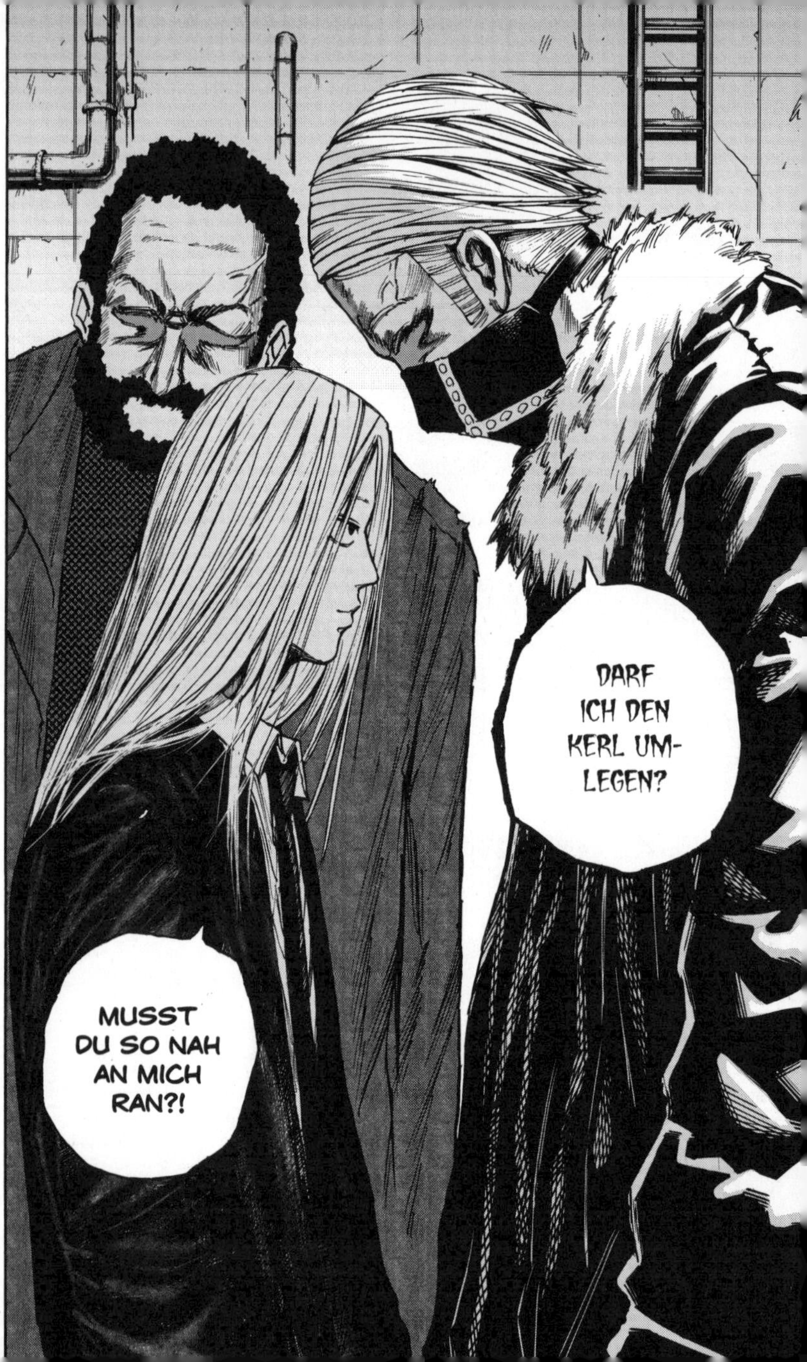
DARF ICH DEN KERL UM-LEGEN?
MUSST DU SO NAH AN MICH RAN?!

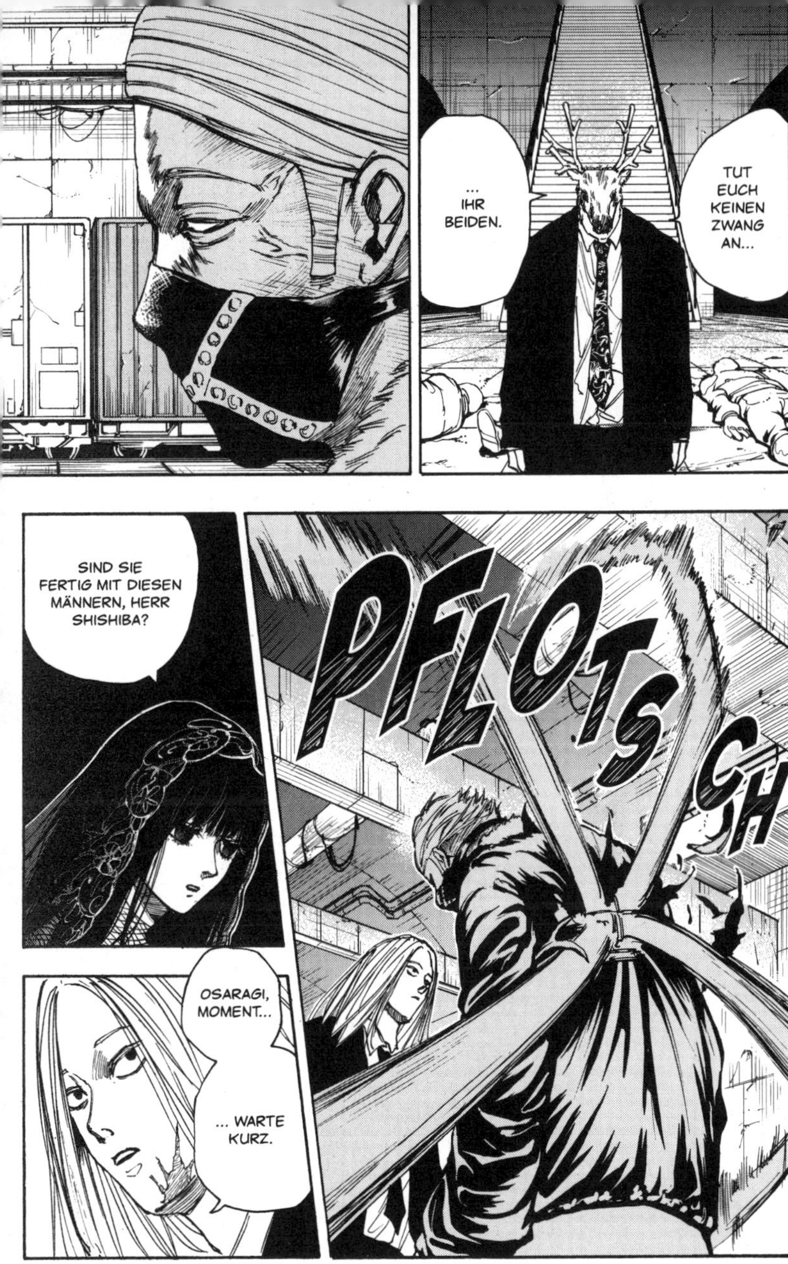
TUT EUCH KEINEN ZWANG AN...
... IHR BEIDEN.
PFLOTSCH
SIND SIE FERTIG MIT DIESEN MÄNNERN, HERR SHISHIBA?
OSARAGI, MOMENT...
... WARTE KURZ.

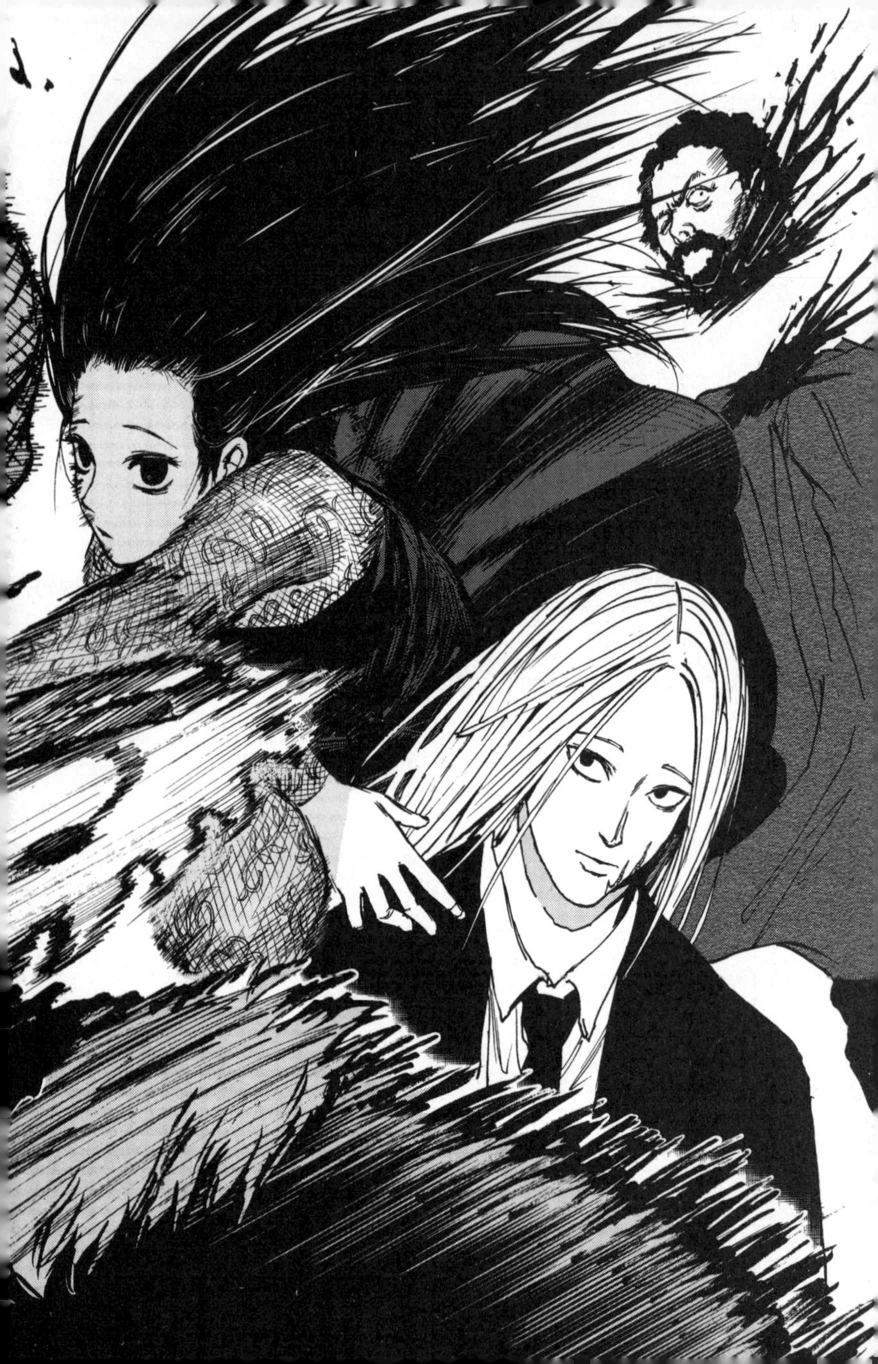

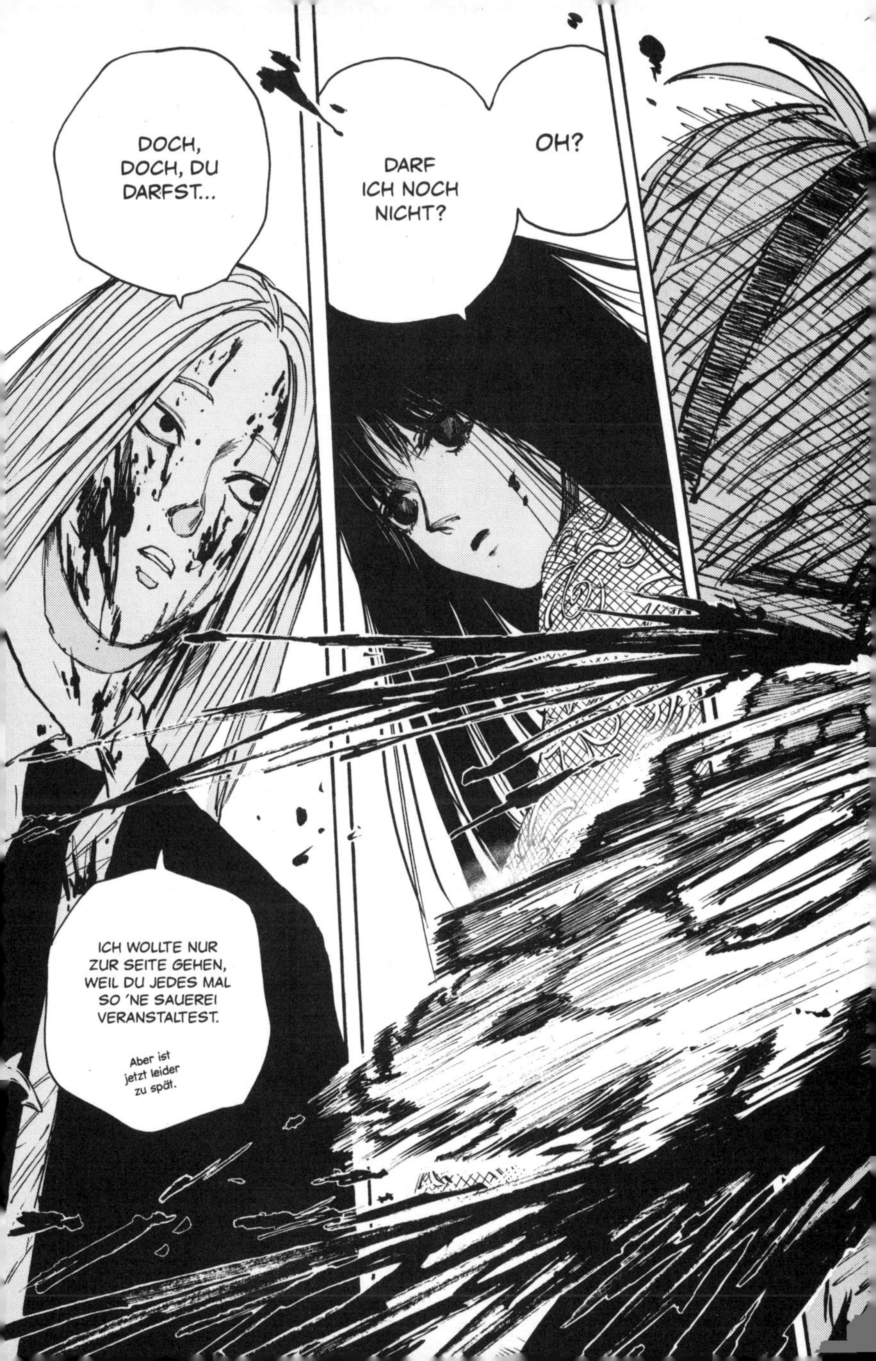
OH?
DARF ICH NOCH NICHT?
DOCH, DOCH, DU DARFST...
ICH WOLLTE NUR ZUR SEITE GEHEN, WEIL DU JEDES MAL SO 'NE SAUEREI VERANSTALTEST.
Aber ist jetzt leider zu spät.

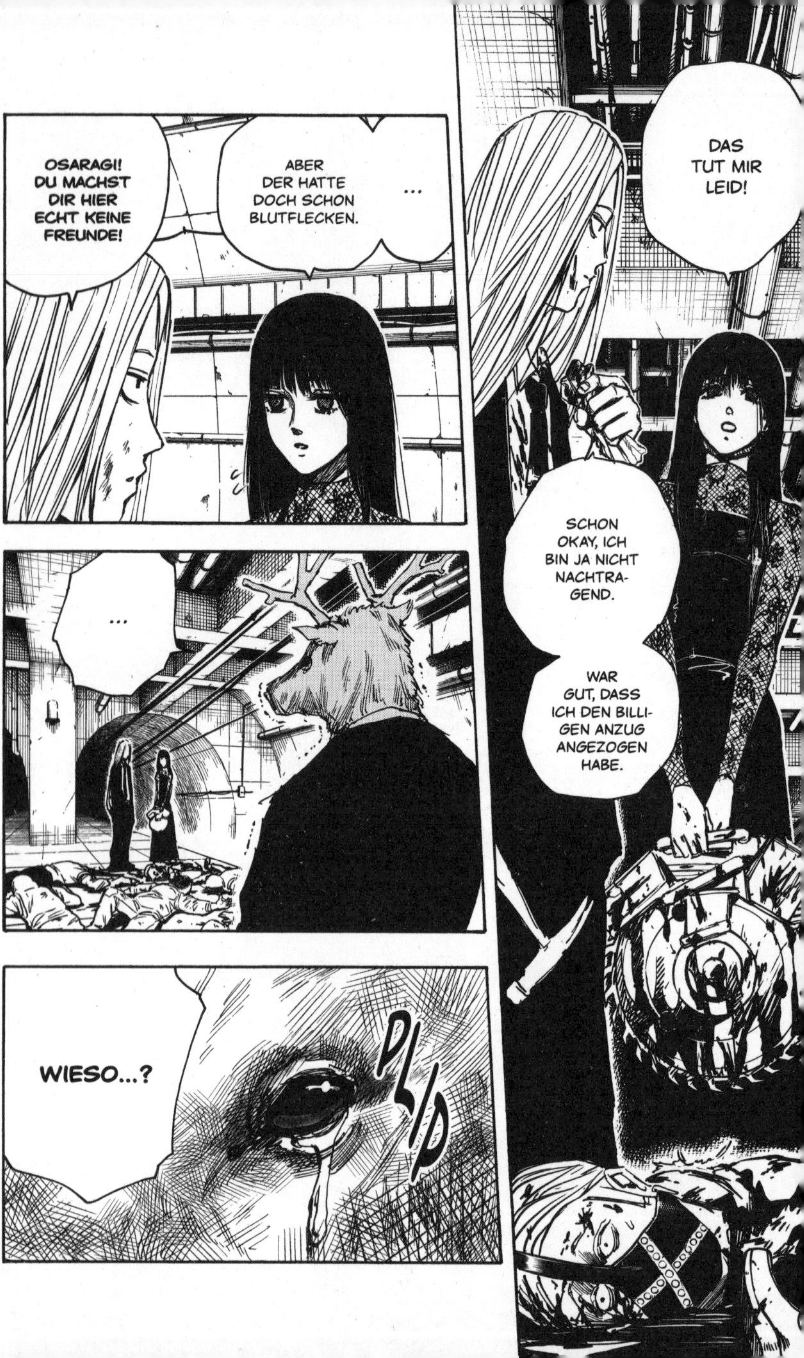
DAS TUT MIR LEID!
SCHON OKAY, ICH BIN JA NICHT NACHTRAGEND.
WAR GUT, DASS ICH DEN BILLIGEN ANZUG ANGEZOGEN HABE.
...
ABER DER HATTE DOCH SCHON BLUTFLECKEN.
OSARAGI! DU MACHST DIR HIER ECHT KEINE FREUNDE!
...
WIESO...?
DLIP

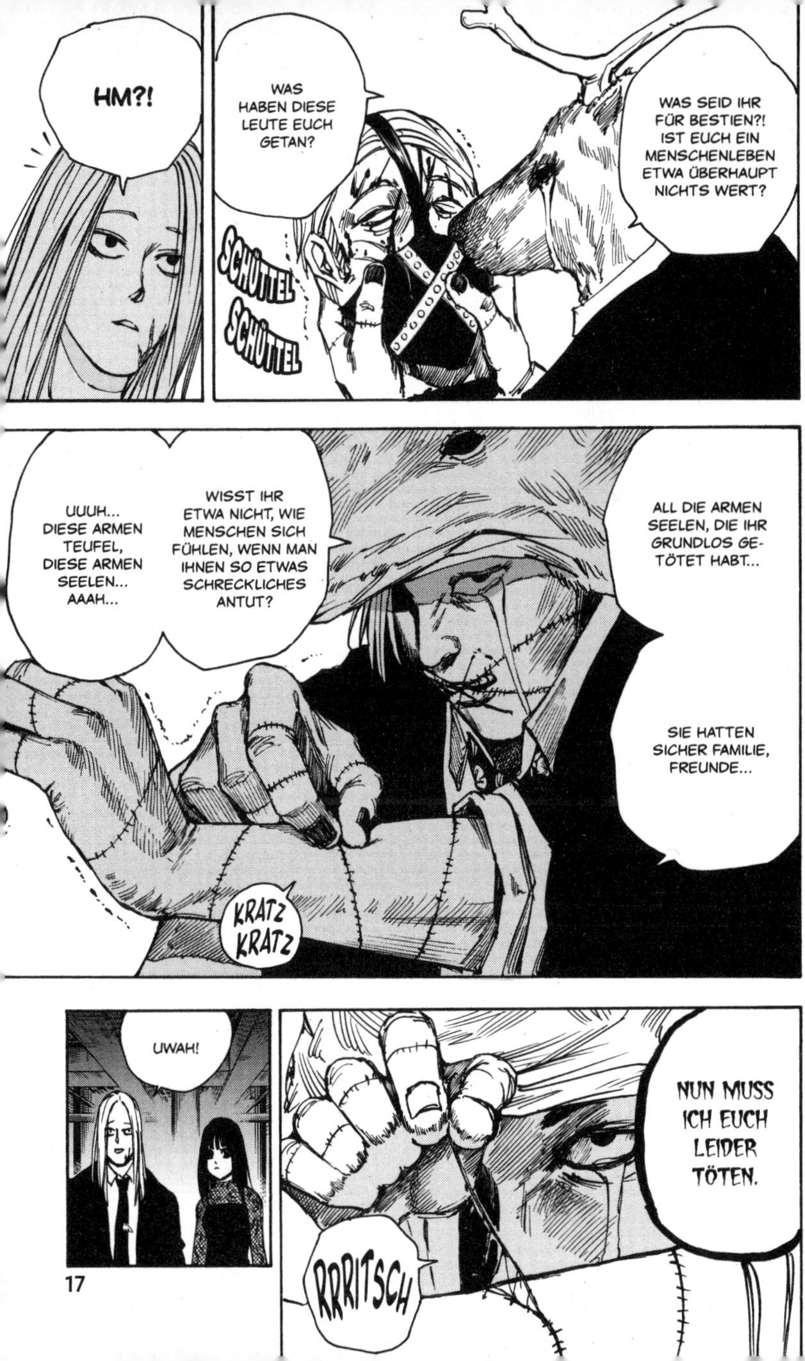
WAS SEID IHR FÜR BESTIEN?! IST EUCH EIN MENSCHENLEBEN ETWA ÜBERHAUPT NICHTS WERT?
WAS HABEN DIESE LEUTE EUCH GETAN?
SCHÜTTEL SCHÜTTEL
HM?!
ALL DIE ARMEN SEELEN, DIE IHR GRUNDLOS GETÖTET HABT...
SIE HATTEN SICHER FAMILIE, FREUNDE...
WISST IHR ETWA NICHT, WIE MENSCHEN SICH FÜHLEN, WENN MAN IHNEN SO ETWAS SCHRECKLICHES ANTUT?
UUUH... DIESE ARMEN TEUFEL, DIESE ARMEN SEELEN... AAAH...
KRATZ KRATZ
NUN MUSS ICH EUCH LEIDER TÖTEN.
RRRITSCH
UWAH!

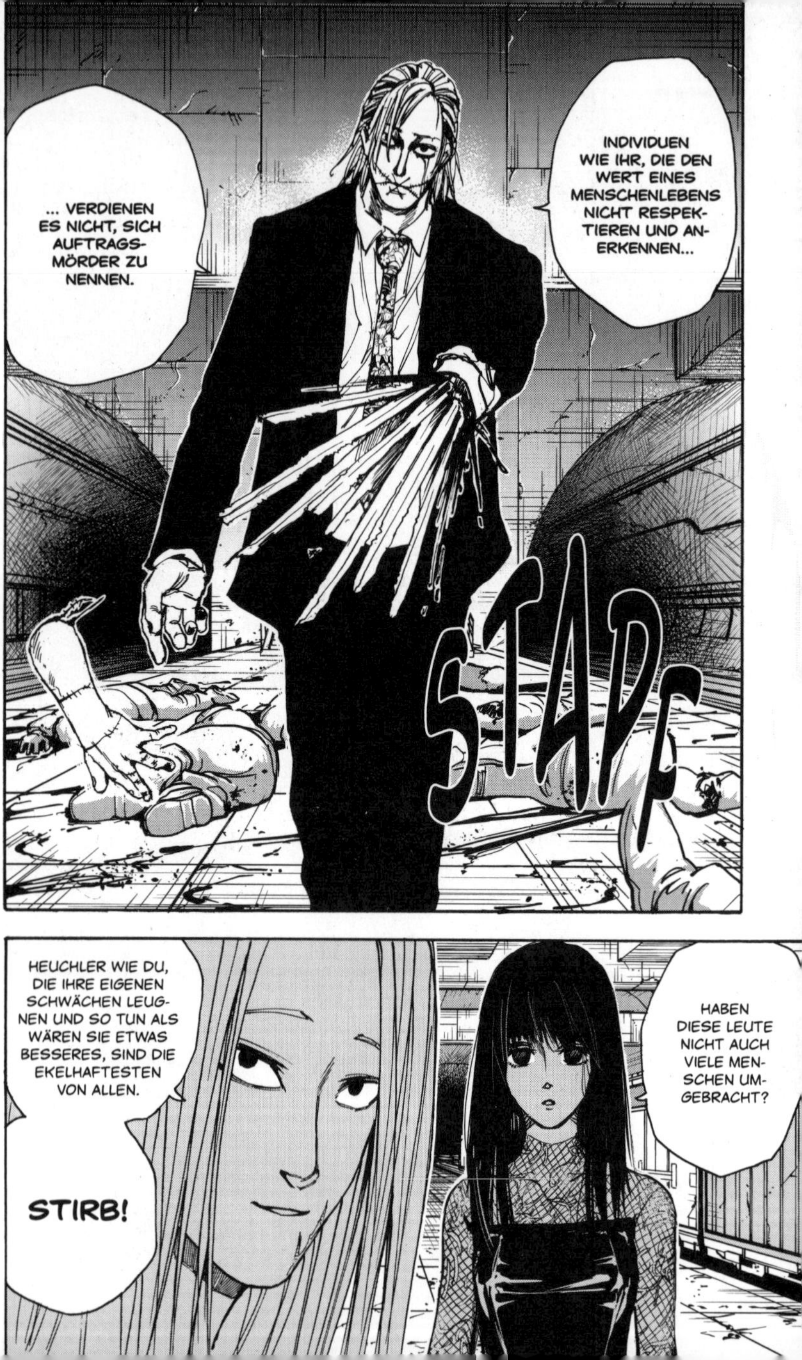
INDIVIDUEN WIE IHR, DIE DEN WERT EINES MENSCHENLEBENS NICHT RESPEK-TIEREN UND AN-ERKENNEN...
... VERDIENEN ES NICHT, SICH AUFTRAGS-MÖRDER ZU NENNEN.
STAPF
HABEN DIESE LEUTE NICHT AUCH VIELE MEN-SCHEN UM-GEBRACHT?
HEUCHLER WIE DU, DIE IHRE EIGENEN SCHWÄCHEN LEUG-NEN UND SO TUN ALS WÄREN SIE ETWAS BESSERES, SIND DIE EKELHAFTESTEN VON ALLEN.
STIRB!

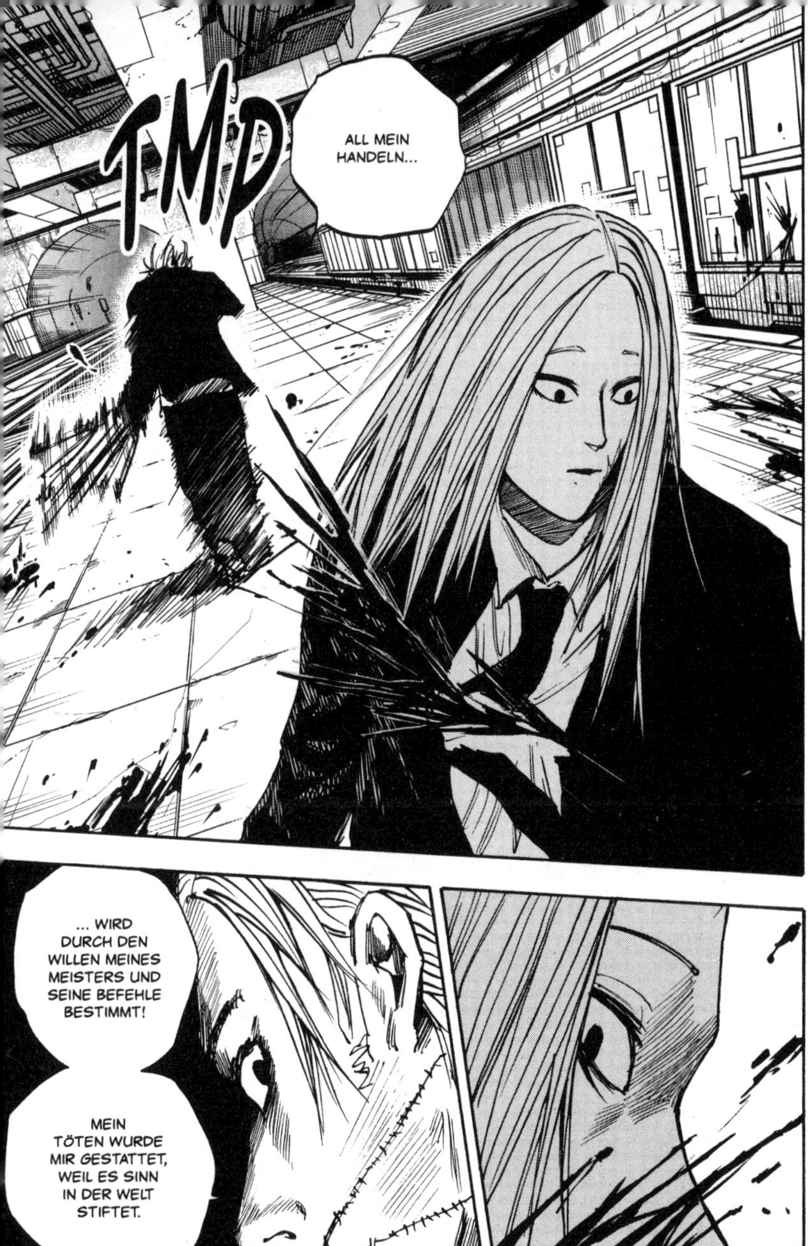
TMD
ALL MEIN HANDELN...
... WIRD DURCH DEN WILLEN MEINES MEISTERS UND SEINE BEFEHLE BESTIMMT!
MEIN TÖTEN WURDE MIR GESTATTET, WEIL ES SINN IN DER WELT STIFTET.

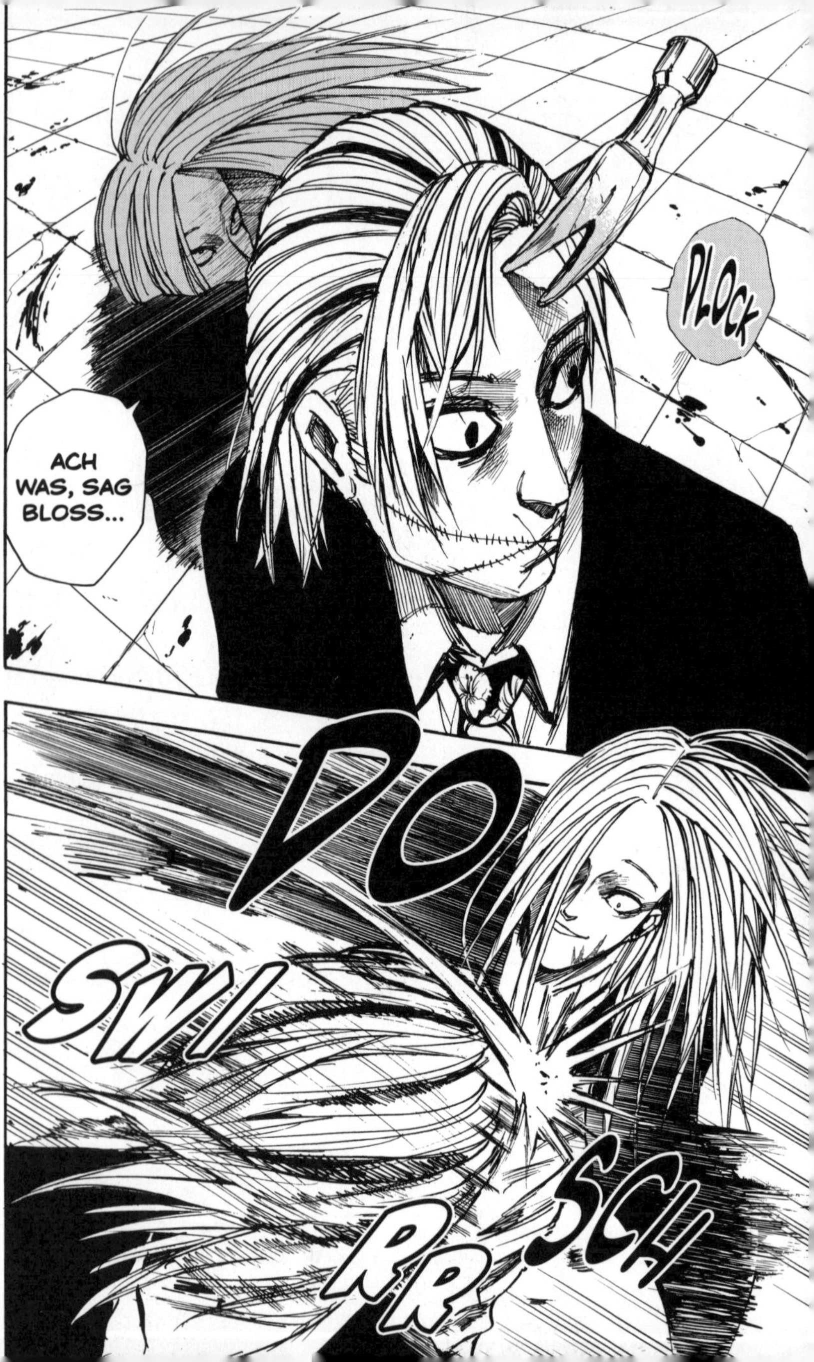
PLOCK
ACH WAS, SAG BLOSS...
DO
SWI
SCH
RR

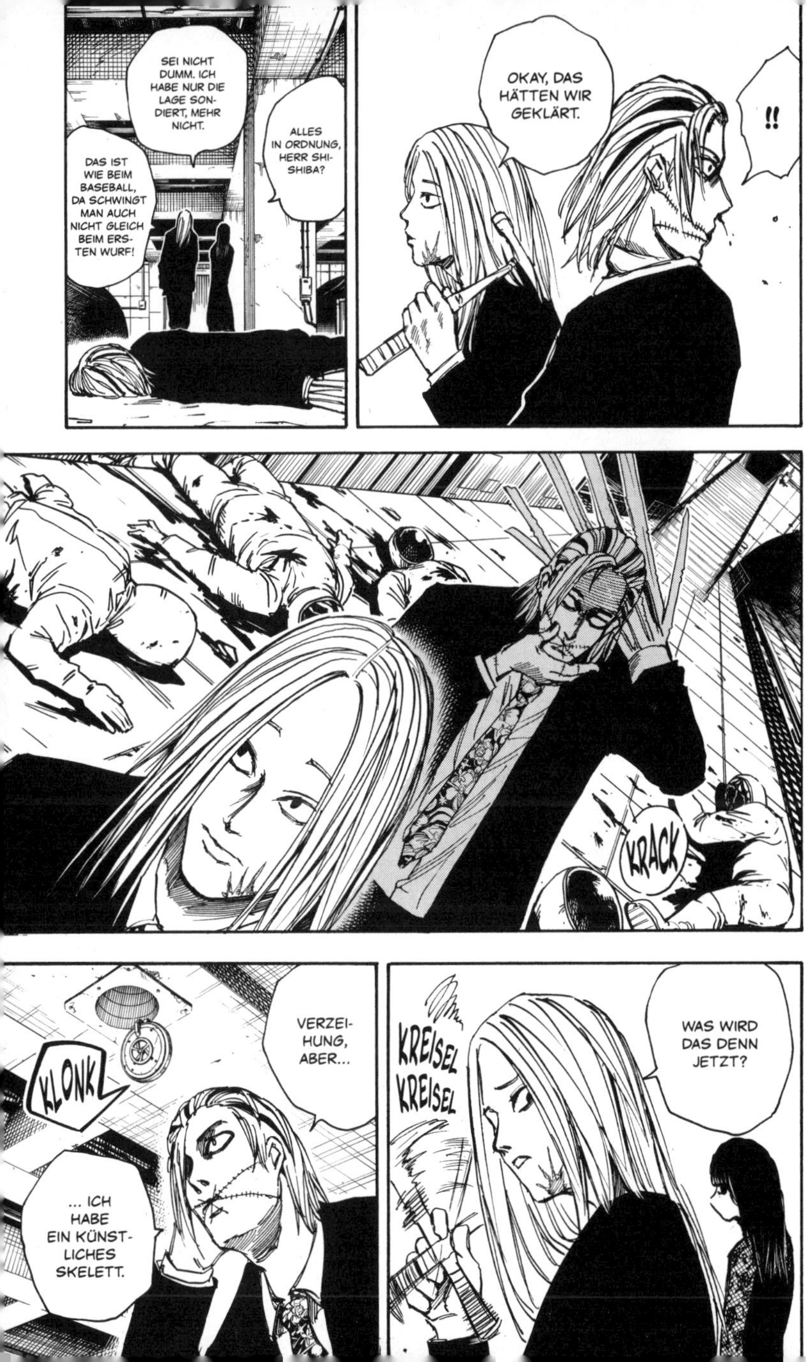
!!
OKAY, DAS HÄTTEN WIR GEKLÄRT.
ALLES IN ORDNUNG, HERR SHISHIBA?
SEI NICHT DUMM. ICH HABE NUR DIE LAGE SONDIERT, MEHR NICHT.
DAS IST WIE BEIM BASEBALL, DA SCHWINGT MAN AUCH NICHT GLEICH BEIM ERSTEN WURF!
KRACK
KREISEL KREISEL
WAS WIRD DAS DENN JETZT?
KLONK
VERZEIHUNG, ABER...
... ICH HABE EIN KÜNSTLICHES SKELETT.

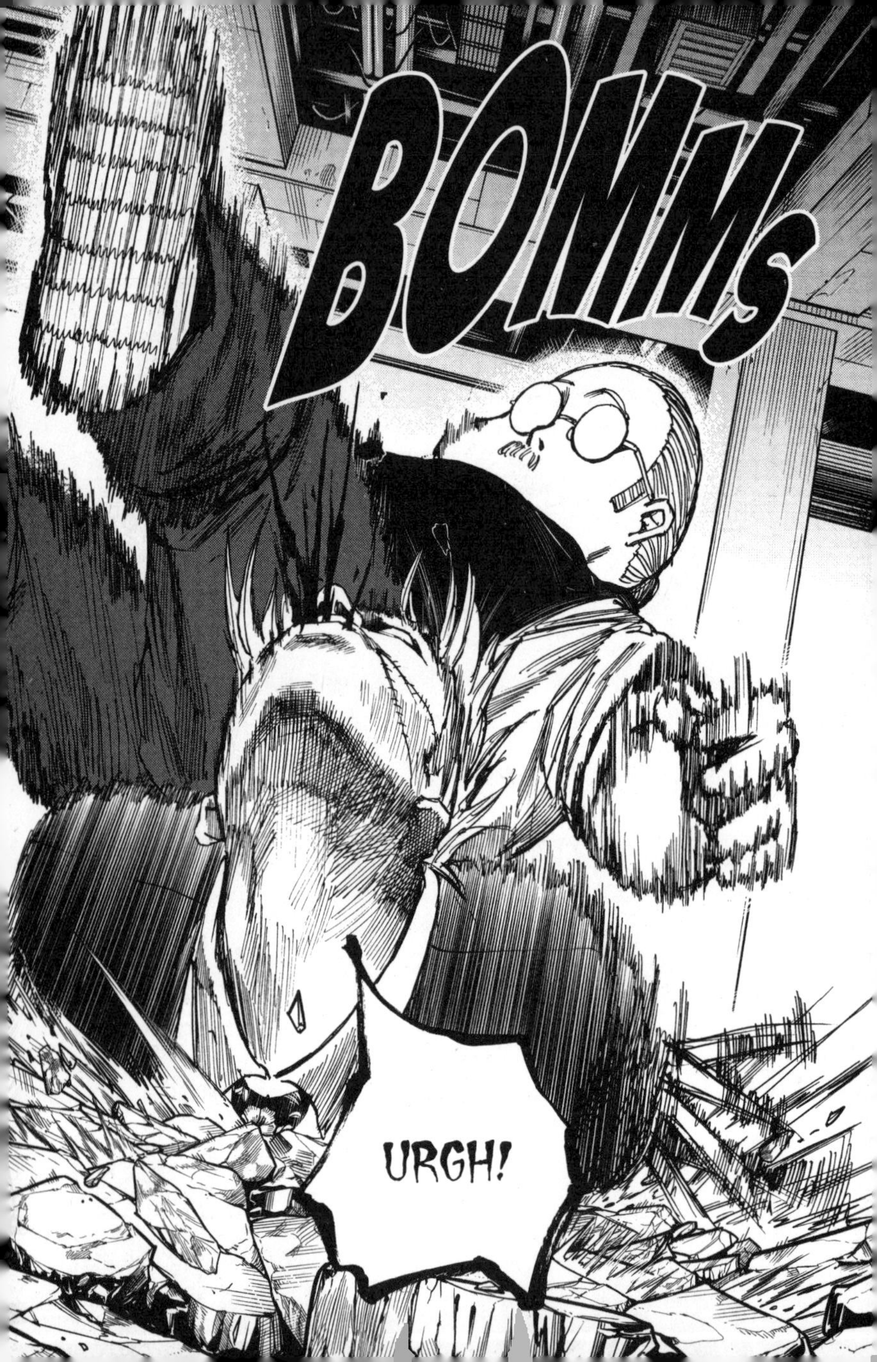
BOMMS
URGH!

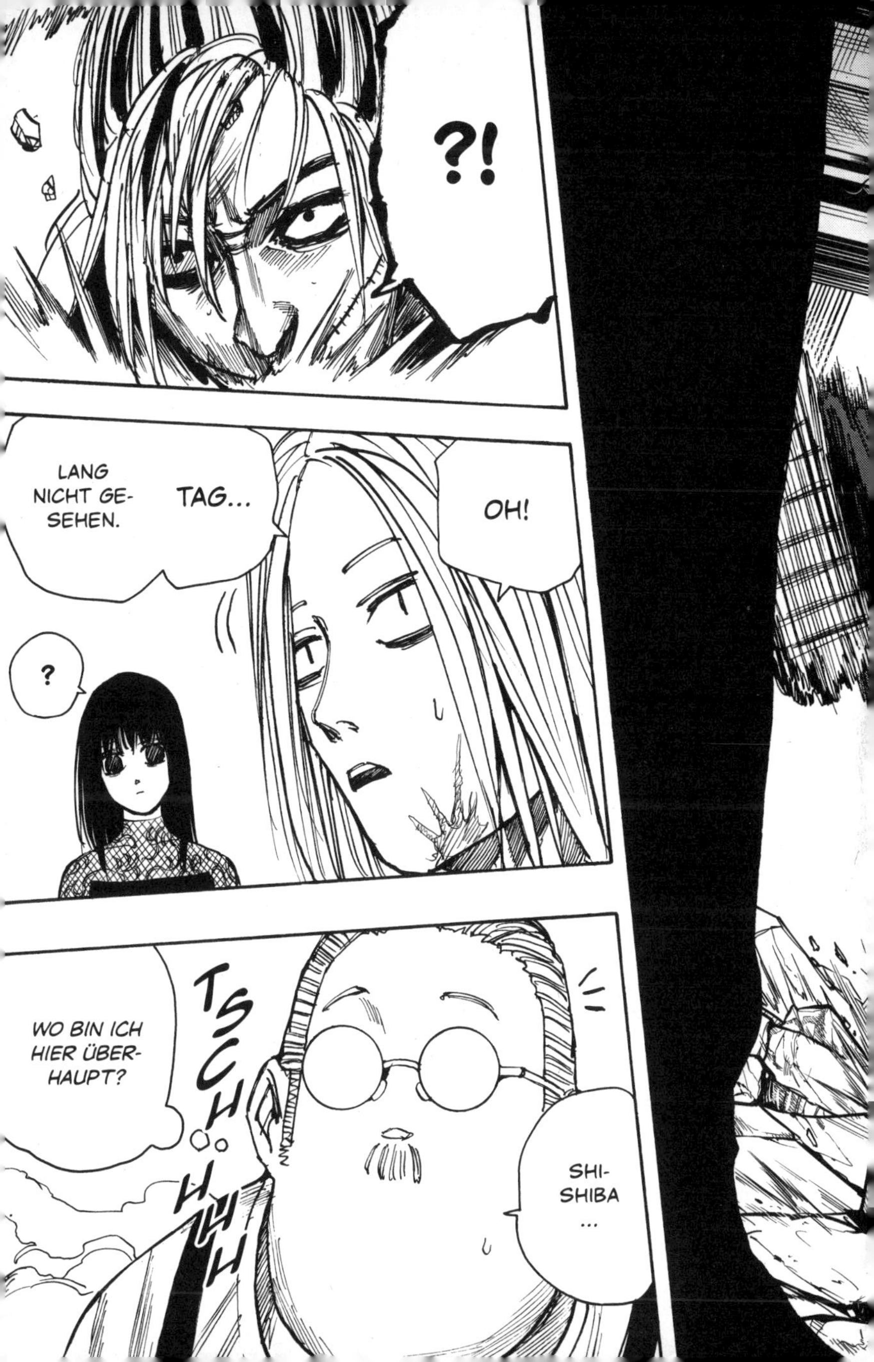
?!
OH!
TAG...
LANG NICHT GE-SEHEN.
?
SHI-SHIBA ...
WO BIN ICH HIER ÜBER-HAUPT?

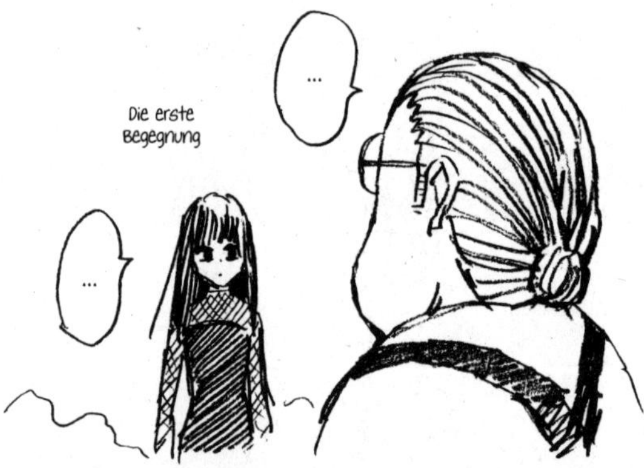
…
Die erste Begegnung
…

DAYS 27 Team Sakamoto vs. das Labor

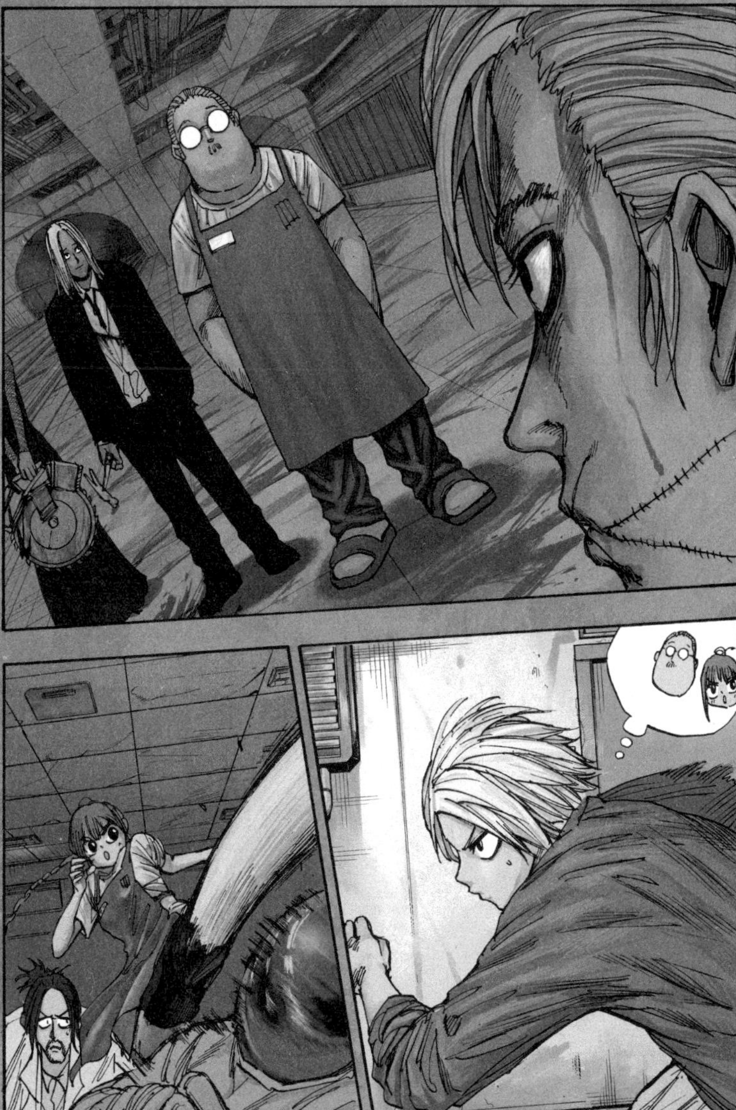

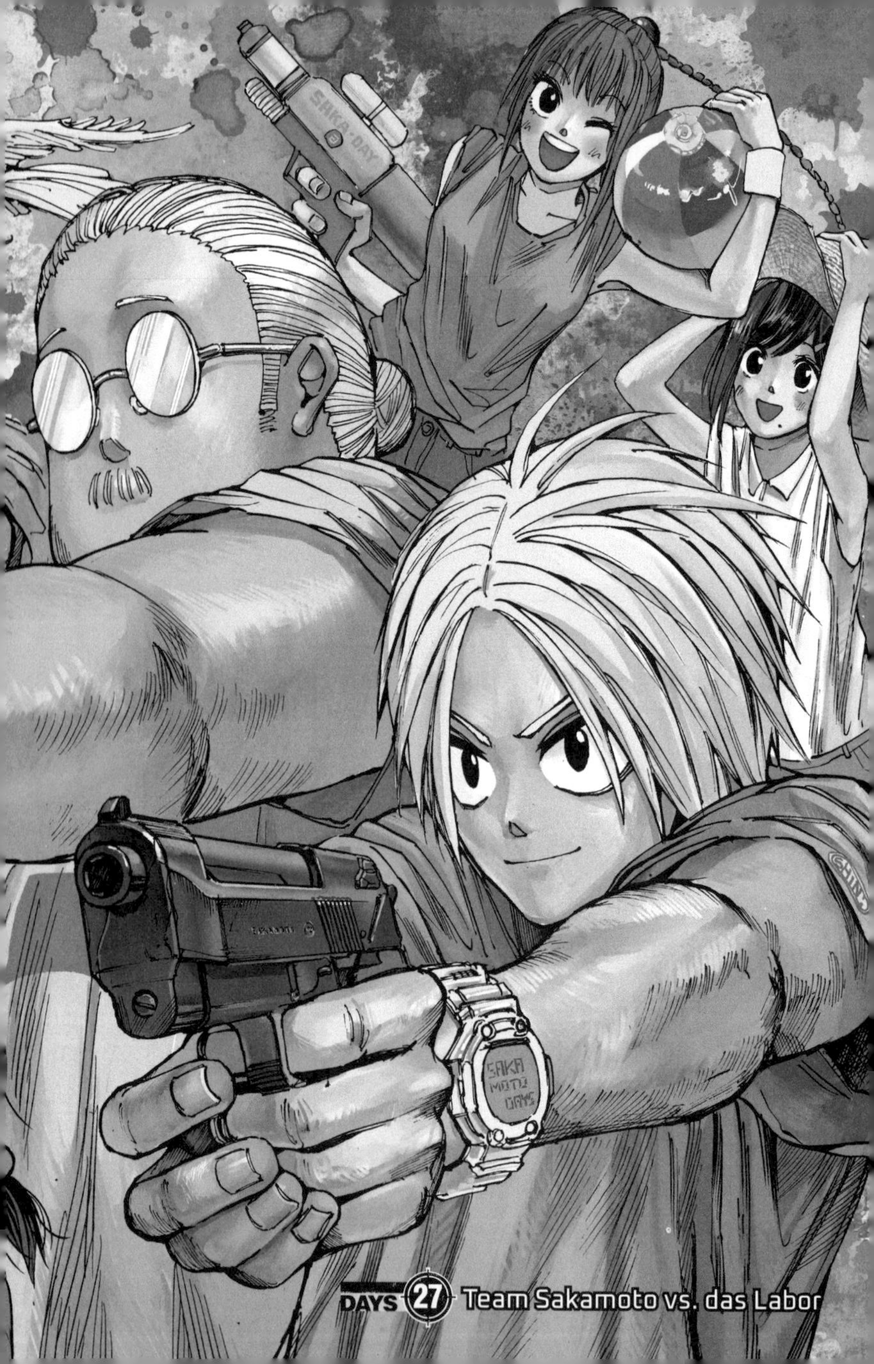

DAYS 27 Team Sakamoto vs. das Labor

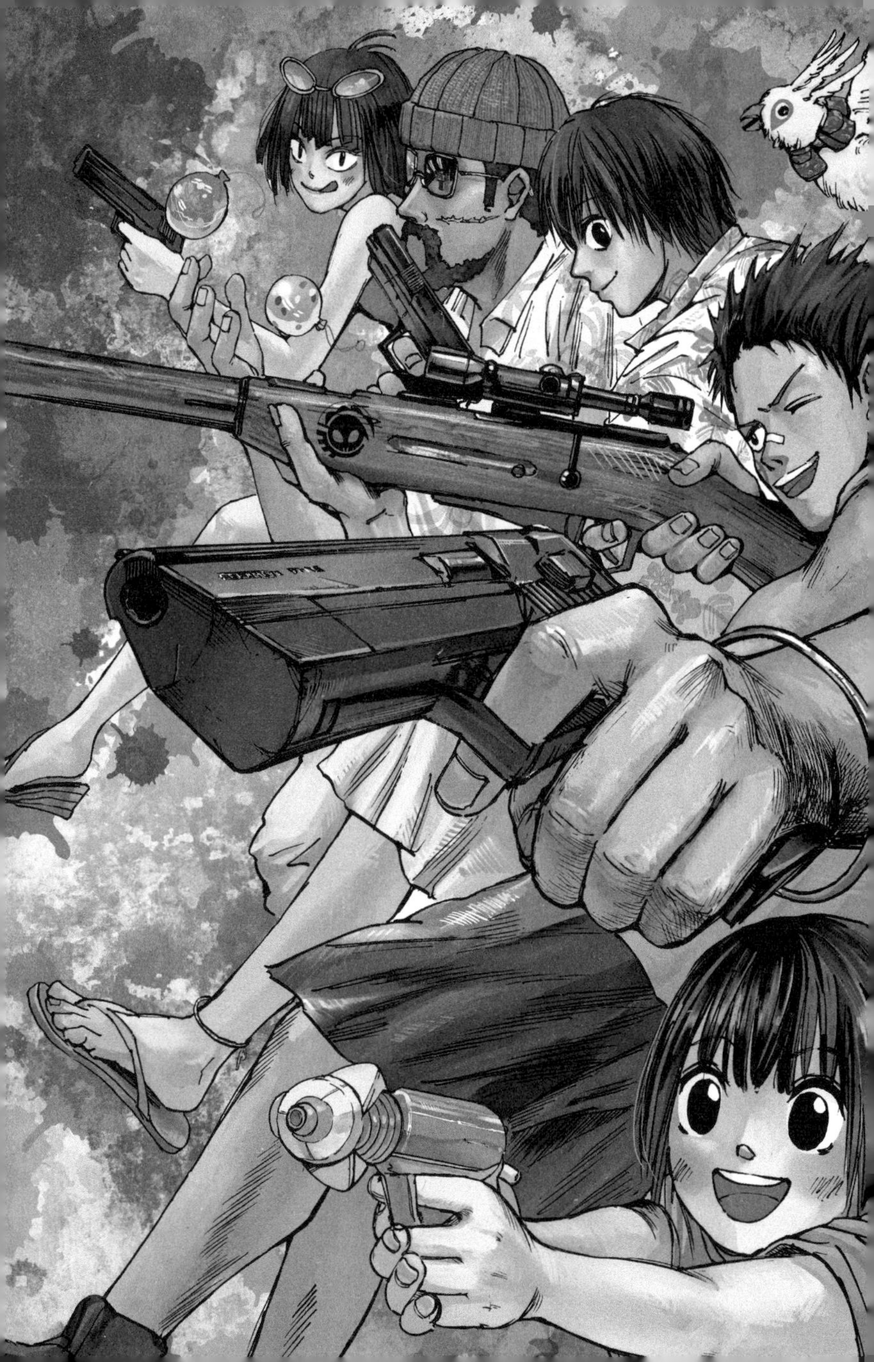

SAKAMOTO DAYS

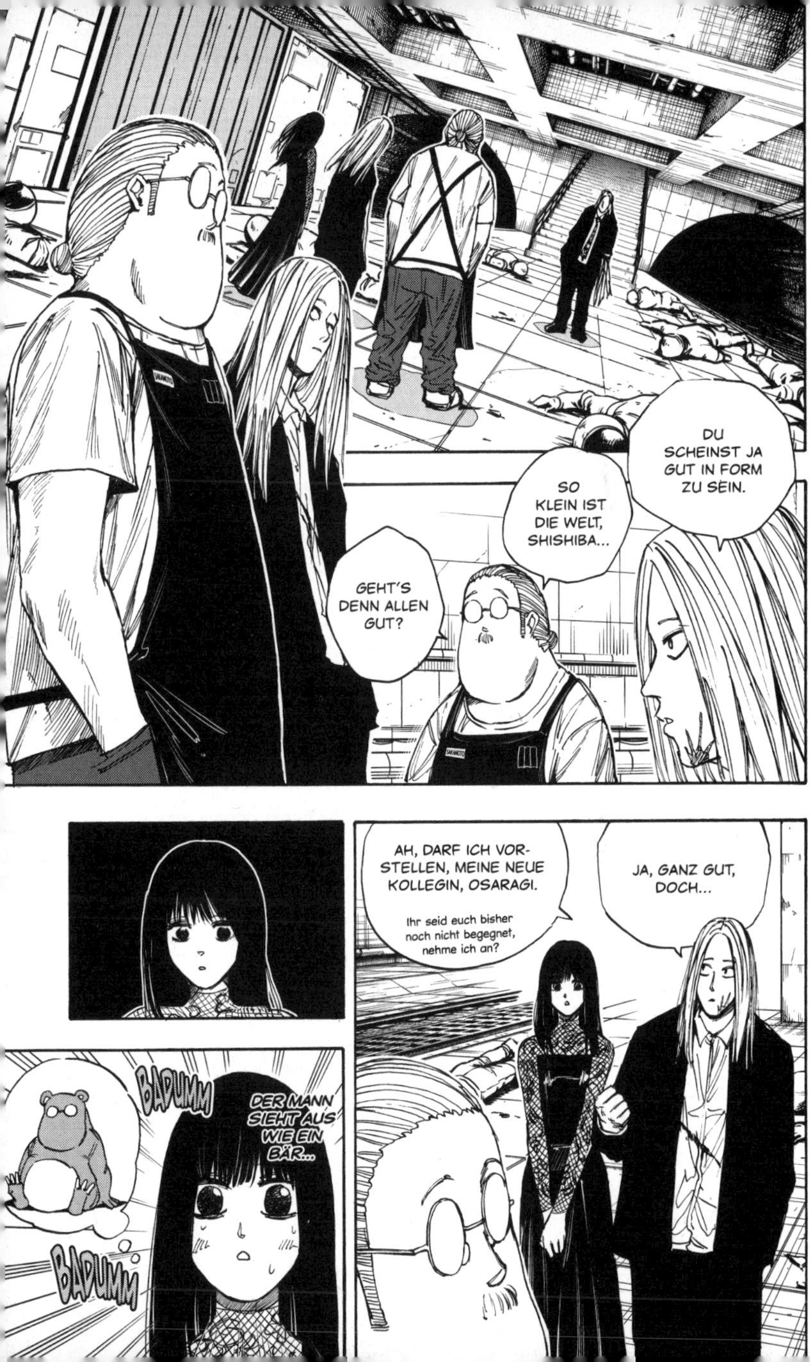
DU SCHEINST JA GUT IN FORM ZU SEIN.
SO KLEIN IST DIE WELT, SHISHIBA...
GEHT'S DENN ALLEN GUT?
JA, GANZ GUT, DOCH...
AH, DARF ICH VOR-STELLEN, MEINE NEUE KOLLEGIN, OSARAGI.
Ihr seid euch bisher noch nicht begegnet, nehme ich an?
DER MANN SIEHT AUS WIE EIN BÄR...
BADUMM
BADUMM

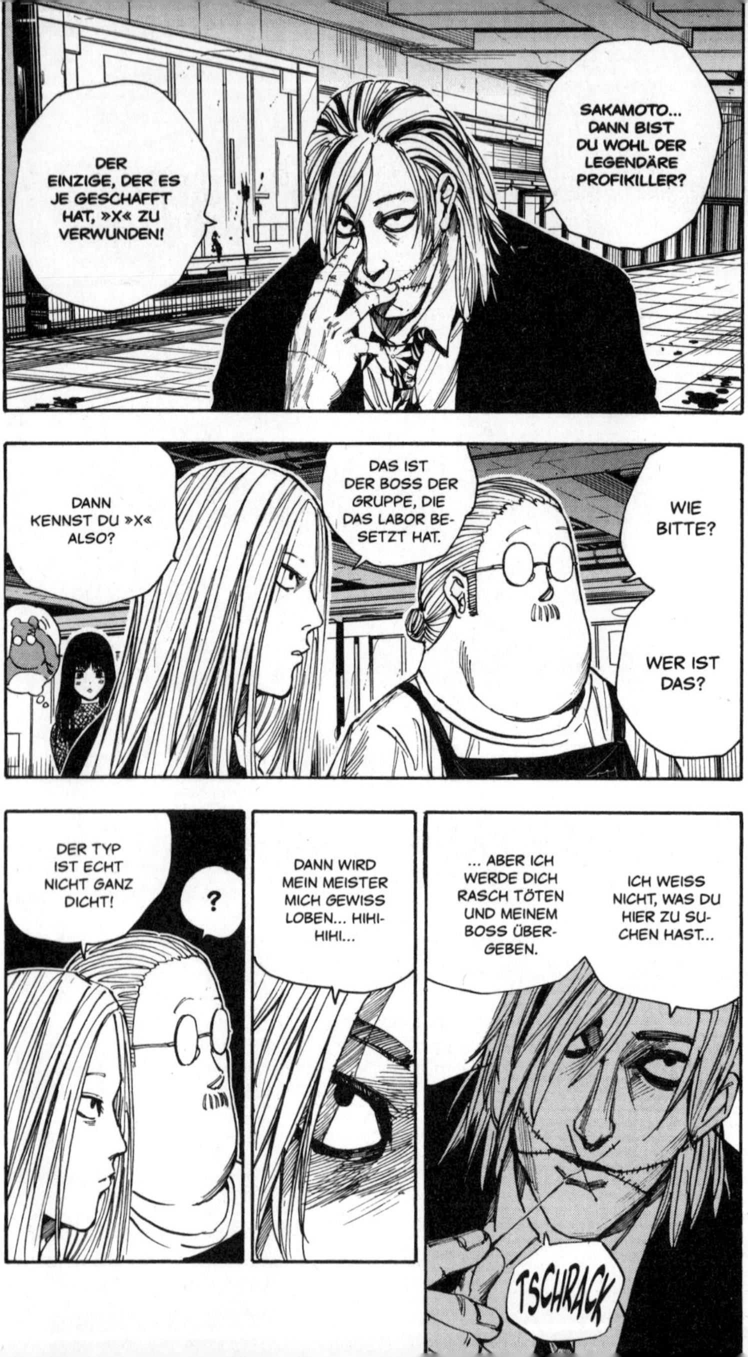
SAKAMOTO... DANN BIST DU WOHL DER LEGENDÄRE PROFIKILLER?
DER EINZIGE, DER ES JE GESCHAFFT HAT, »X« ZU VERWUNDEN!
WIE BITTE?
WER IST DAS?
DAS IST DER BOSS DER GRUPPE, DIE DAS LABOR BESETZT HAT.
DANN KENNST DU »X« ALSO?
ICH WEISS NICHT, WAS DU HIER ZU SUCHEN HAST...
... ABER ICH WERDE DICH RASCH TÖTEN UND MEINEM BOSS ÜBERGEBEN.
TSCHRACK
DANN WIRD MEIN MEISTER MICH GEWISS LOBEN... HIHIHIHI...
?
DER TYP IST ECHT NICHT GANZ DICHT!

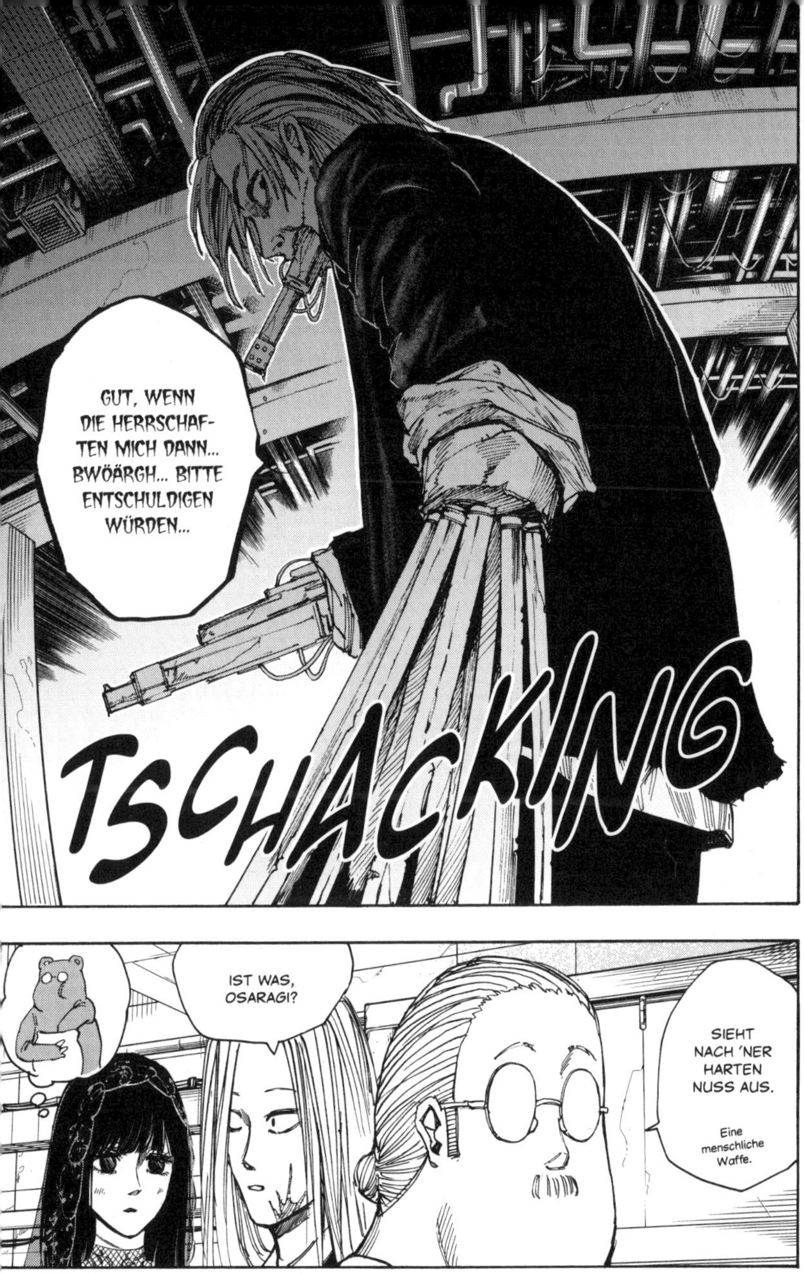
GUT, WENN DIE HERRSCHAF-TEN MICH DANN... BWÖÄRGH... BITTE ENTSCHULDIGEN WÜRDEN...
TSCHACKING
SIEHT NACH 'NER HARTEN NUSS AUS.
Eine menschliche Waffe.
IST WAS, OSARAGI?

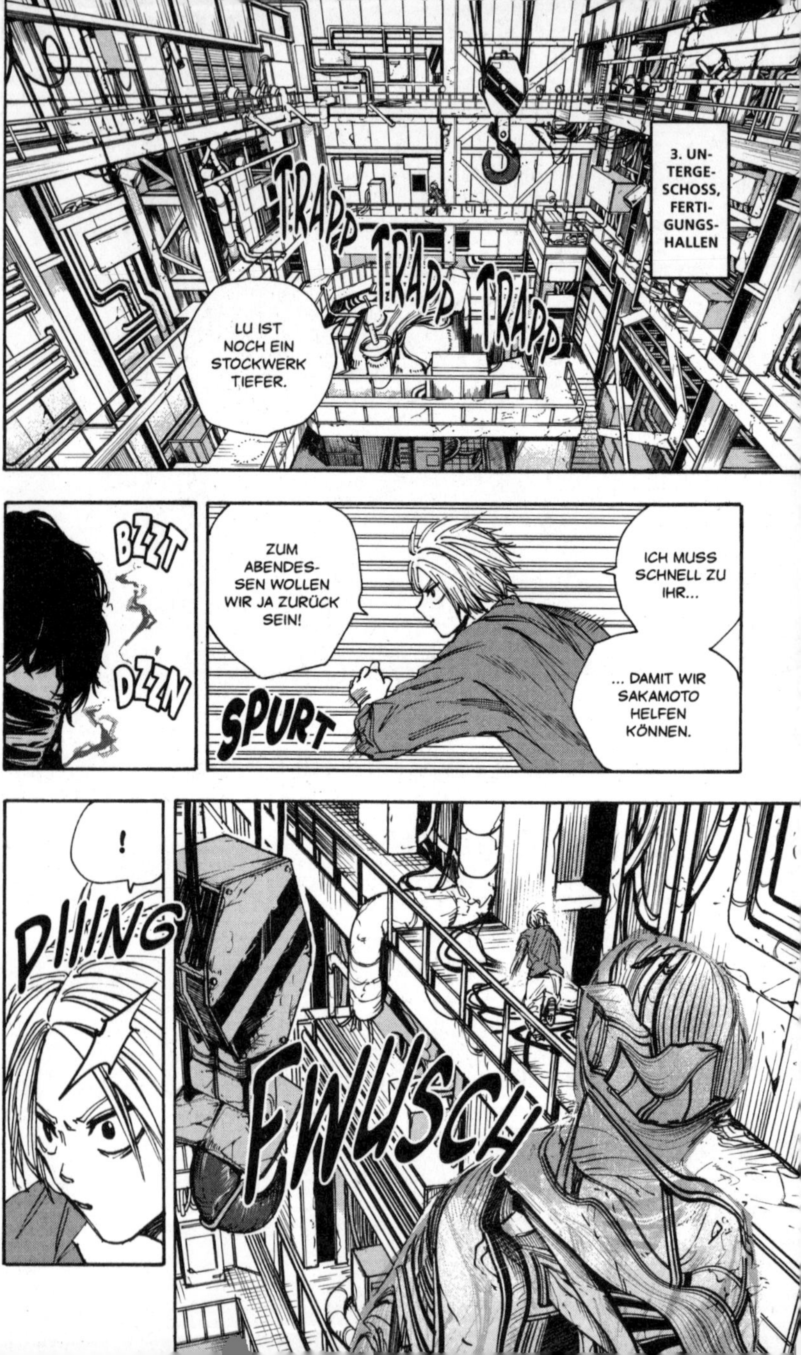
3. UNTERGESCHOSS, FERTIGUNGSHALLEN
TRAPP
TRAPP
TRAPP
LU IST NOCH EIN STOCKWERK TIEFER.
ICH MUSS SCHNELL ZU IHR...
... DAMIT WIR SAKAMOTO HELFEN KÖNNEN.
ZUM ABENDESSEN WOLLEN WIR JA ZURÜCK SEIN!
SPURT
BZZT
DZZN
FWUSCH
!
DIIING

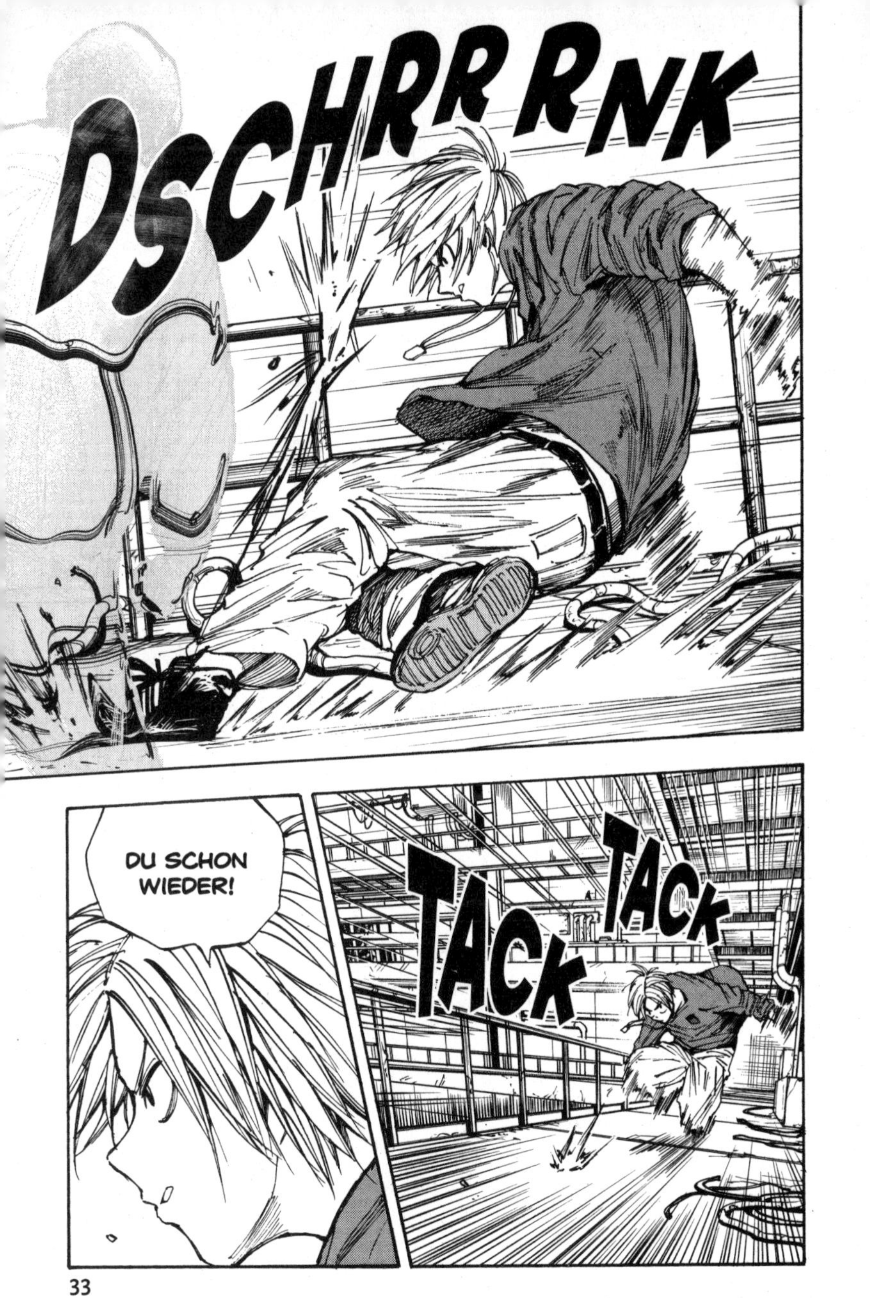
DSCHRR RNK
DU SCHON WIEDER!
TACK TACK

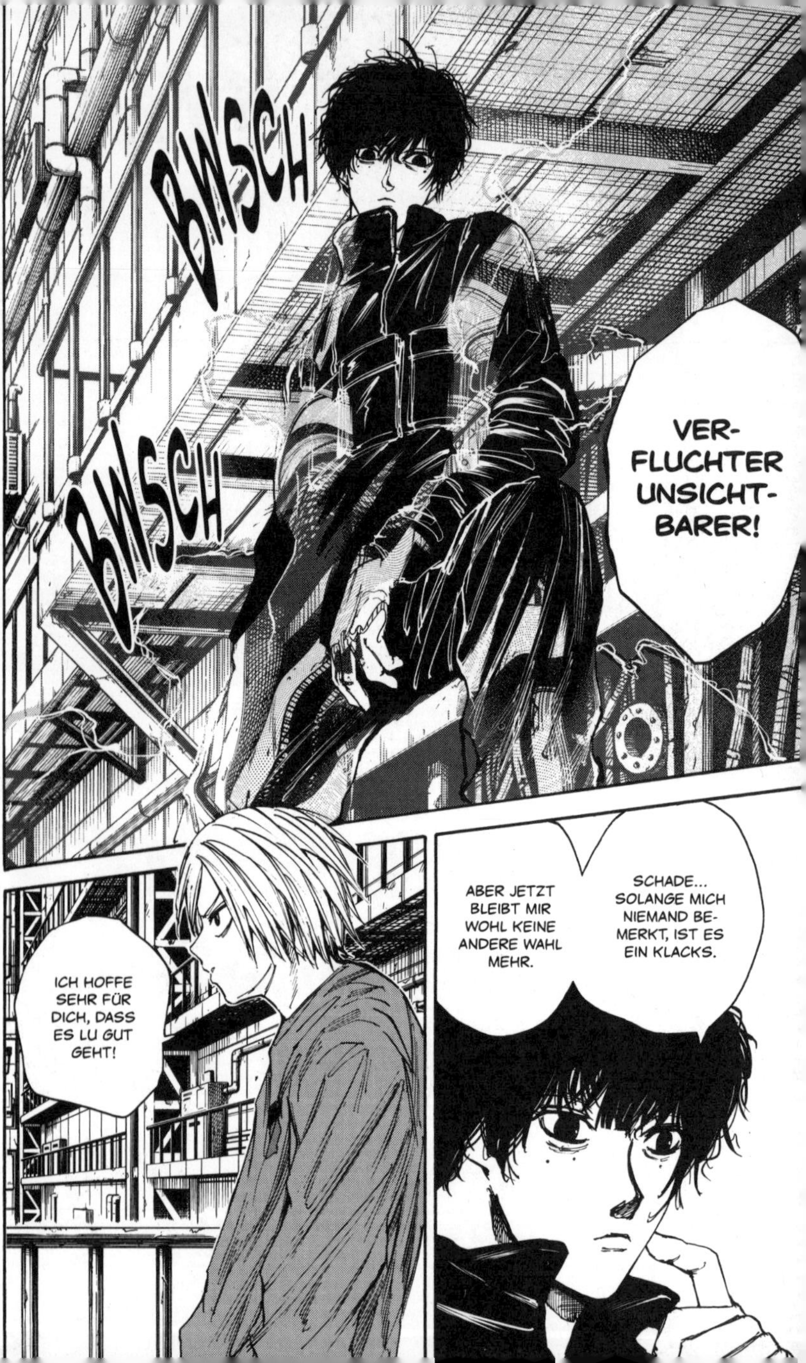
BWSCH
BWSCH
VERFLUCHTER UNSICHTBARER!
SCHADE... SOLANGE MICH NIEMAND BEMERKT, IST ES EIN KLACKS.
ABER JETZT BLEIBT MIR WOHL KEINE ANDERE WAHL MEHR.
ICH HOFFE SEHR FÜR DICH, DASS ES LU GUT GEHT!

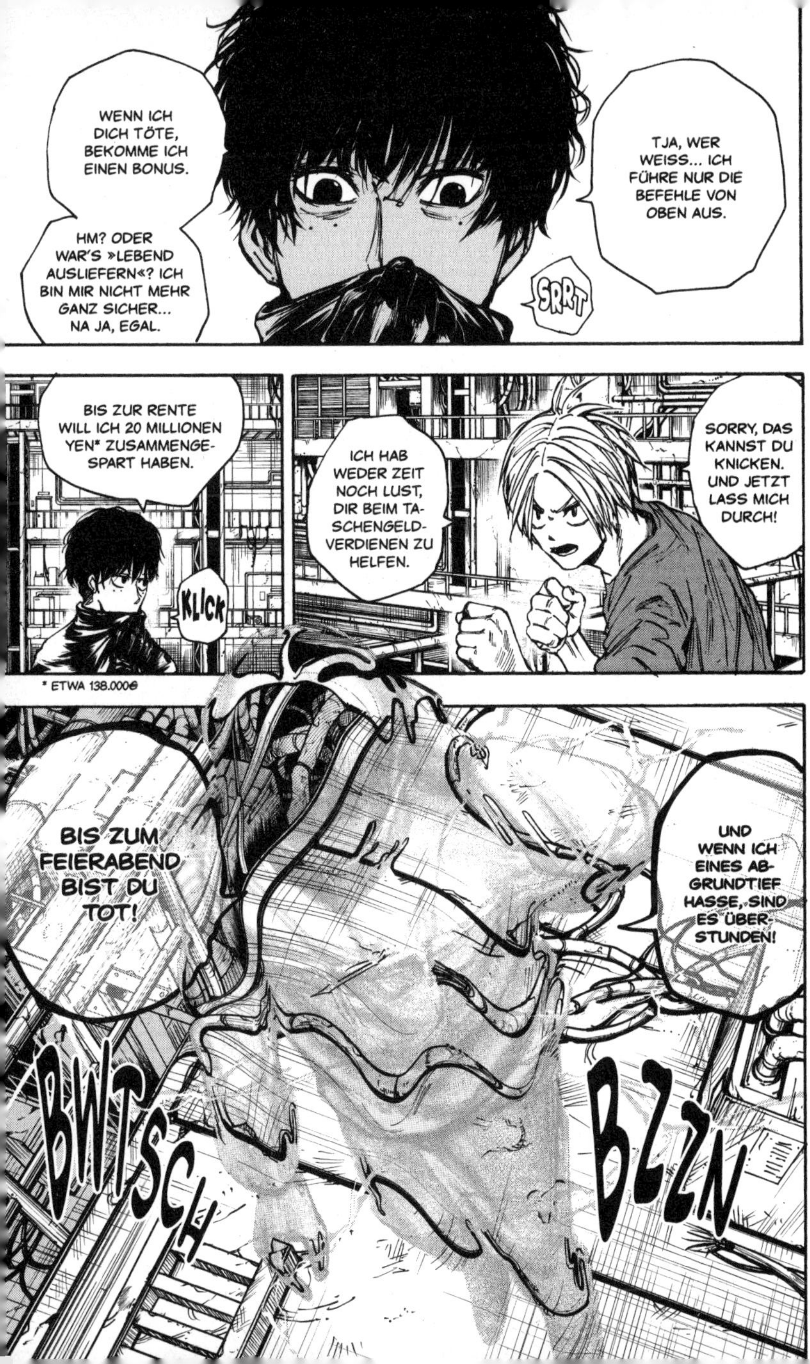
TJA, WER WEISS... ICH FÜHRE NUR DIE BEFEHLE VON OBEN AUS.
SRRT
WENN ICH DICH TÖTE, BEKOMME ICH EINEN BONUS.
HM? ODER WAR'S »LEBEND AUSLIEFERN«? ICH BIN MIR NICHT MEHR GANZ SICHER... NA JA, EGAL.
SORRY, DAS KANNST DU KNICKEN. UND JETZT LASS MICH DURCH!
ICH HAB WEDER ZEIT NOCH LUST, DIR BEIM TASCHENGELD-VERDIENEN ZU HELFEN.
BIS ZUR RENTE WILL ICH 20 MILLIONEN YEN* ZUSAMMENGE-SPART HABEN.
KLICK
* ETWA 138.000€
UND WENN ICH EINES ABGRUNDTIEF HASSE, SIND ES ÜBERSTUNDEN!
BIS ZUM FEIERABEND BIST DU TOT!
BZZN
BWTSCH

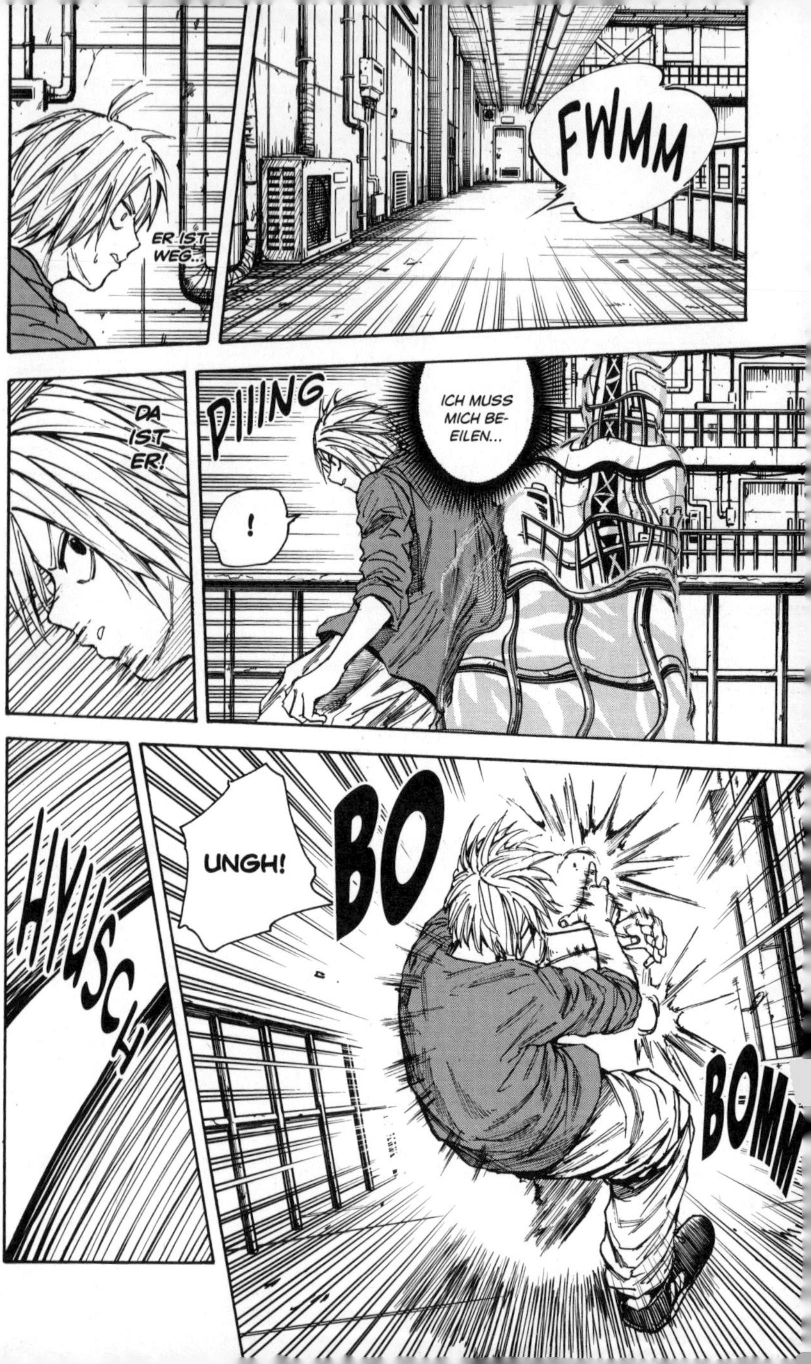
FWMM
ER IST WEG...
ICH MUSS MICH BE-EILEN...
DIING
!
DA IST ER!
BOMM
BO
UNGH!
HYUSCH

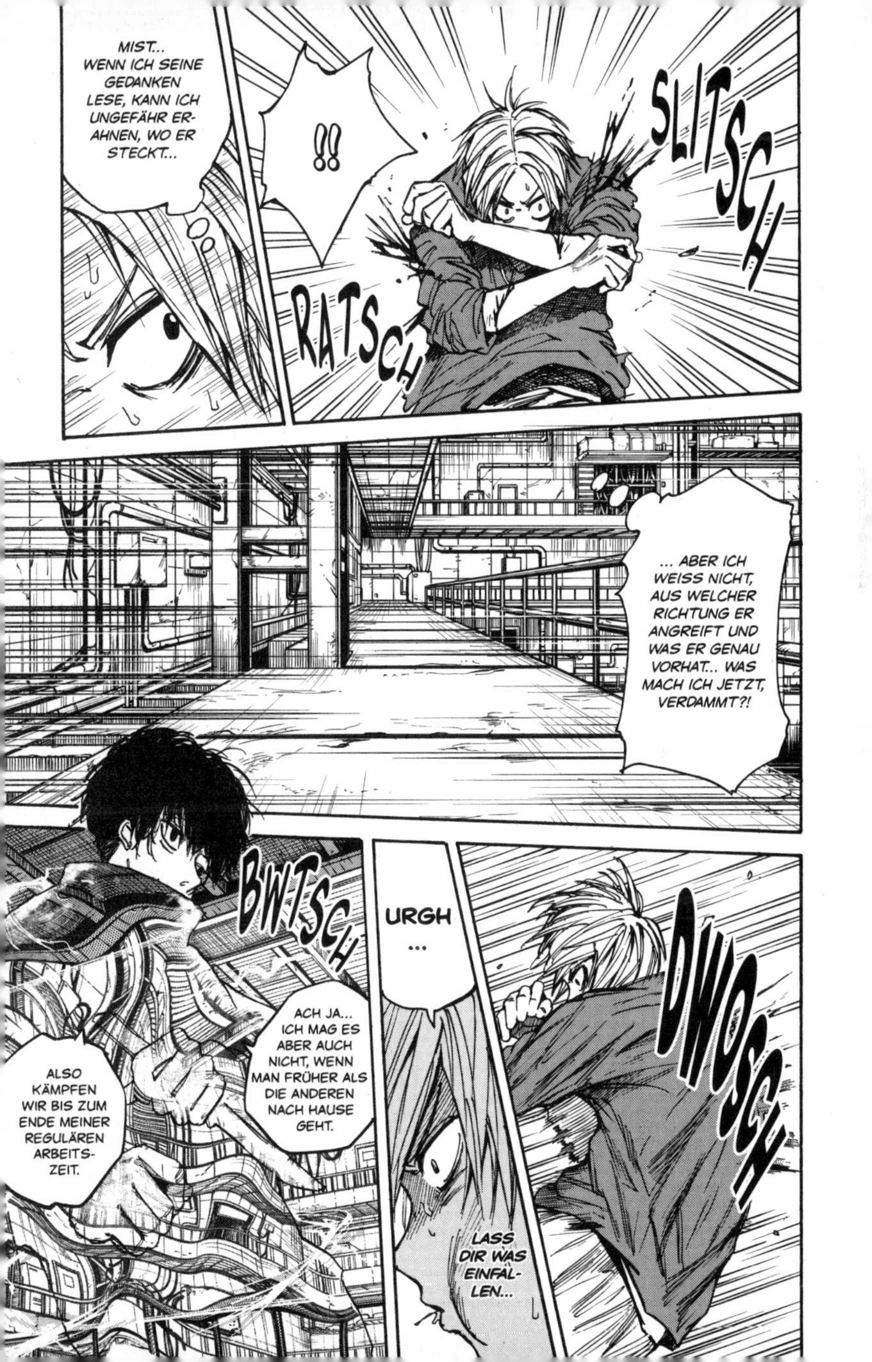
SLITSCH
RATSCH
!!
MIST... WENN ICH SEINE GEDANKEN LESE, KANN ICH UNGEFÄHR ER-AHNEN, WO ER STECKT...
... ABER ICH WEISS NICHT, AUS WELCHER RICHTUNG ER ANGREIFT UND WAS ER GENAU VORHAT... WAS MACH ICH JETZT, VERDAMMT?!
DWOSCH
URGH ...
LASS DIR WAS EINFÄL-LEN...
BWTSCH
ACH JA... ICH MAG ES ABER AUCH NICHT, WENN MAN FRÜHER ALS DIE ANDEREN NACH HAUSE GEHT.
ALSO KÄMPFEN WIR BIS ZUM ENDE MEINER REGULÄREN ARBEITS-ZEIT.

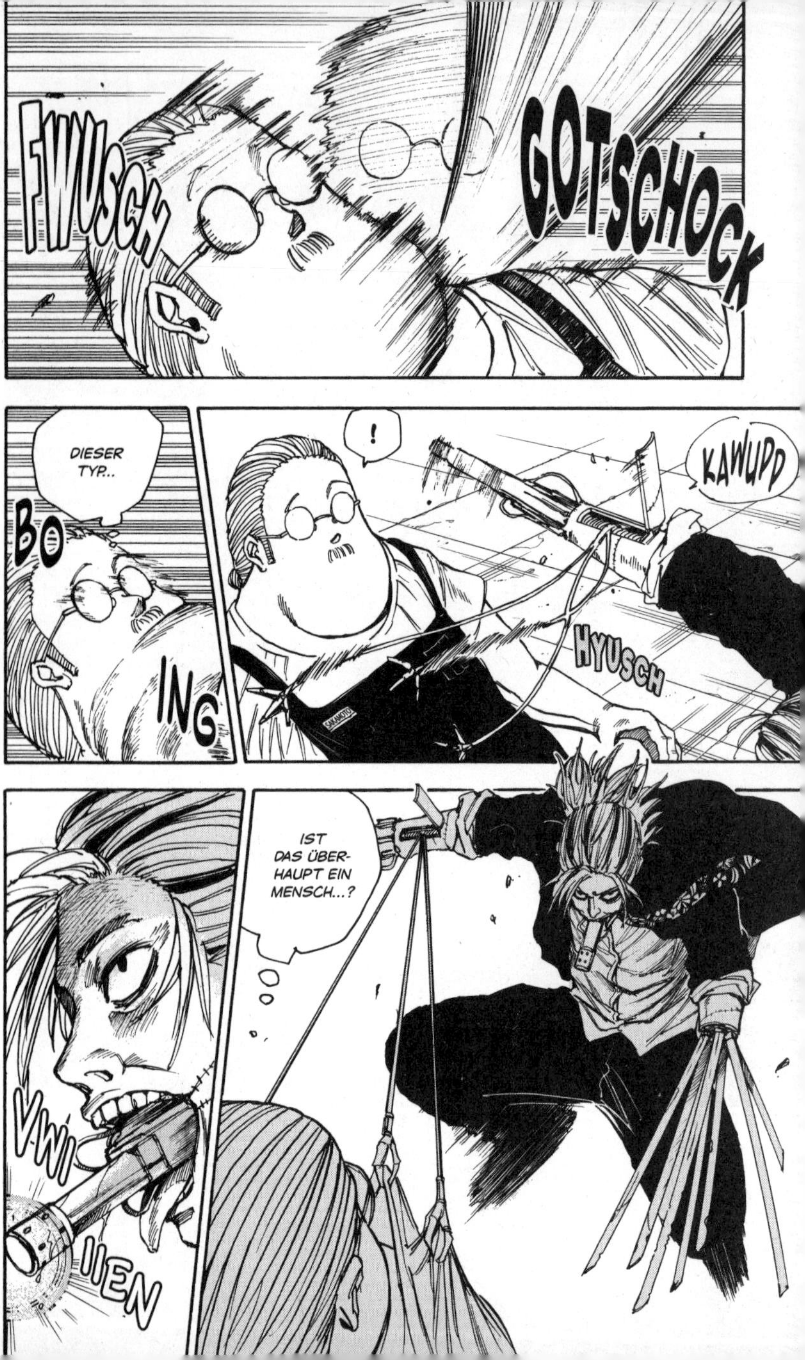
FWUSCH
GOTSCHOCK
DIESER TYP...
BOING
!
KAWUPD
HYUSCH
IST DAS ÜBER-HAUPT EIN MENSCH...?
V-WI IIEN

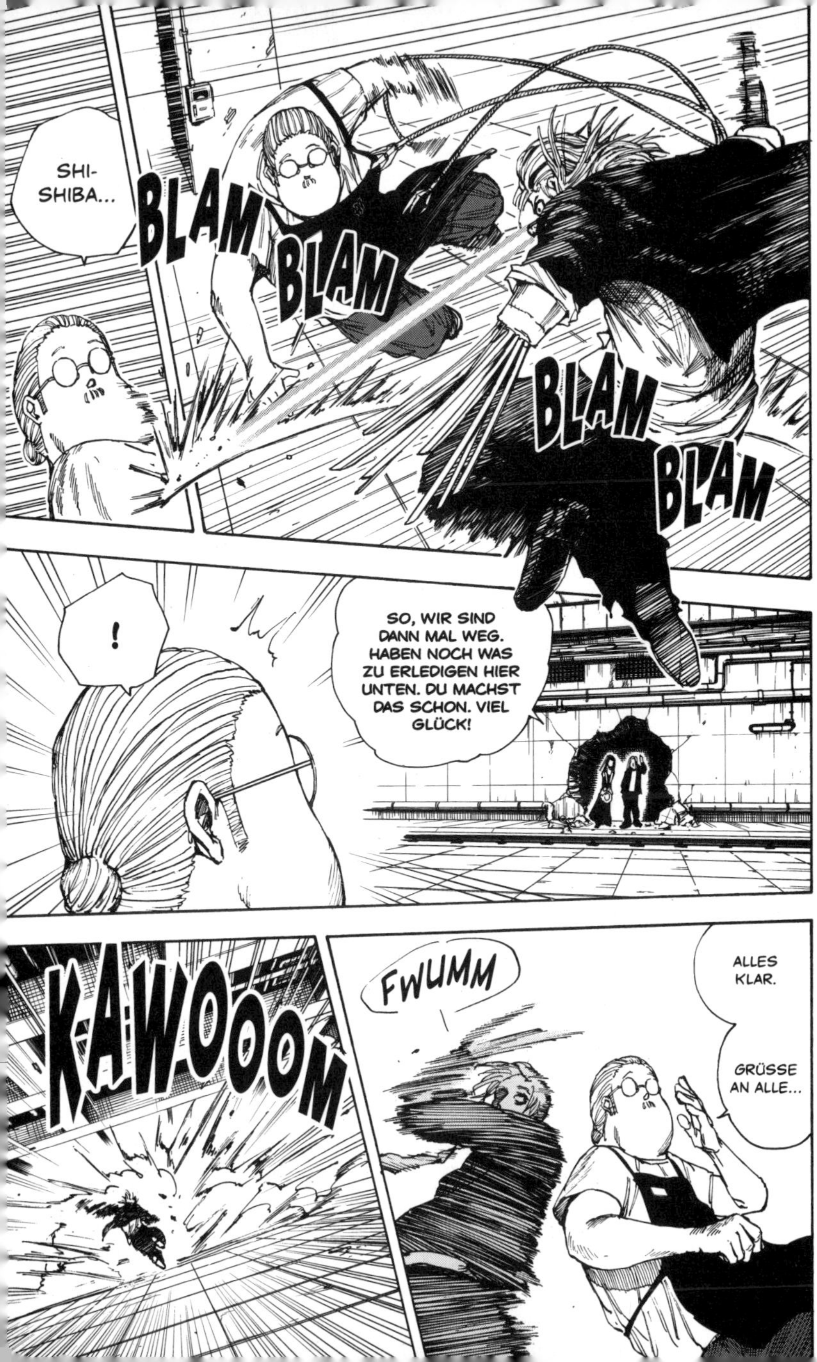
SHI-
SHIBA...
BLAM
BLAM
BLAM
BLAM
SO, WIR SIND DANN MAL WEG. HABEN NOCH WAS ZU ERLEDIGEN HIER UNTEN. DU MACHST DAS SCHON. VIEL GLÜCK!
!
ALLES KLAR.
GRÜSSE AN ALLE...
FWUMM
KAWOOOM

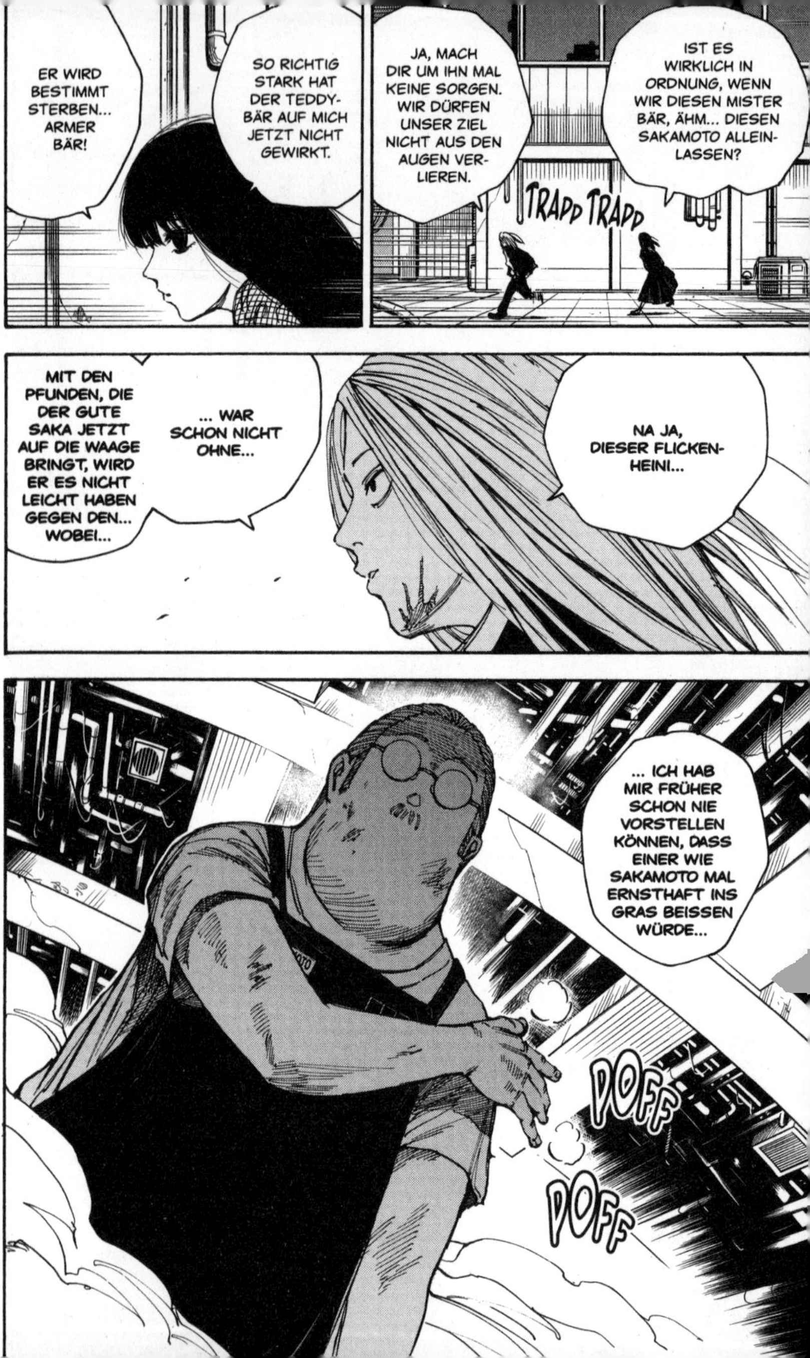
IST ES WIRKLICH IN ORDNUNG, WENN WIR DIESEN MISTER BÄR, ÄHM... DIESEN SAKAMOTO ALLEIN-LASSEN?
JA, MACH DIR UM IHN MAL KEINE SORGEN. WIR DÜRFEN UNSER ZIEL NICHT AUS DEN AUGEN VER-LIEREN.
TRAPP TRAPP
SO RICHTIG STARK HAT DER TEDDY-BÄR AUF MICH JETZT NICHT GEWIRKT.
ER WIRD BESTIMMT STERBEN... ARMER BÄR!
NA JA, DIESER FLICKEN-HEINI...
... WAR SCHON NICHT OHNE...
MIT DEN PFUNDEN, DIE DER GUTE SAKA JETZT AUF DIE WAAGE BRINGT, WIRD ER ES NICHT LEICHT HABEN GEGEN DEN... WOBEI...
... ICH HAB MIR FRÜHER SCHON NIE VORSTELLEN KÖNNEN, DASS EINER WIE SAKAMOTO MAL ERNSTHAFT INS GRAS BEISSEN WÜRDE...
DOFF
DOFF

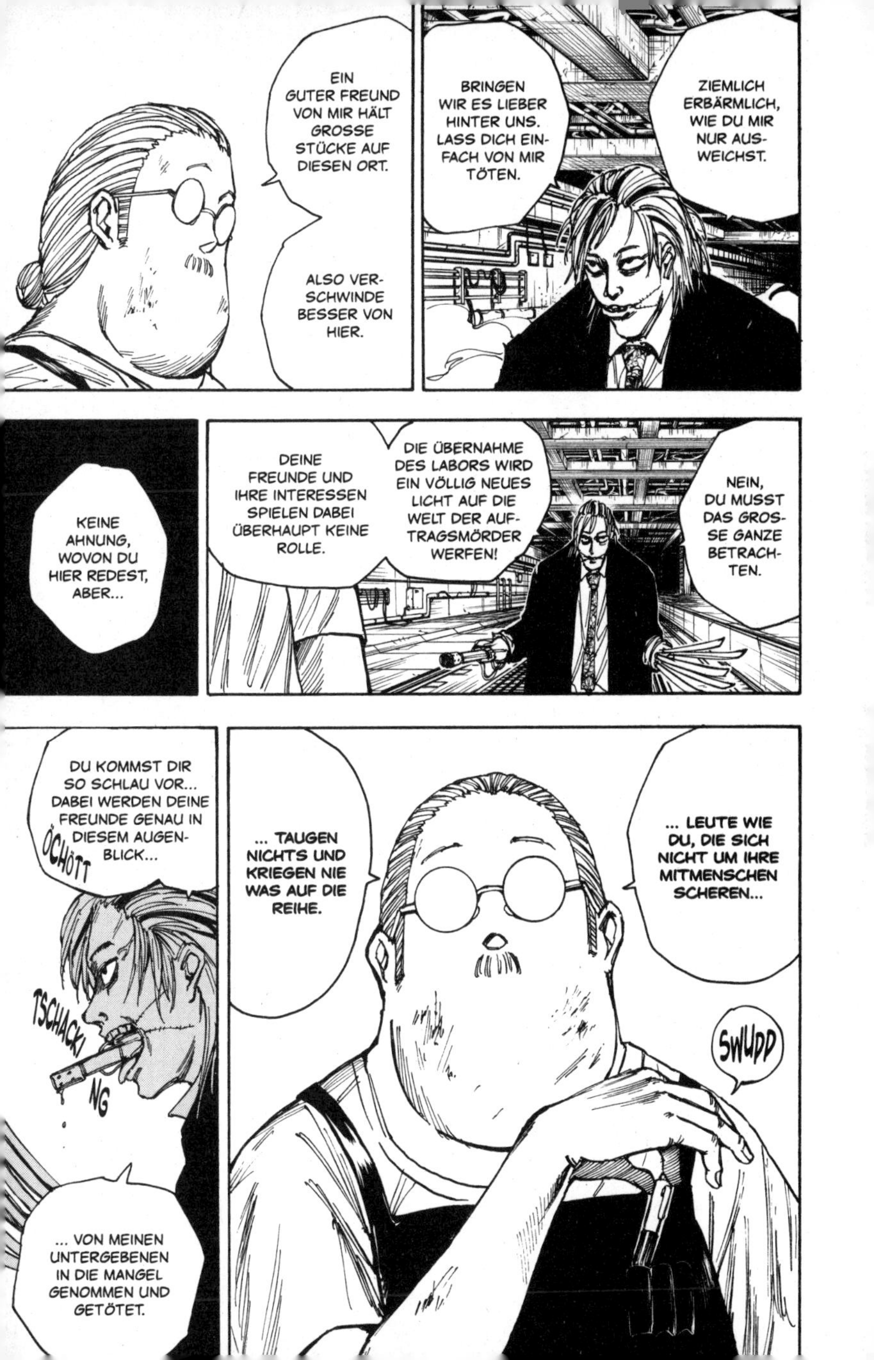
ZIEMLICH ERBÄRMLICH, WIE DU MIR NUR AUSWEICHST.
BRINGEN WIR ES LIEBER HINTER UNS. LASS DICH EINFACH VON MIR TÖTEN.
EIN GUTER FREUND VON MIR HÄLT GROSSE STÜCKE AUF DIESEN ORT.
ALSO VERSCHWINDE BESSER VON HIER.
NEIN, DU MUSST DAS GROSSE GANZE BETRACHTEN.
DIE ÜBERNAHME DES LABORS WIRD EIN VÖLLIG NEUES LICHT AUF DIE WELT DER AUFTRAGSMÖRDER WERFEN!
DEINE FREUNDE UND IHRE INTERESSEN SPIELEN DABEI ÜBERHAUPT KEINE ROLLE.
KEINE AHNUNG, WOVON DU HIER REDEST, ABER...
... LEUTE WIE DU, DIE SICH NICHT UM IHRE MITMENSCHEN SCHEREN...
... TAUGEN NICHTS UND KRIEGEN NIE WAS AUF DIE REIHE.
SWUPP
DU KOMMST DIR SO SCHLAU VOR... DABEI WERDEN DEINE FREUNDE GENAU IN DIESEM AUGENBLICK...
ÖCHÖTT
TSCHACKING
... VON MEINEN UNTERGEBENEN IN DIE MANGEL GENOMMEN UND GETÖTET.

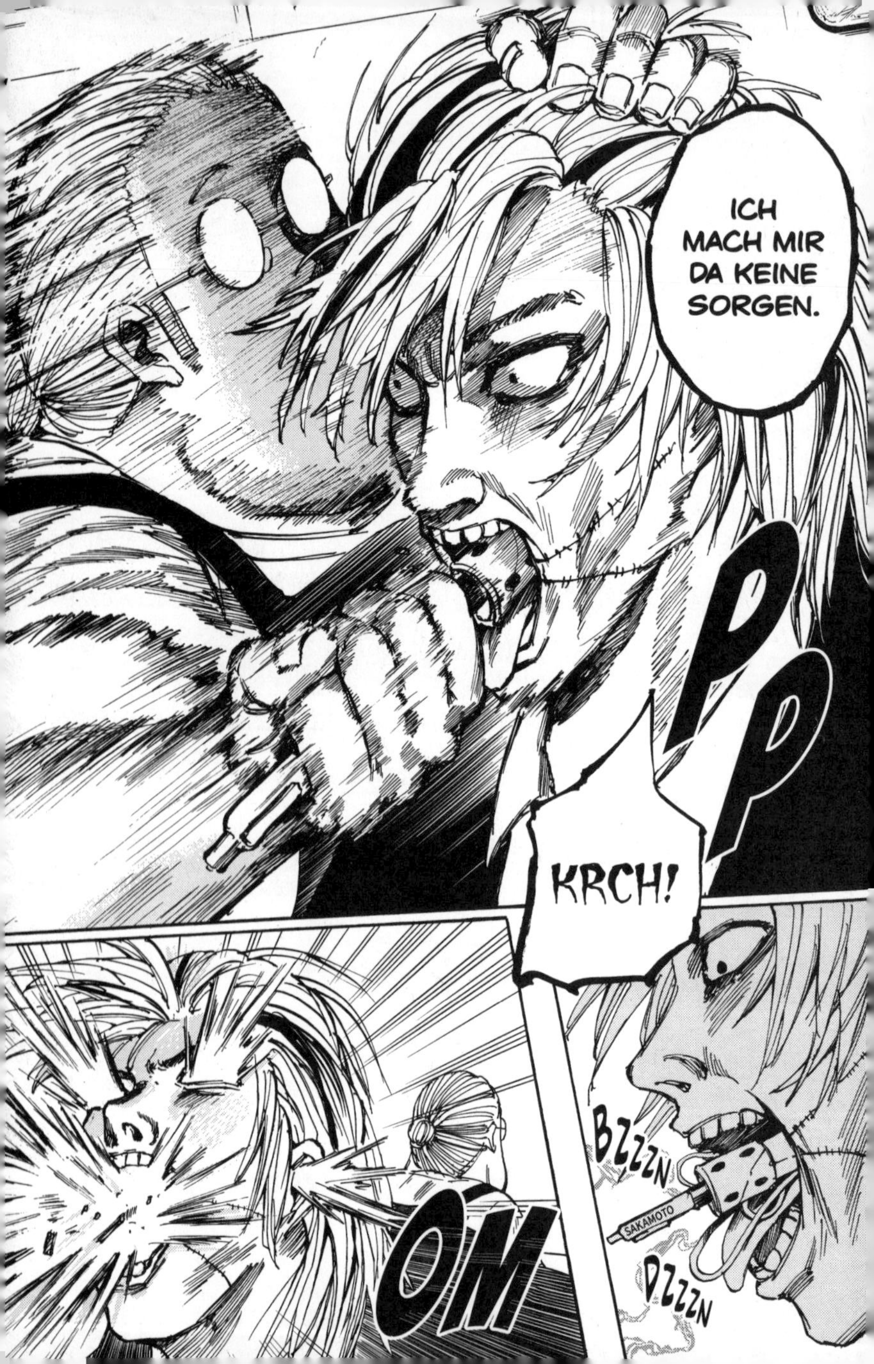
ICH MACH MIR DA KEINE SORGEN.
PP
KRCH!
BZZZZN
DZZZZN
SAKAMOTO
OM

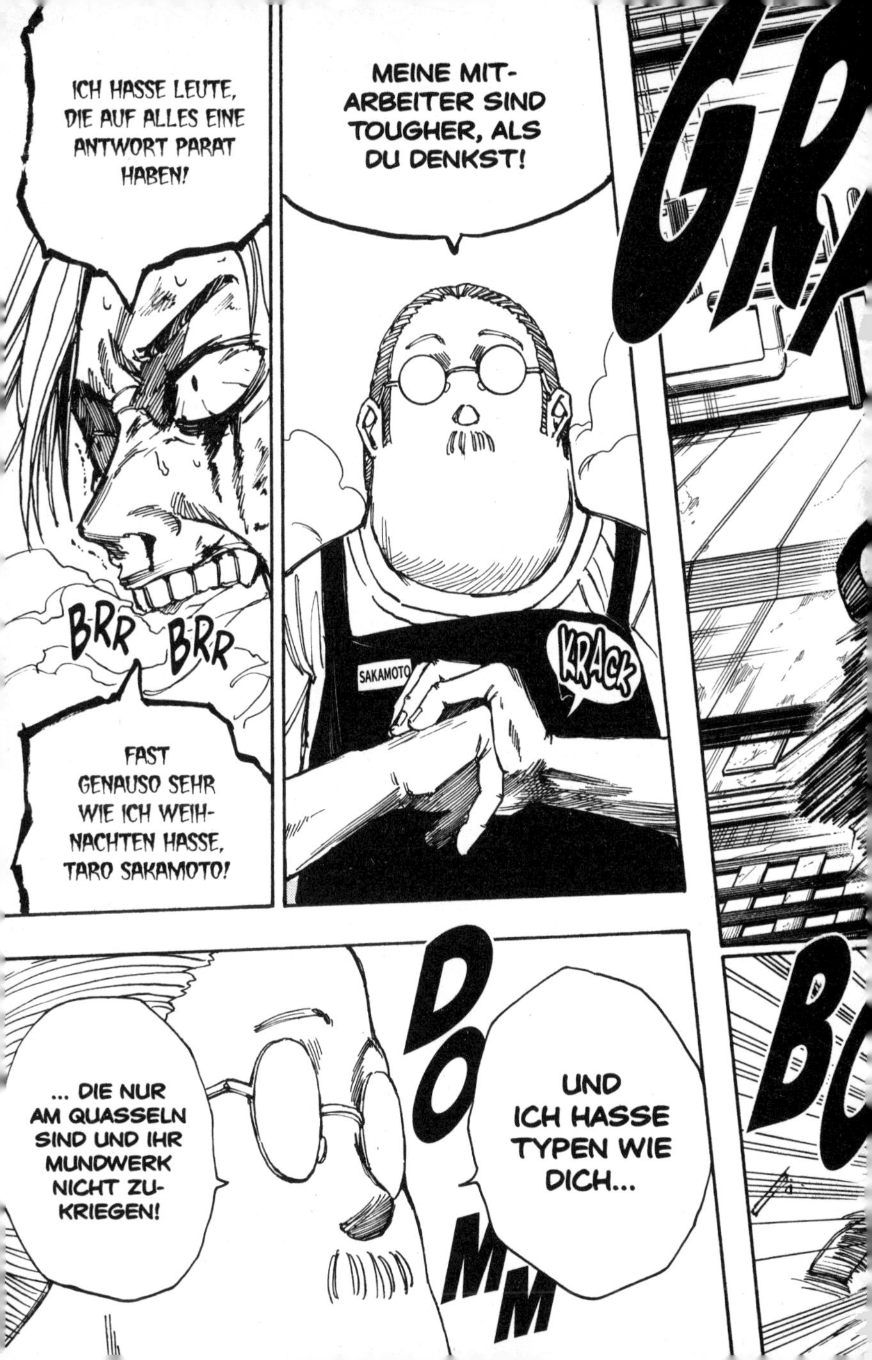
MEINE MIT-ARBEITER SIND TOUGHER, ALS DU DENKST!
SAKAMOTO
KRACK
ICH HASSE LEUTE, DIE AUF ALLES EINE ANTWORT PARAT HABEN!
BRR BRR
FAST GENAUSO SEHR WIE ICH WEIH-NACHTEN HASSE, TARO SAKAMOTO!
UND ICH HASSE TYPEN WIE DICH...
DOMM
... DIE NUR AM QUASSELN SIND UND IHR MUNDWERK NICHT ZU-KRIEGEN!

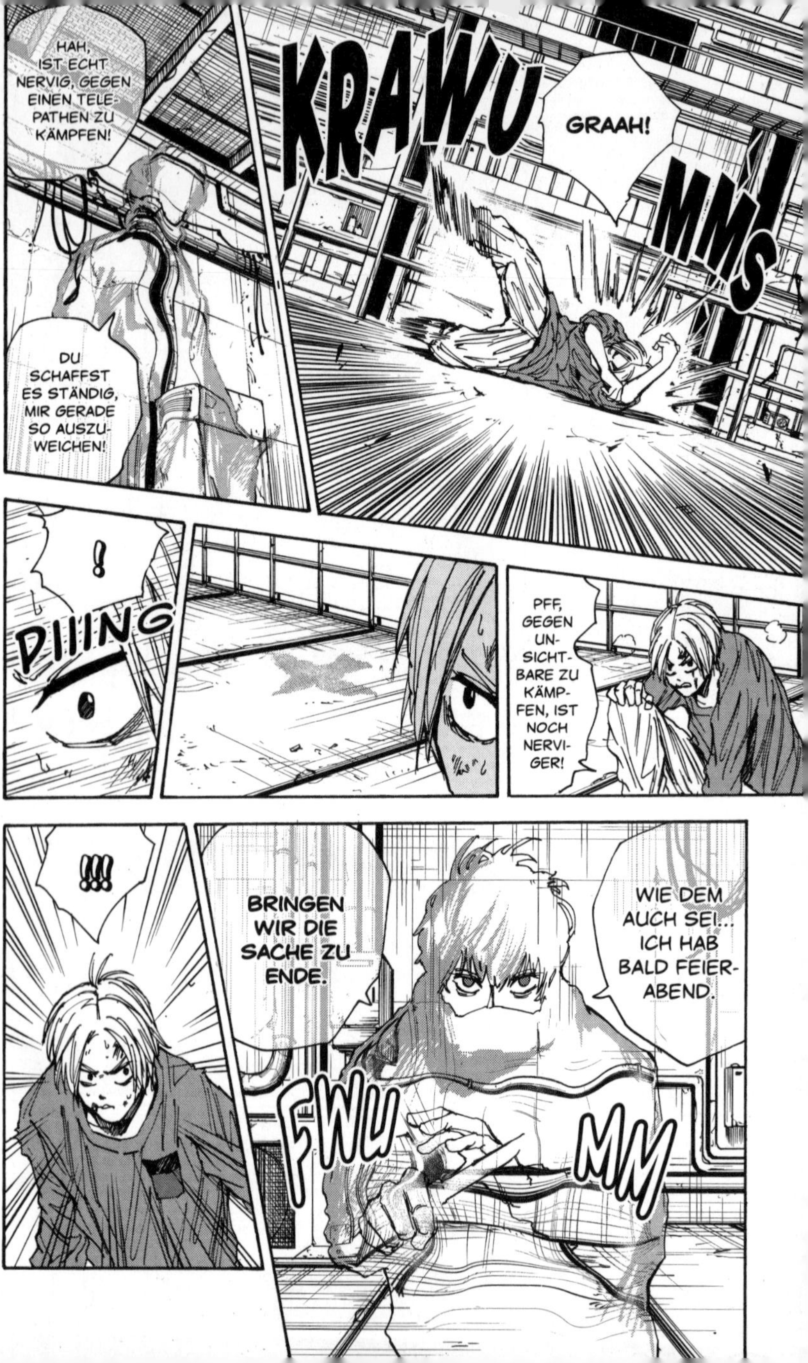

KRAWUMMS
GRAAH!
HAH, IST ECHT NERVIG, GEGEN EINEN TELE-PATHEN ZU KÄMPFEN!
DU SCHAFFST ES STÄNDIG, MIR GERADE SO AUSZU-WEICHEN!
PFF, GEGEN UN-SICHT-BARE ZU KÄMP-FEN, IST NOCH NERVI-GER!
!
PIIING
WIE DEM AUCH SEI... ICH HAB BALD FEIER-ABEND.
BRINGEN WIR DIE SACHE ZU ENDE.
FWUMM
!!!

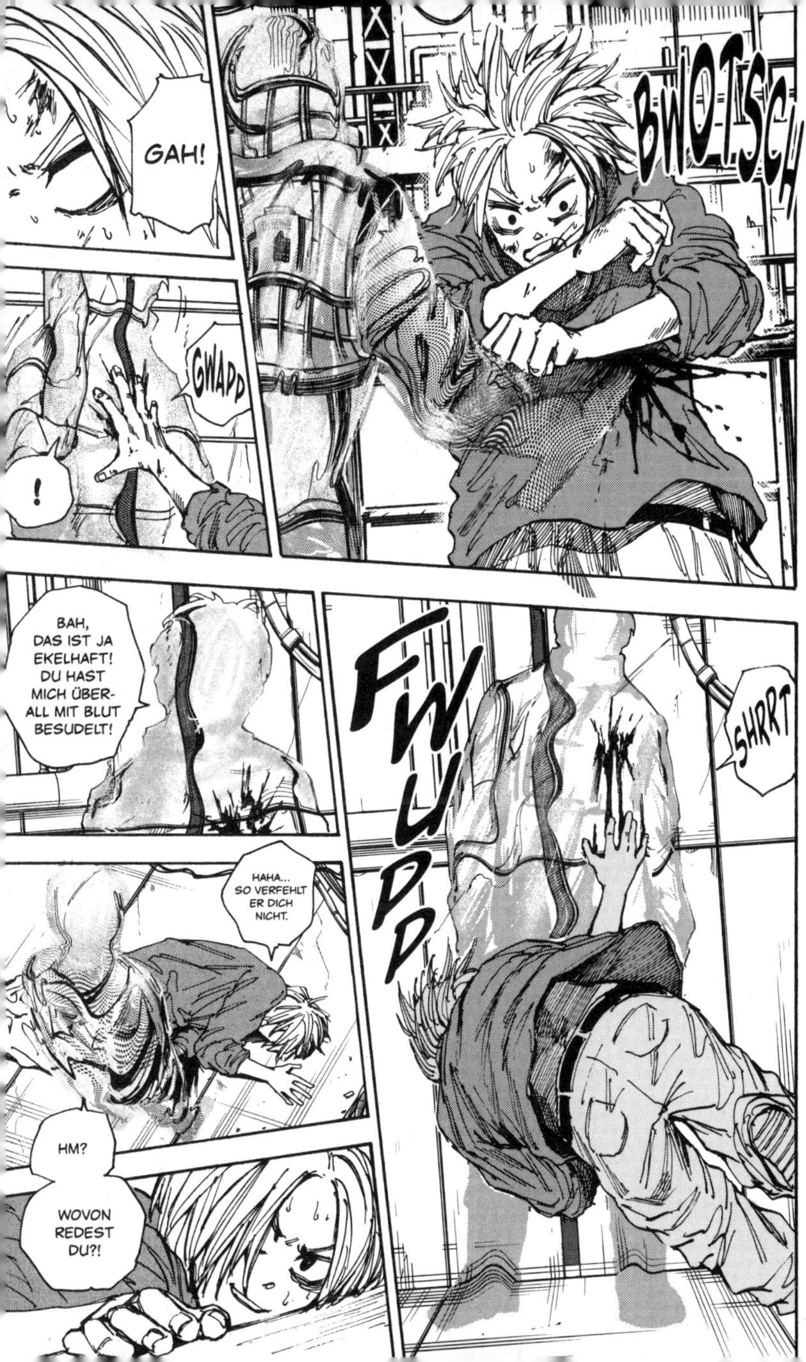
BWOTSCH
GAH!
GWAPP
!
FWUDD
SHRRT
BAH, DAS IST JA EKELHAFT! DU HAST MICH ÜBERALL MIT BLUT BESUDELT!
HAHA... SO VERFEHLT ER DICH NICHT.
HM?
WOVON REDEST DU?!

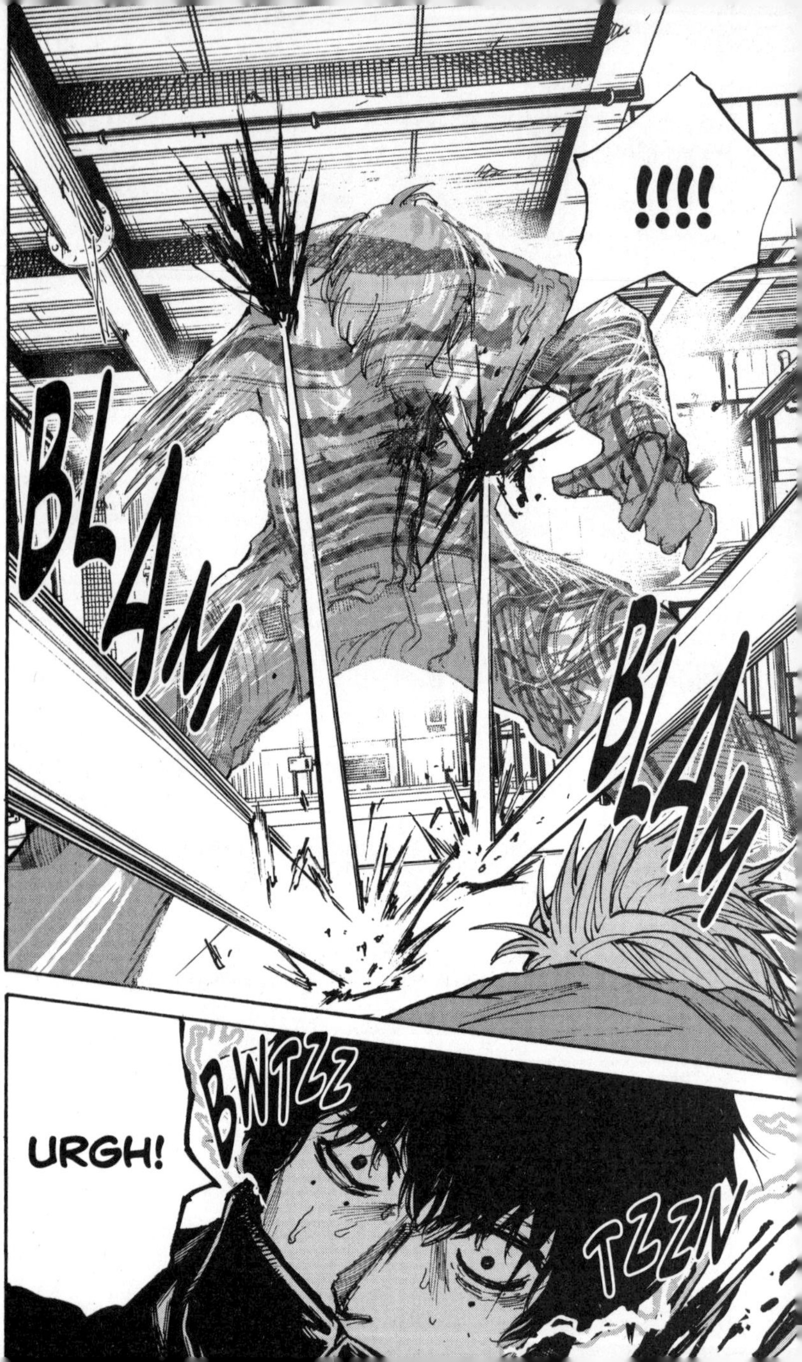
!!!!
BLAM
BLAM
BWTZZ
URGH!
TZZN

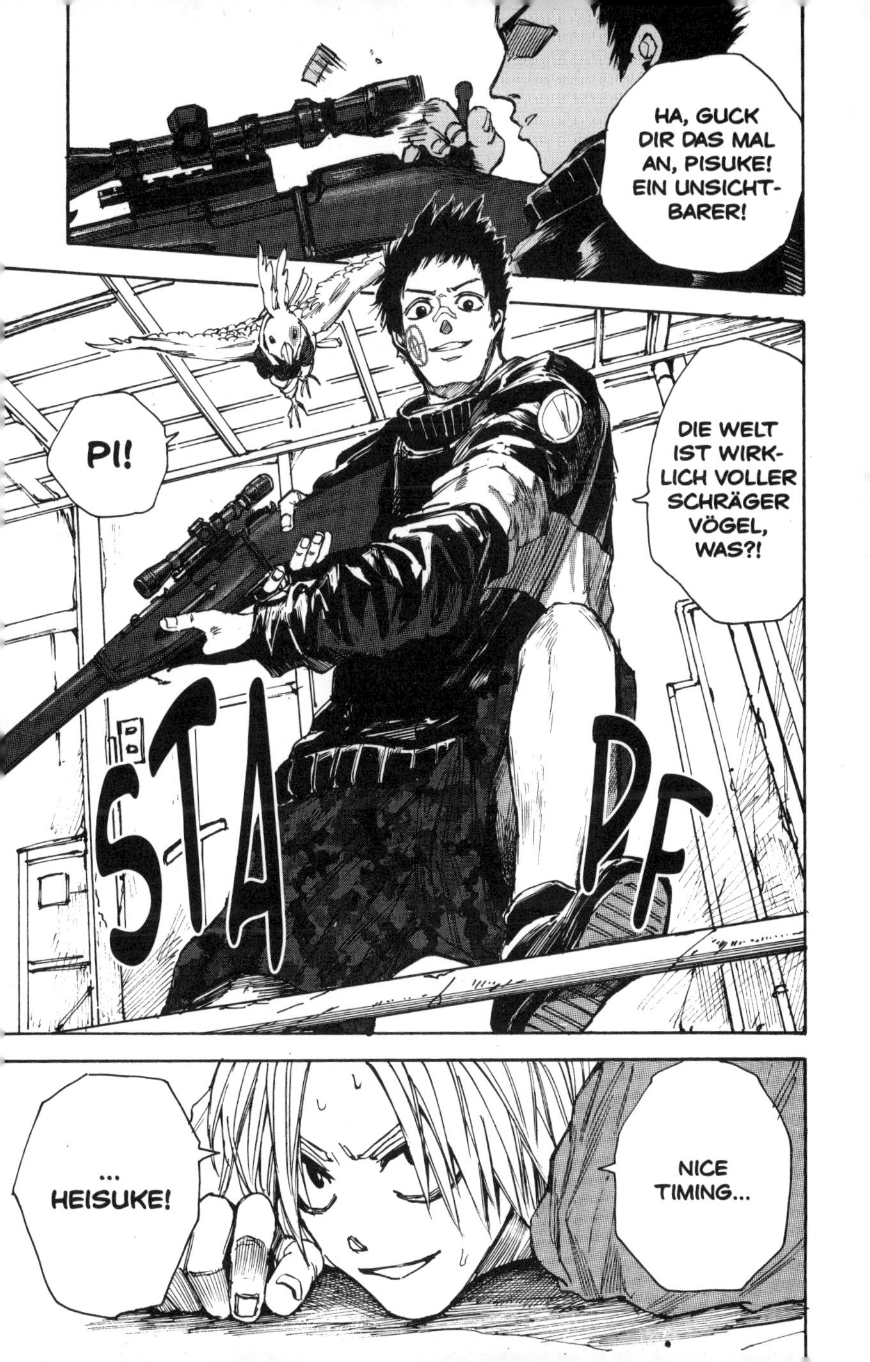
HA, GUCK DIR DAS MAL AN, PISUKE! EIN UNSICHT-BARER!
DIE WELT IST WIRK-LICH VOLLER SCHRÄGER VÖGEL, WAS?!
PI!
STAPF
NICE TIMING...
... HEISUKE!

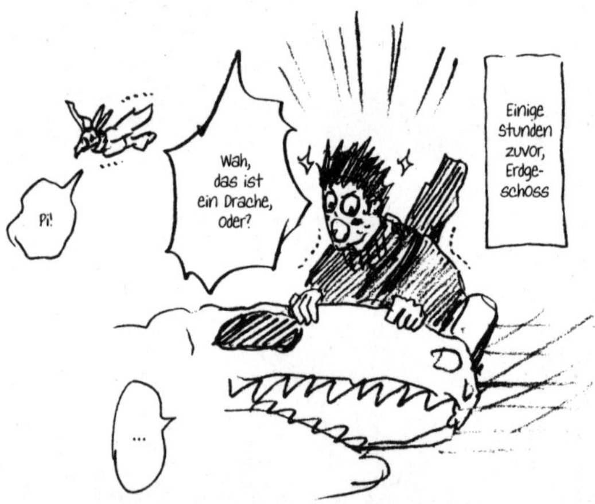
Einige Stunden zuvor, Erdgeschoss
Wah, das ist ein Drache, oder?
Pi!
...

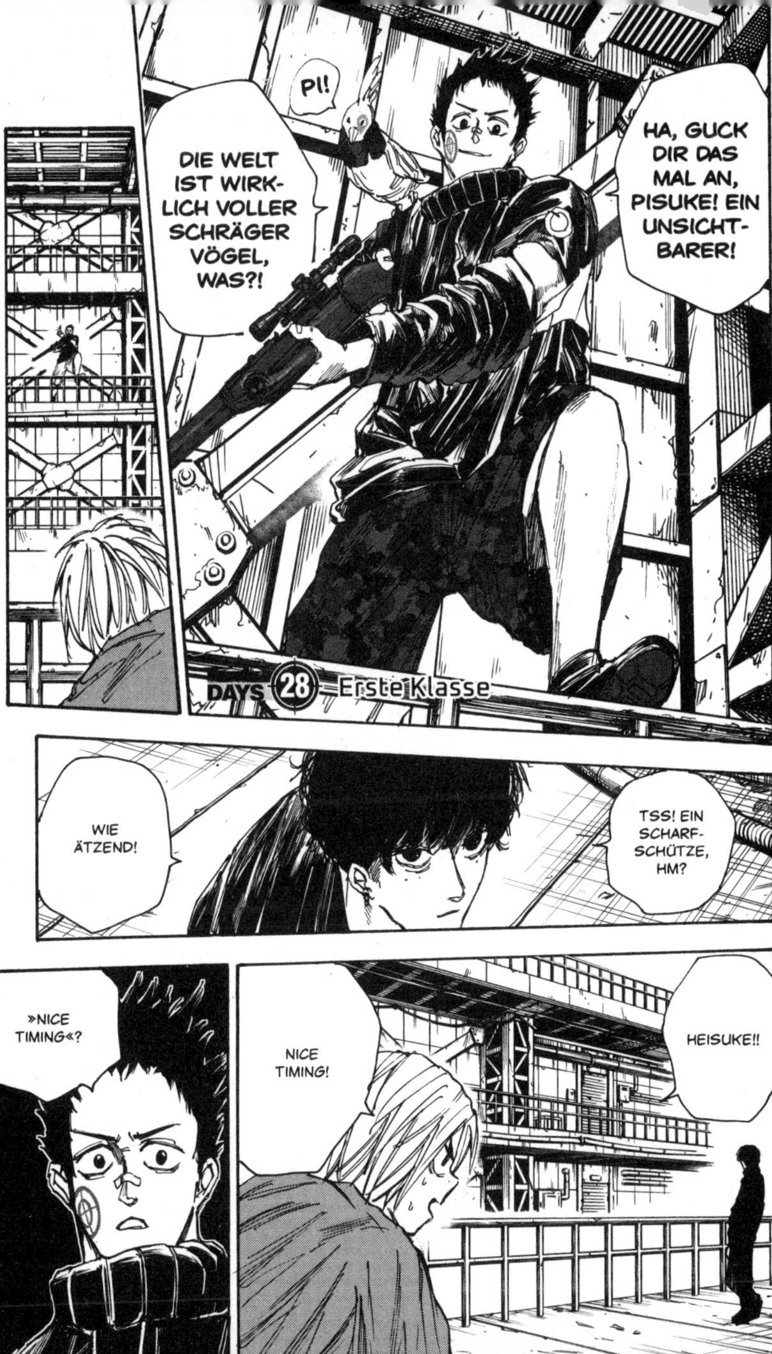
HA, GUCK DIR DAS MAL AN, PISUKE! EIN UNSICHTBARER!
PI!
DIE WELT IST WIRKLICH VOLLER SCHRÄGER VÖGEL, WAS?!
DAYS 28 Erste Klasse
TSS! EIN SCHARFSCHÜTZE, HM?
WIE ÄTZEND!
HEISUKE!!
NICE TIMING!
»NICE TIMING«?

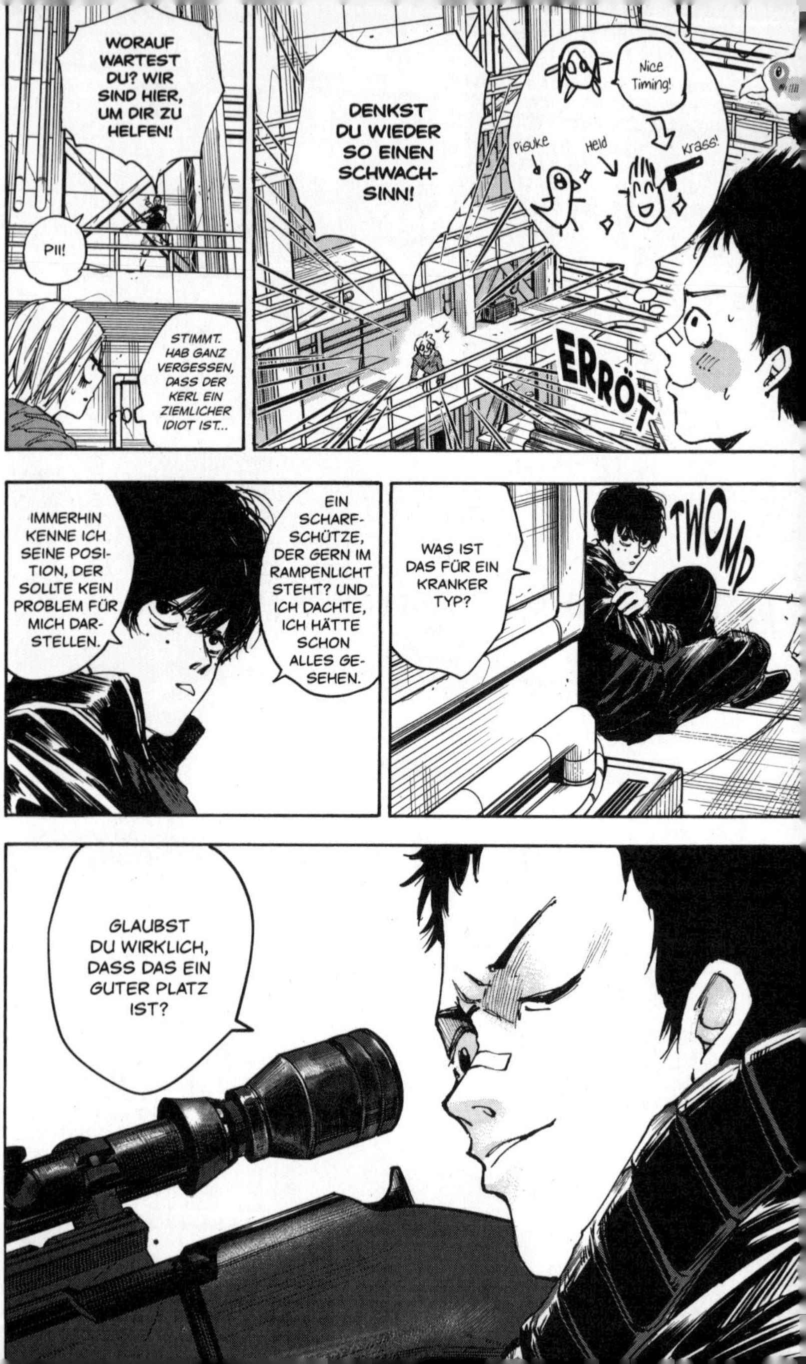
Nice Timing!
Pisuke
Held
Krass!
DENKST DU WIEDER SO EINEN SCHWACH-SINN!
ERRÖT
WORAUF WARTEST DU? WIR SIND HIER, UM DIR ZU HELFEN!
PII!
STIMMT. HAB GANZ VERGESSEN, DASS DER KERL EIN ZIEMLICHER IDIOT IST...
TWOMP
WAS IST DAS FÜR EIN KRANKER TYP?
EIN SCHARF-SCHÜTZE, DER GERN IM RAMPENLICHT STEHT? UND ICH DACHTE, ICH HÄTTE SCHON ALLES GE-SEHEN.
IMMERHIN KENNE ICH SEINE POSI-TION, DER SOLLTE KEIN PROBLEM FÜR MICH DAR-STELLEN.
GLAUBST DU WIRKLICH, DASS DAS EIN GUTER PLATZ IST?

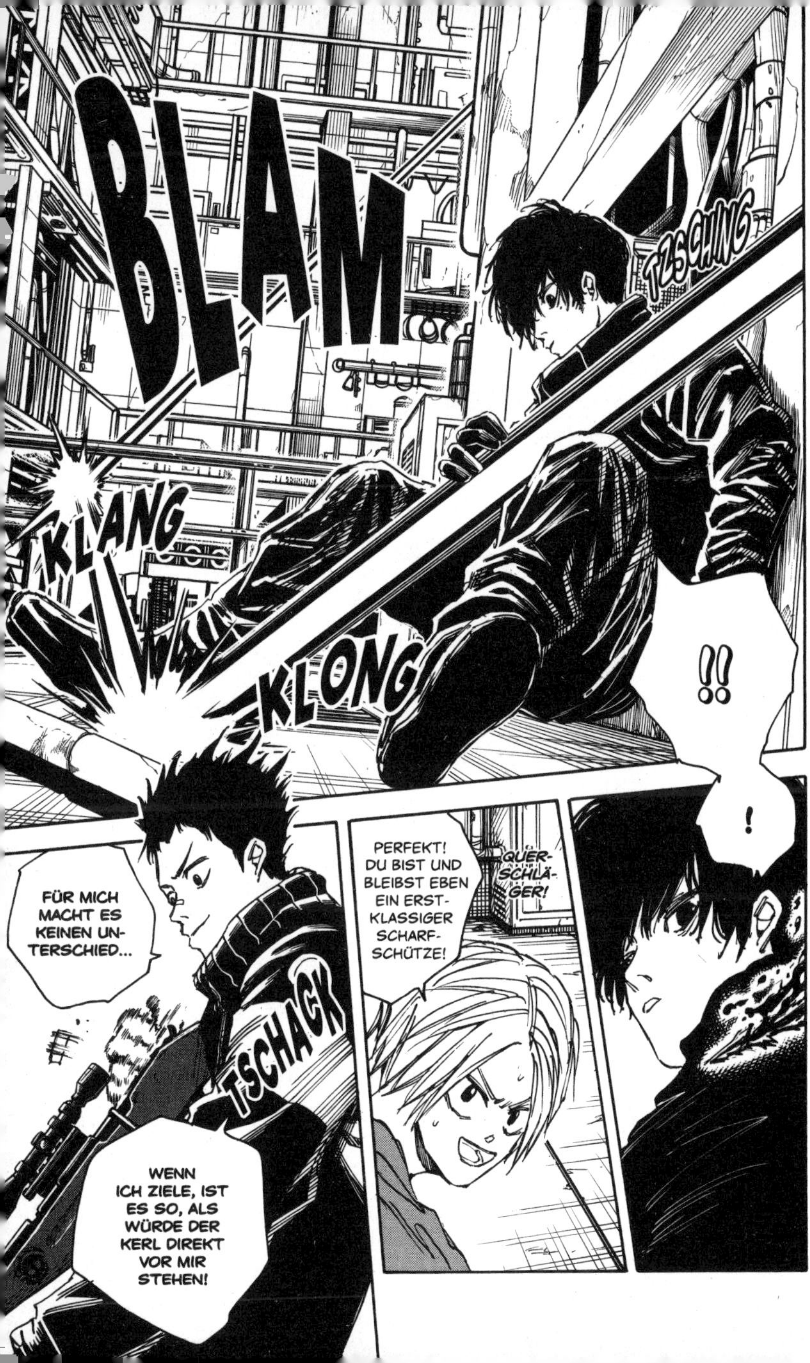

BLAM
TZSCHING
KLANG
KLONG
!!
!
QUER-
SCHLÄ-
GER!
PERFEKT!
DU BIST UND
BLEIBST EBEN
EIN ERST-
KLASSIGER
SCHARF-
SCHÜTZE!
FÜR MICH
MACHT ES
KEINEN UN-
TERSCHIED...
TSCHACK
WENN
ICH ZIELE, IST
ES SO, ALS
WÜRDE DER
KERL DIREKT
VOR MIR
STEHEN!

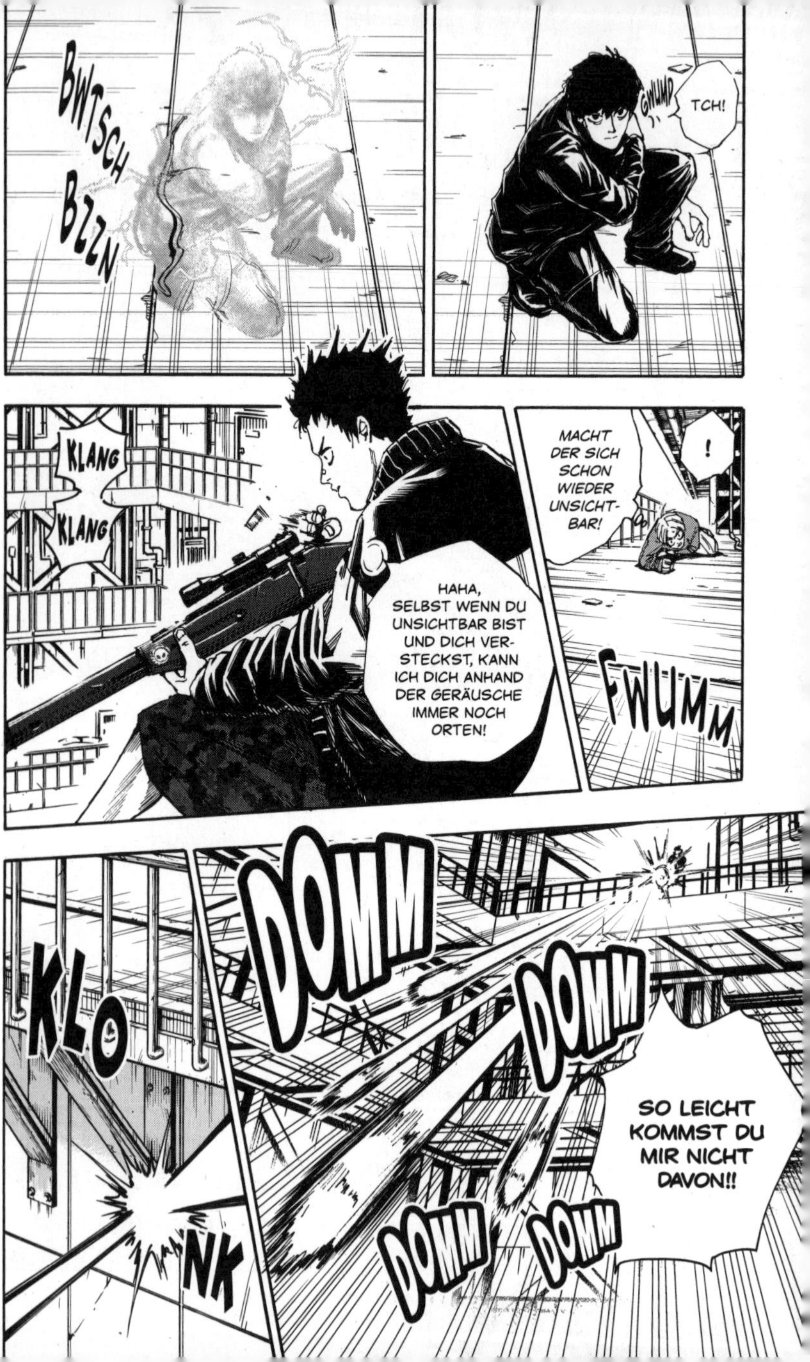

TCH!
GWUMP
BWTSCH
BZZZN
!
MACHT DER SICH SCHON WIEDER UNSICHT-BAR!
FWUMM
HAHA, SELBST WENN DU UNSICHTBAR BIST UND DICH VER-STECKST, KANN ICH DICH ANHAND DER GERÄUSCHE IMMER NOCH ORTEN!
KLANG
KLANG
SO LEICHT KOMMST DU MIR NICHT DAVON!!
DOMM
DOMM
DOMM
DOMM
KLO
NK

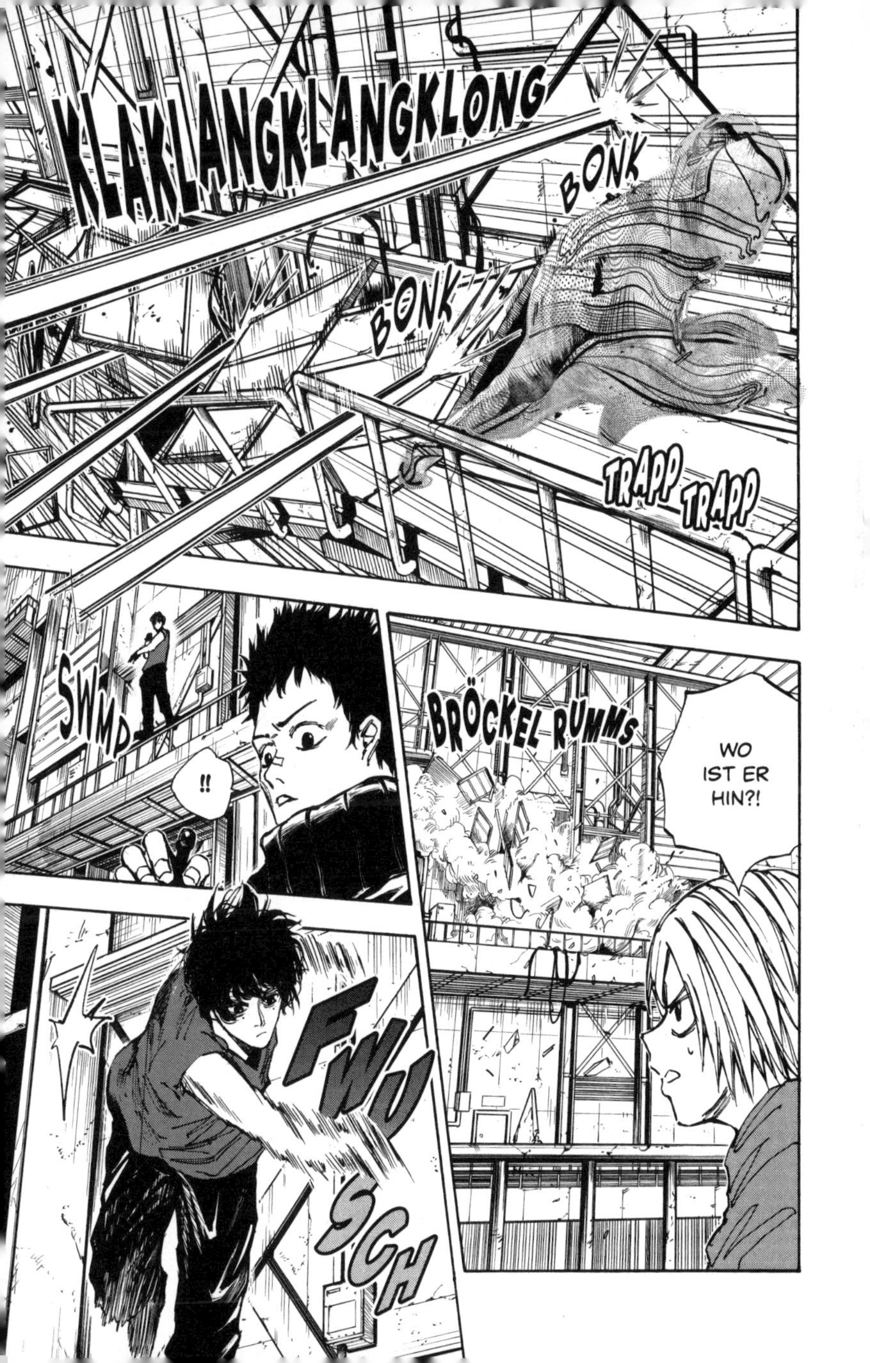
KLAKLANGKLANGKLONG
BONK
BONK
TRAPP TRAPP
WO IST ER HIN?!
BRÖCKEL RUMMS
!!
SWMD
FWU
SCH

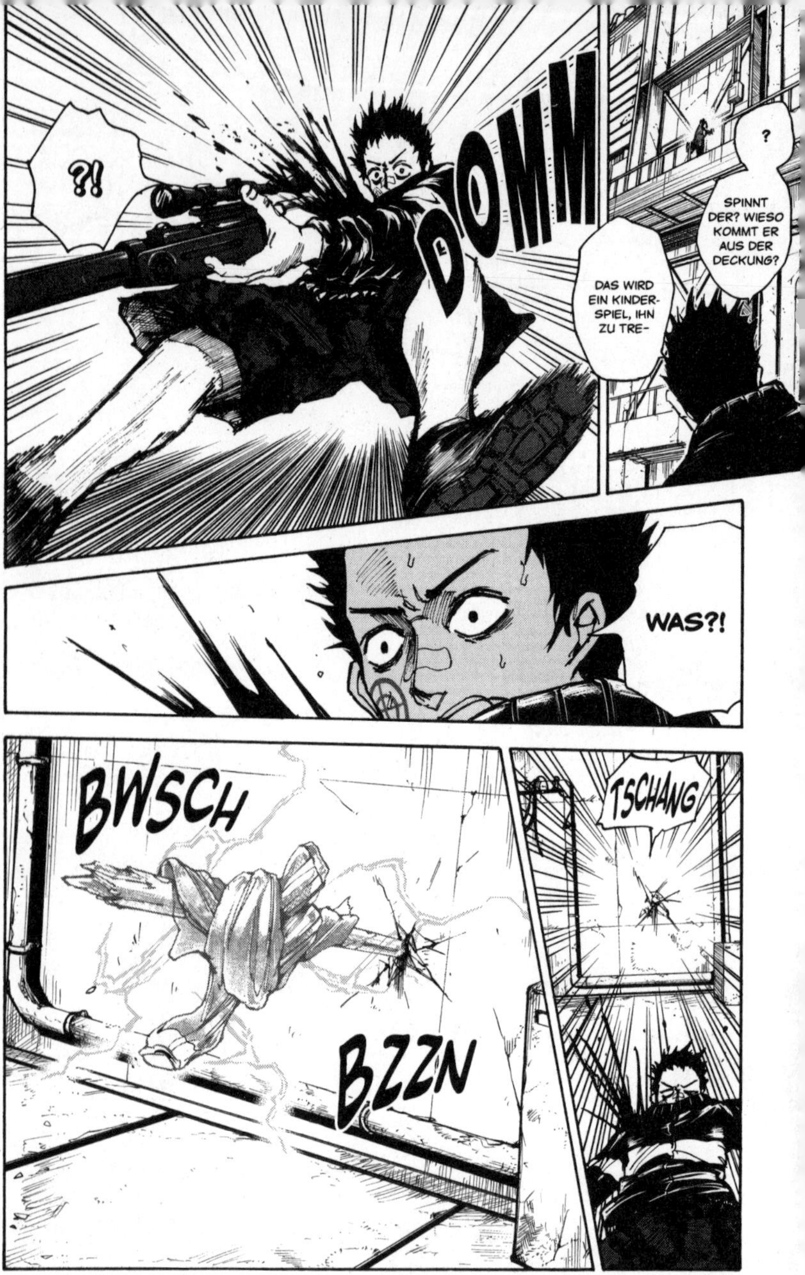
?
SPINNT DER? WIESO KOMMT ER AUS DER DECKUNG?
DAS WIRD EIN KINDER-SPIEL, IHN ZU TRE-
DOMM
?!
WAS?!
TSCHANG
BWSCH
BZZN

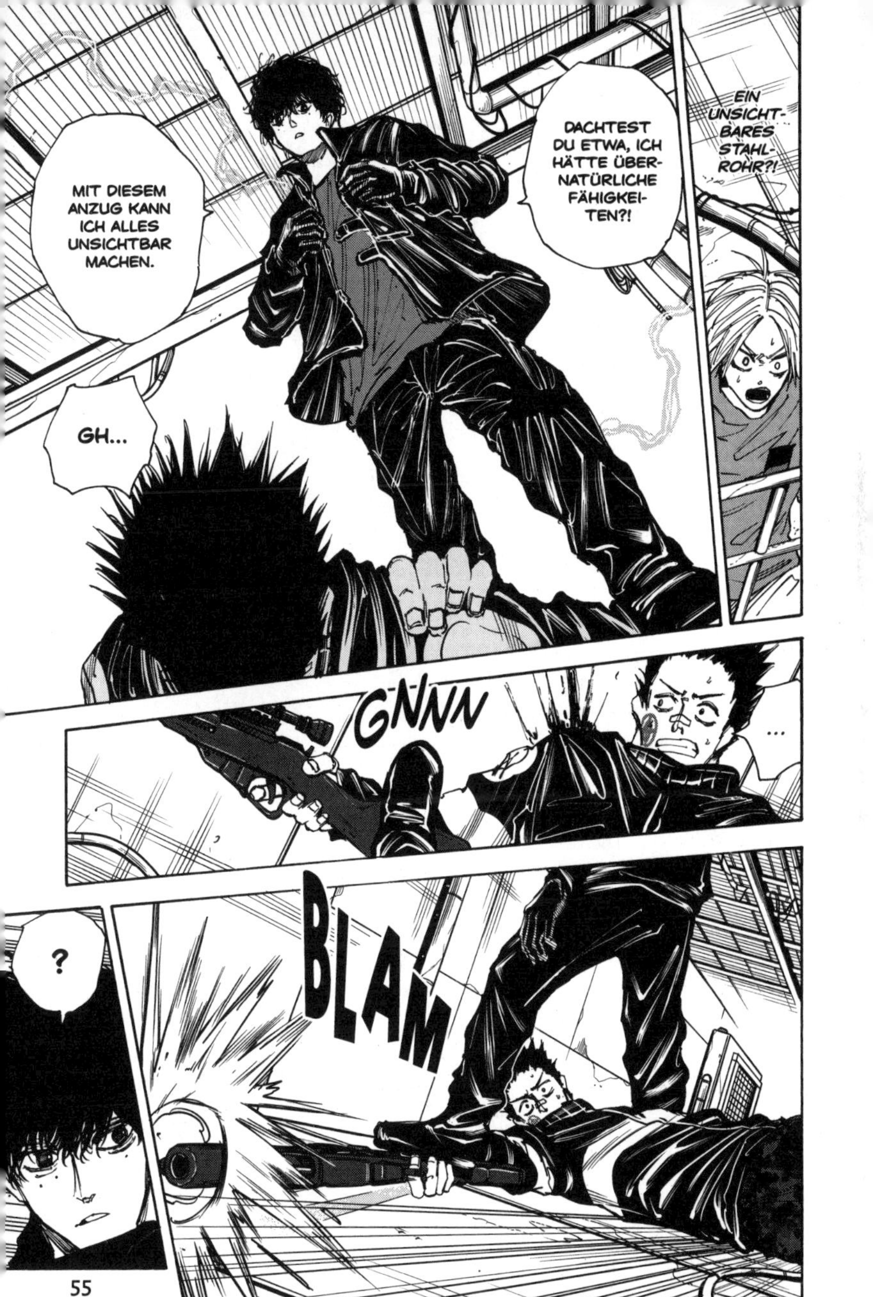
EIN UNSICHT-BARES STAHL-ROHR?!
DACHTEST DU ETWA, ICH HÄTTE ÜBER-NATÜRLICHE FÄHIGKEI-TEN?!
MIT DIESEM ANZUG KANN ICH ALLES UNSICHTBAR MACHEN.
GH...
...
GNNN
BLAM
?

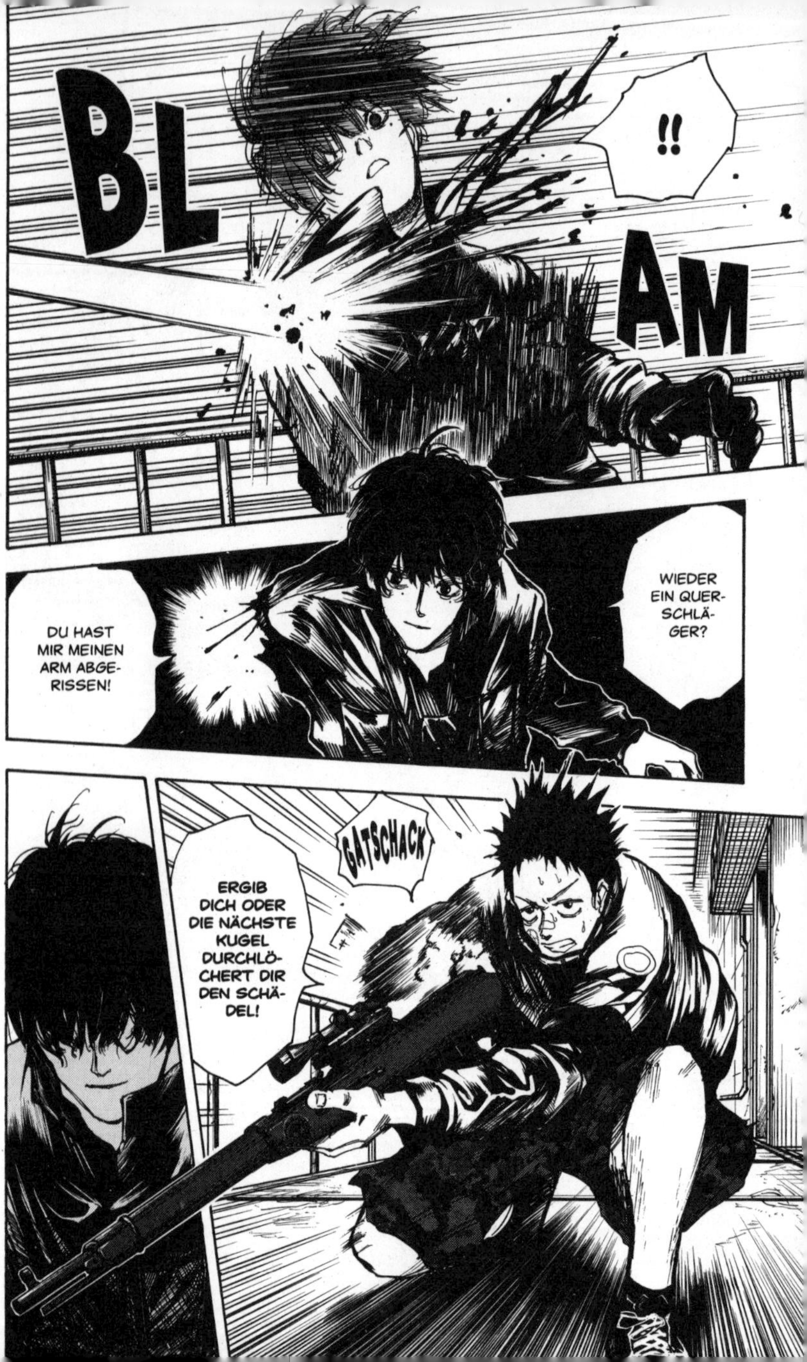

BLAM
!!
WIEDER EIN QUER-SCHLÄ-GER?
DU HAST MIR MEINEN ARM ABGE-RISSEN!
GATSCHACK
ERGIB DICH ODER DIE NÄCHSTE KUGEL DURCHLÖ-CHERT DIR DEN SCHÄ-DEL!

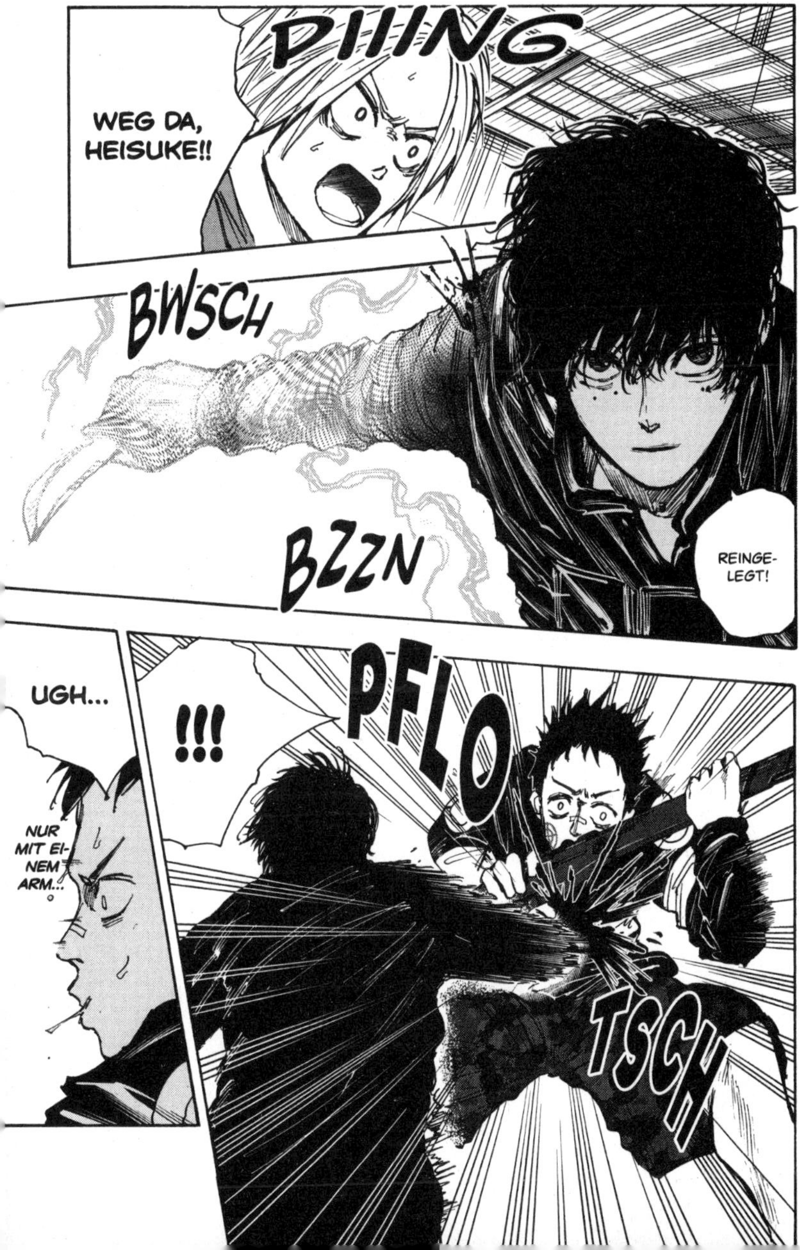
DIIING
WEG DA, HEISUKE!!
REINGE-LEGT!
BWSCH
BZZN
PFLO
!!!
TSCH
UGH...
NUR MIT EI-NEM ARM...

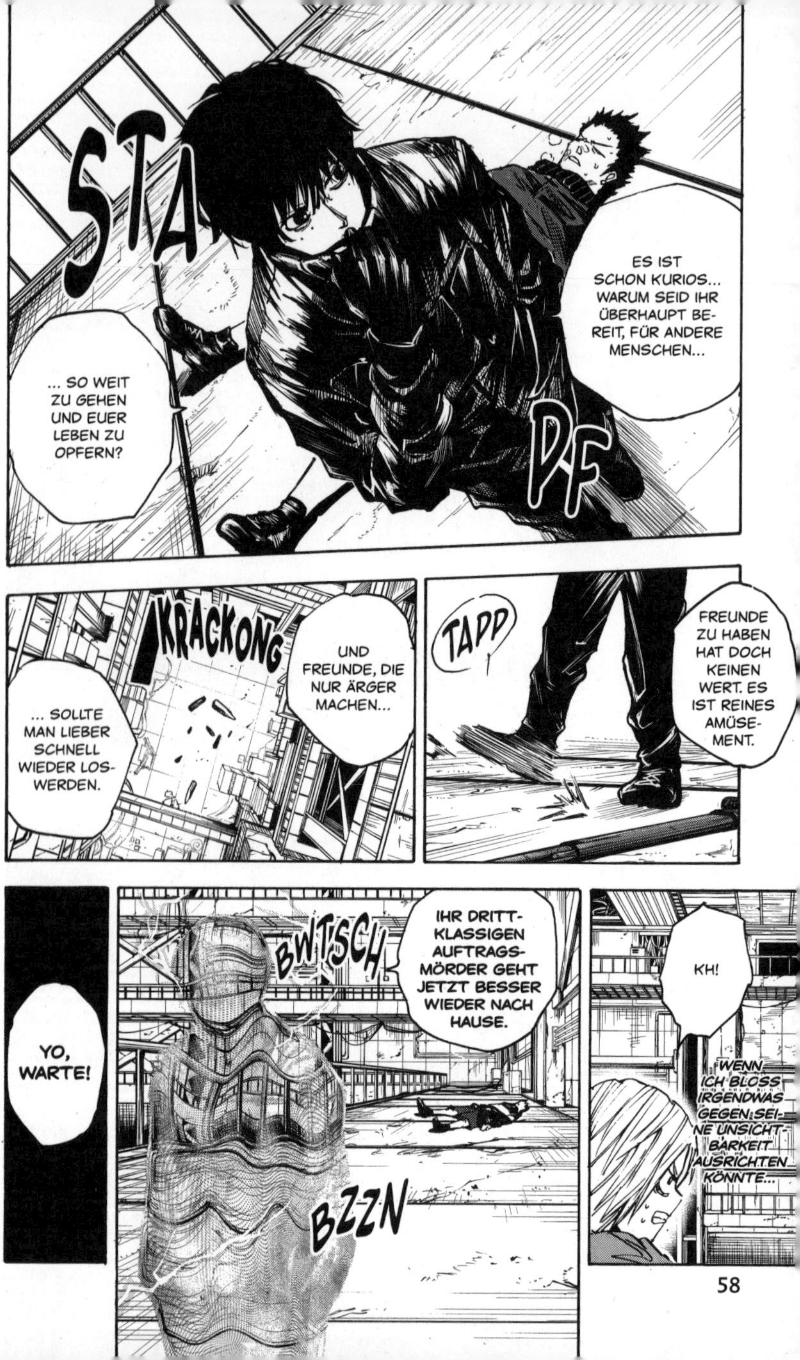
STA
ES IST SCHON KURIOS... WARUM SEID IHR ÜBERHAUPT BEREIT, FÜR ANDERE MENSCHEN...
... SO WEIT ZU GEHEN UND EUER LEBEN ZU OPFERN?
DF
TAPP
FREUNDE ZU HABEN HAT DOCH KEINEN WERT. ES IST REINES AMÜSEMENT.
KRACKONG
UND FREUNDE, DIE NUR ÄRGER MACHEN...
... SOLLTE MAN LIEBER SCHNELL WIEDER LOSWERDEN.
KH!
WENN ICH BLOSS IRGENDWAS GEGEN SEINE UNSICHTBARKEIT AUSRICHTEN KÖNNTE...
IHR DRITTKLASSIGEN AUFTRAGSMÖRDER GEHT JETZT BESSER WIEDER NACH HAUSE.
BWTSCH
BZZN
YO, WARTE!

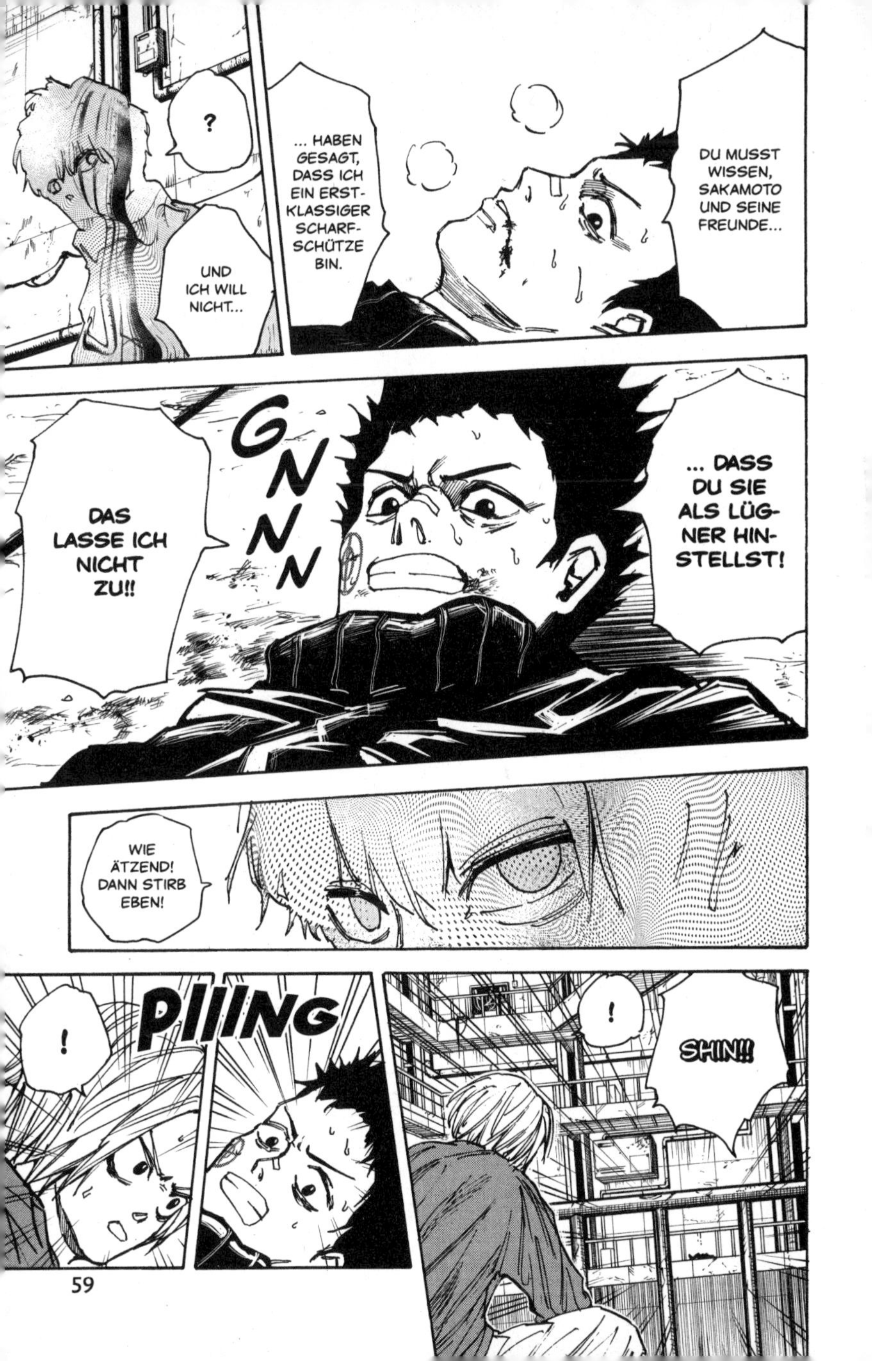
DU MUSST WISSEN, SAKAMOTO UND SEINE FREUNDE...
... HABEN GESAGT, DASS ICH EIN ERSTKLASSIGER SCHARFSCHÜTZE BIN.
?
UND ICH WILL NICHT...
... DASS DU SIE ALS LÜGNER HINSTELLST!
GNNN
DAS LASSE ICH NICHT ZU!!
WIE ÄTZEND! DANN STIRB EBEN!
!
SHIN!!
PIIING
!

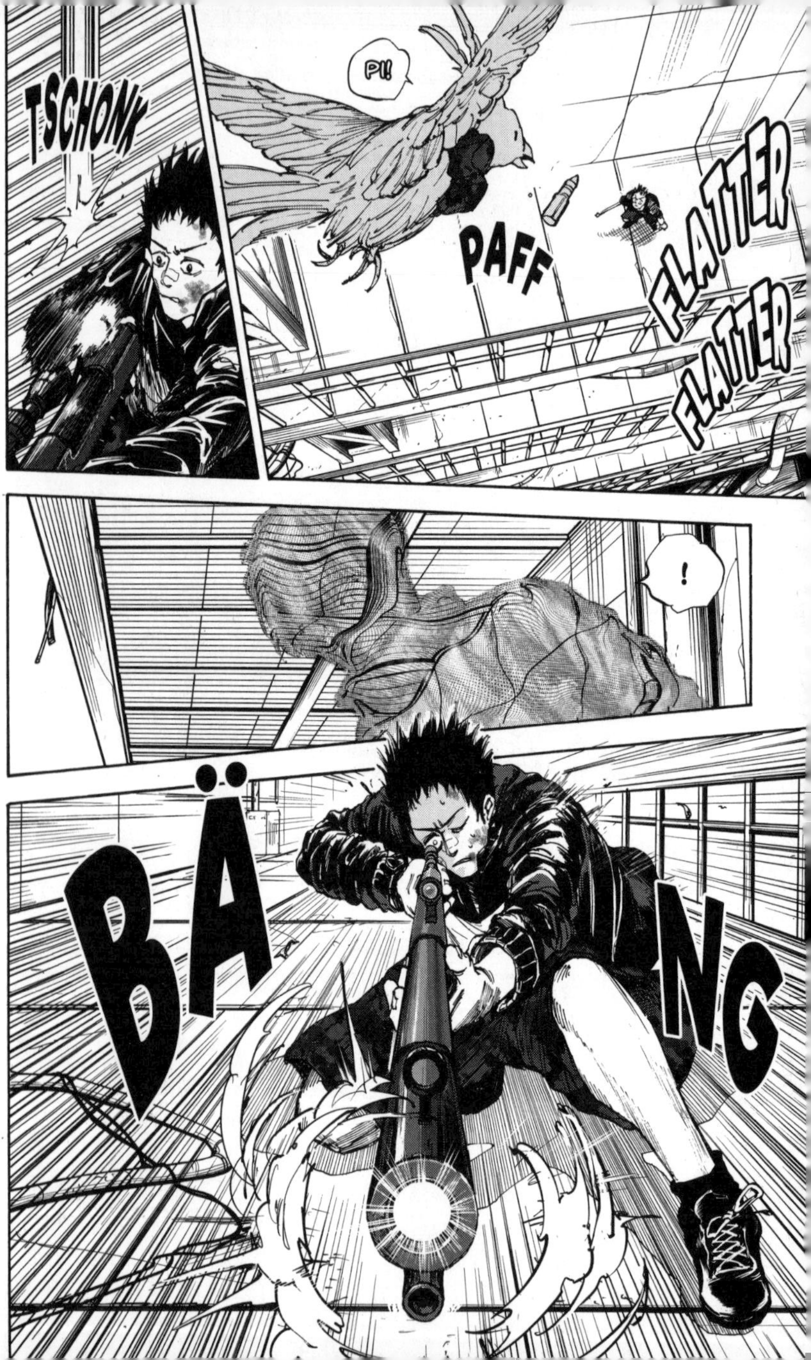
PI!
TSCHONK
PAFF
FLATTER
FLATTER
!
BÄÄNG

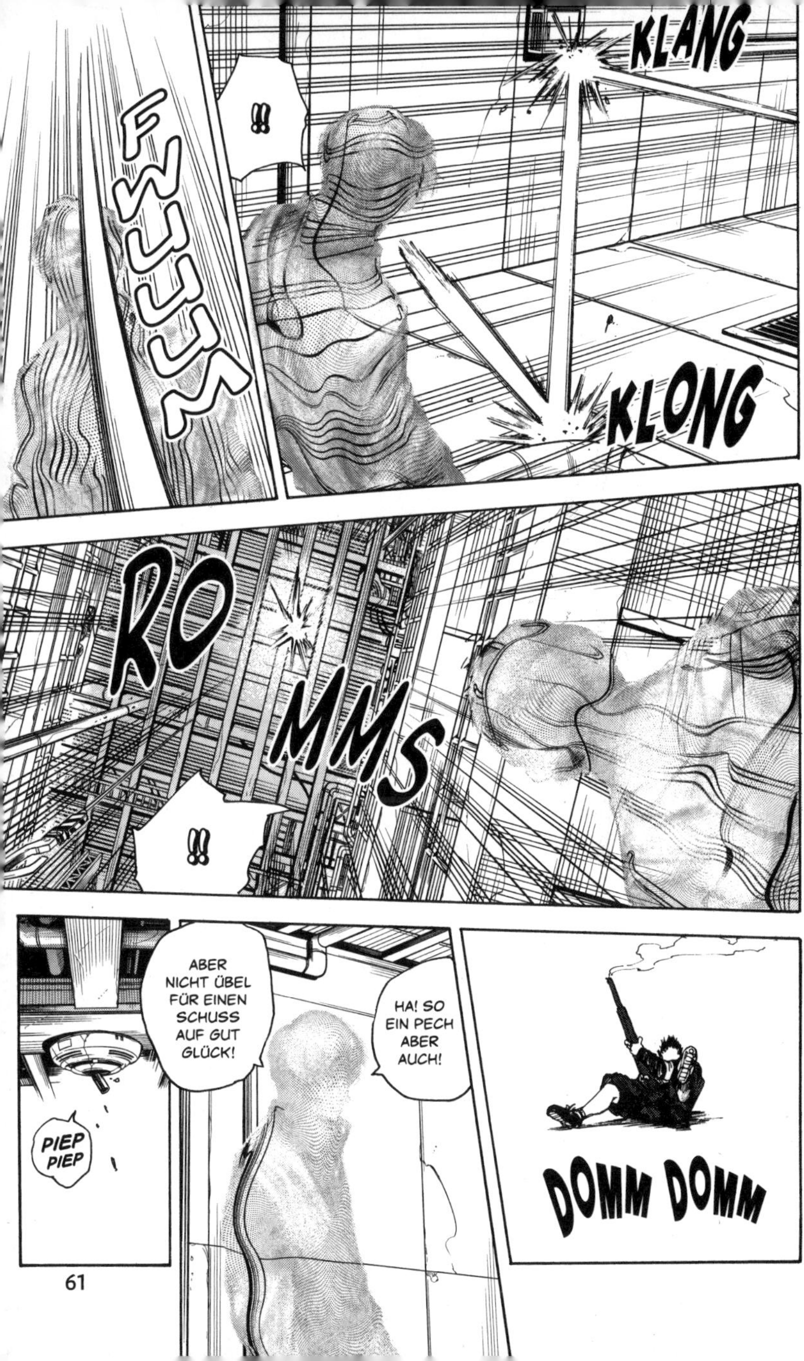
KLANG
!!
FWUUUM
KLONG
RO
MMS
!!
HA! SO EIN PECH ABER AUCH!
ABER NICHT ÜBEL FÜR EINEN SCHUSS AUF GUT GLÜCK!
PIEP PIEP
DOMM DOMM

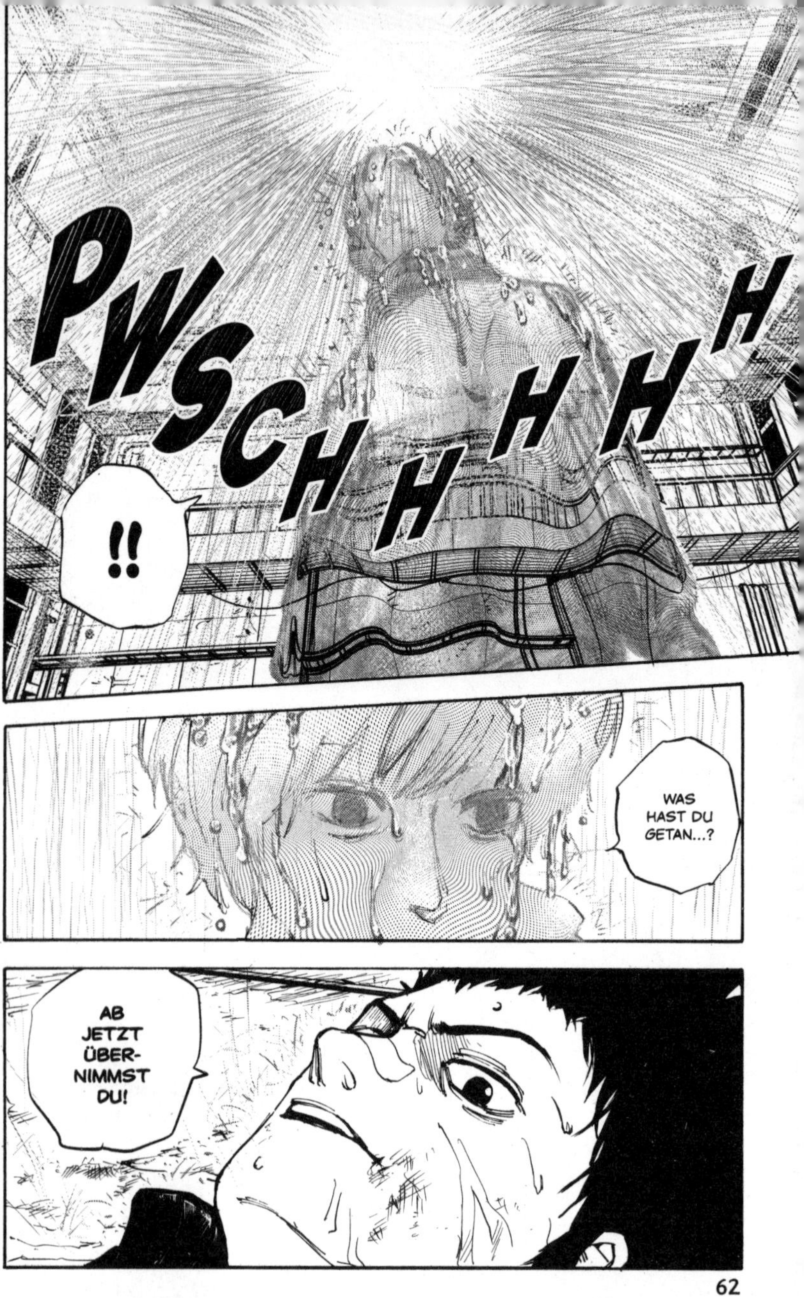
PWSCHHHHHH
!!
WAS HAST DU GETAN...?
AB JETZT ÜBER-NIMMST DU!

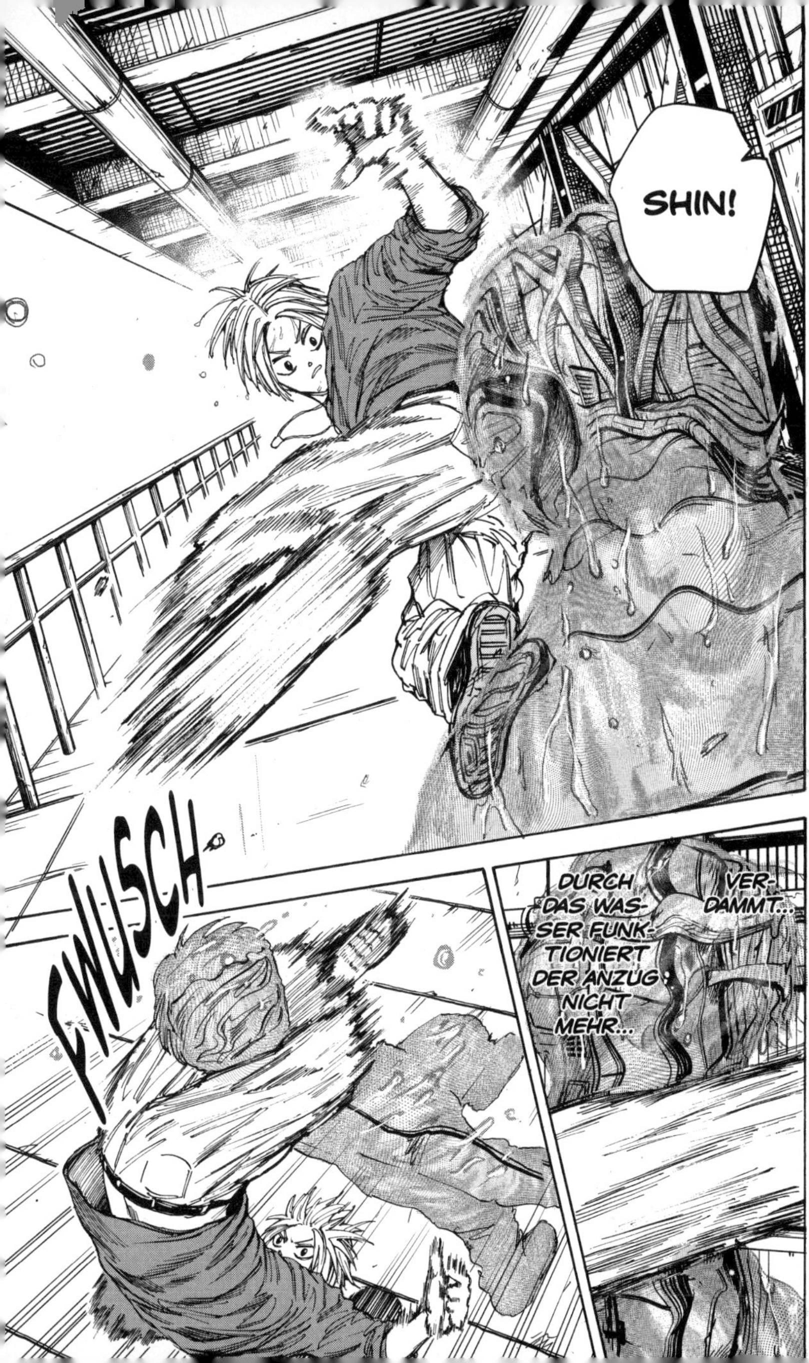
SHIN!
FWUSCH
VERDAMMT...
DURCH DAS WASSER FUNKTIONIERT DER ANZUG NICHT MEHR...

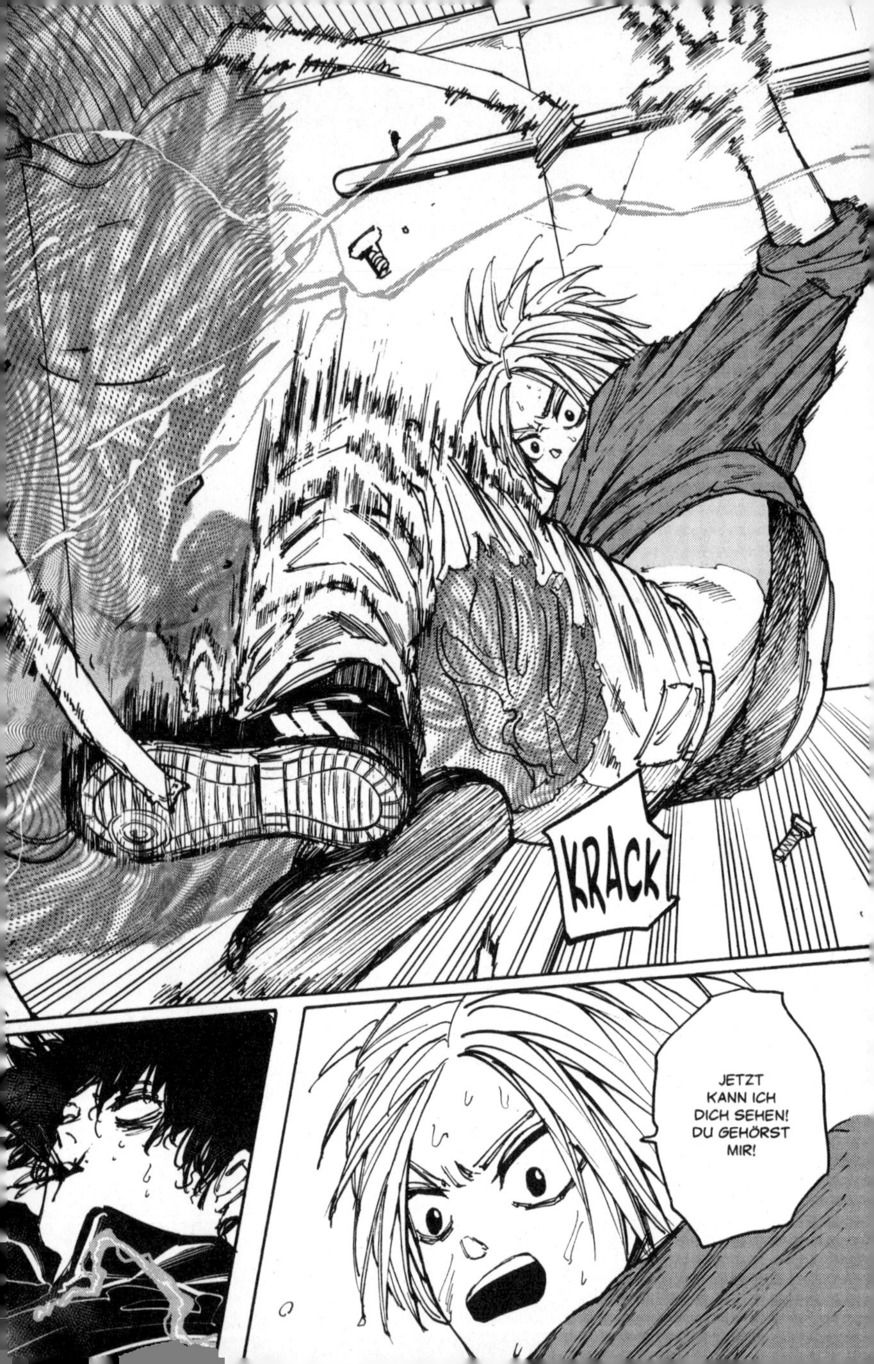
KRACK
JETZT KANN ICH DICH SEHEN! DU GEHÖRST MIR!

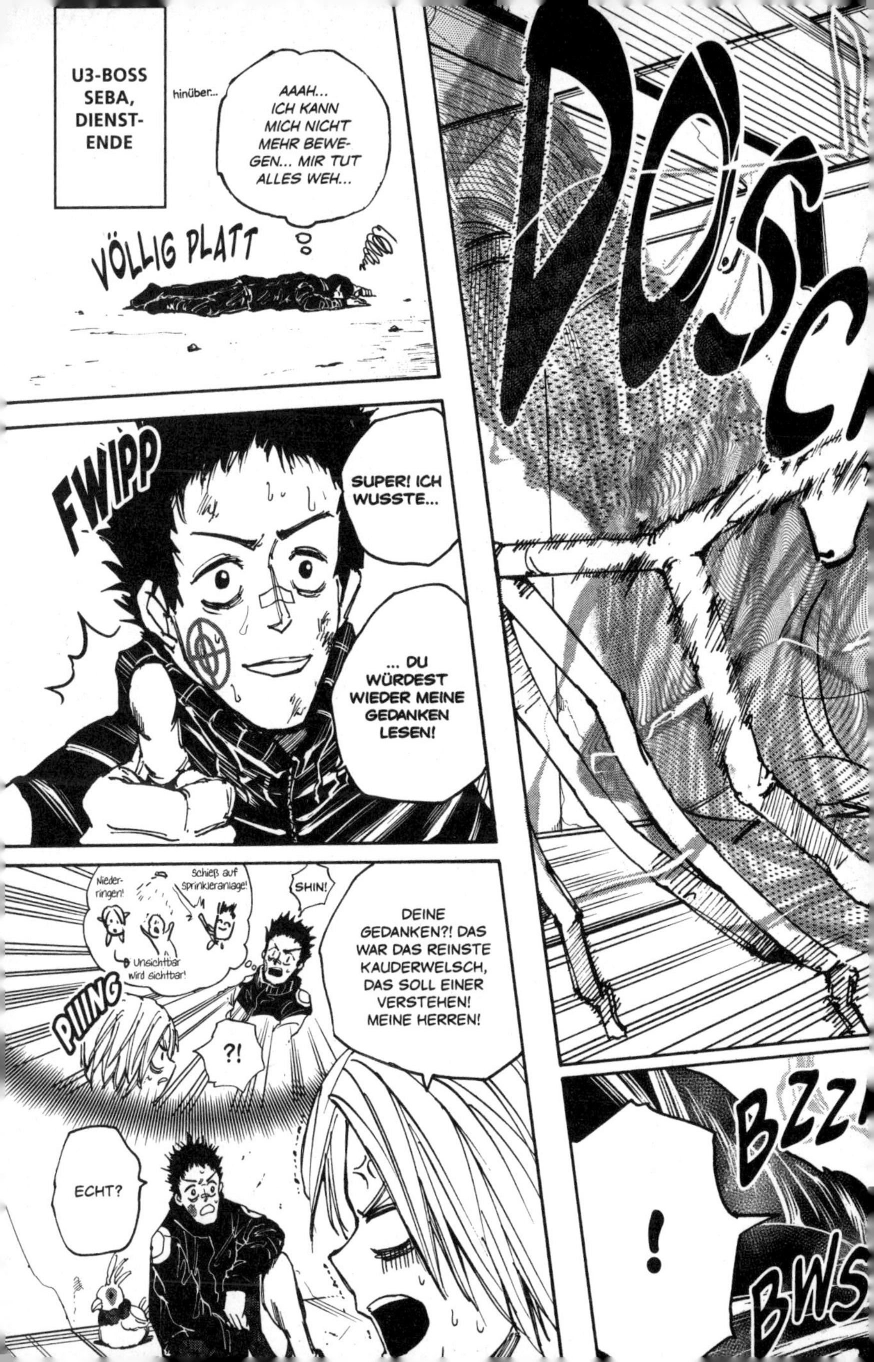

U3-BOSS SEBA, DIENST-ENDE
hinüber...
AAAH... ICH KANN MICH NICHT MEHR BEWE-GEN... MIR TUT ALLES WEH...
VÖLLIG PLATT
FWIPP
SUPER! ICH WUSSTE...
... DU WÜRDEST WIEDER MEINE GEDANKEN LESEN!
SHIN!
Nieder-ringen!
Schieß auf Sprinkleranlage!
Unsichtbar wird sichtbar!
PIIING
?!
DEINE GEDANKEN?! DAS WAR DAS REINSTE KAUDERWELSCH, DAS SOLL EINER VERSTEHEN! MEINE HERREN!
ECHT?
!

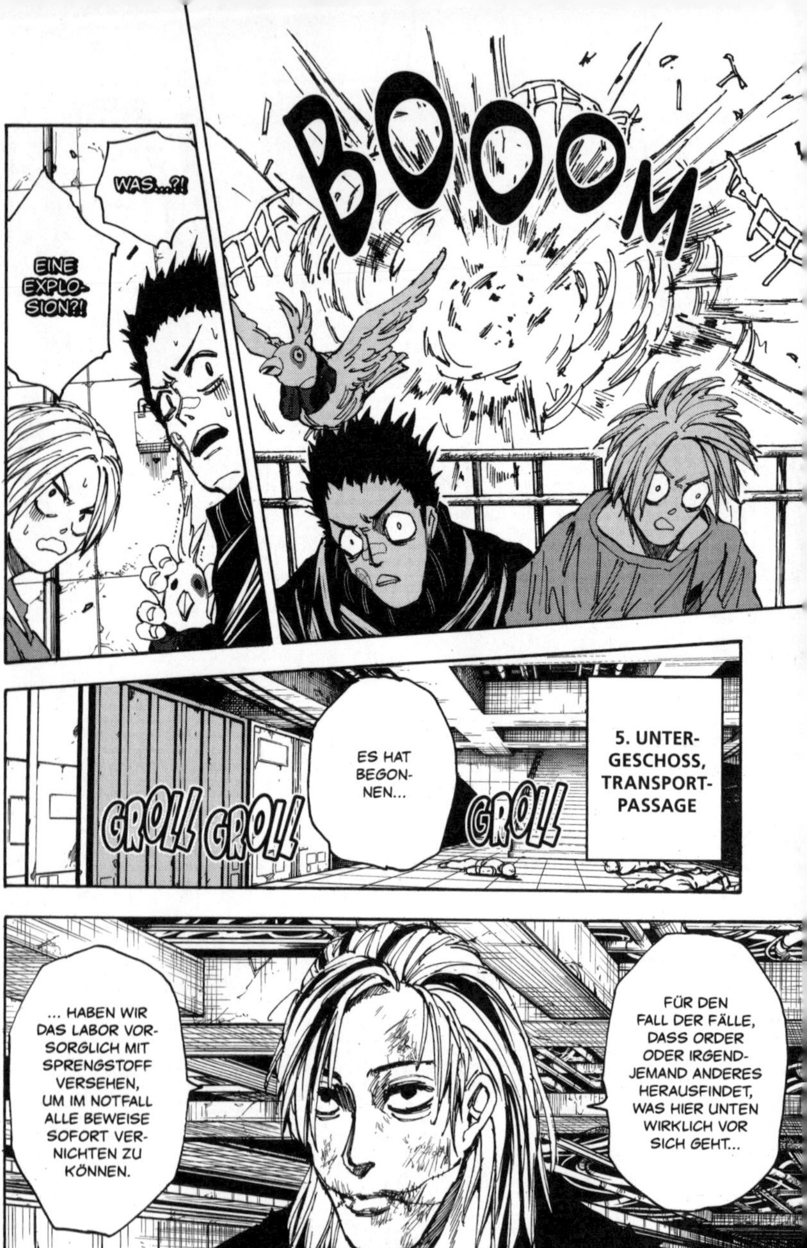
BOOOM
WAS...?!
EINE EXPLO-SION?!
5. UNTER-GESCHOSS, TRANSPORT-PASSAGE
GROLL
ES HAT BEGON-NEN...
GROLL GROLL
FÜR DEN FALL DER FÄLLE, DASS ORDER ODER IRGEND-JEMAND ANDERES HERAUSFINDET, WAS HIER UNTEN WIRKLICH VOR SICH GEHT...
... HABEN WIR DAS LABOR VOR-SORGLICH MIT SPRENGSTOFF VERSEHEN, UM IM NOTFALL ALLE BEWEISE SOFORT VER-NICHTEN ZU KÖNNEN.

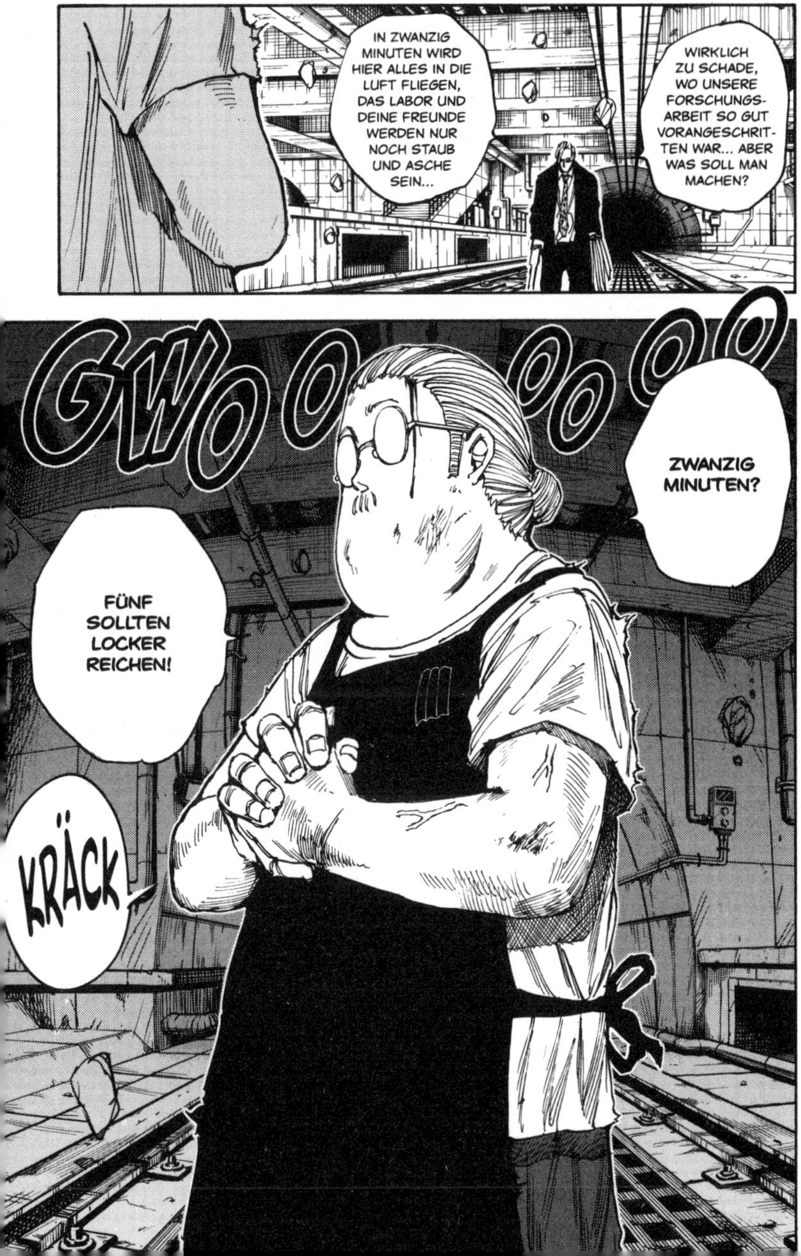
WIRKLICH ZU SCHADE, WO UNSERE FORSCHUNGS-ARBEIT SO GUT VORANGESCHRIT-TEN WAR... ABER WAS SOLL MAN MACHEN?
IN ZWANZIG MINUTEN WIRD HIER ALLES IN DIE LUFT FLIEGEN, DAS LABOR UND DEINE FREUNDE WERDEN NUR NOCH STAUB UND ASCHE SEIN...
GWOOOOOOO
ZWANZIG MINUTEN?
FÜNF SOLLTEN LOCKER REICHEN!
KRÄCK

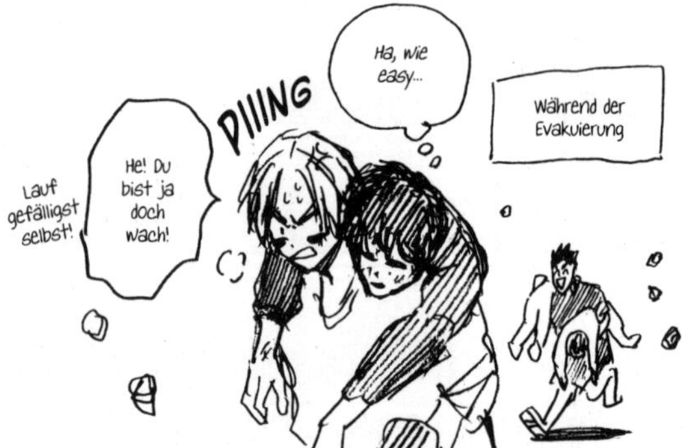
Während der Evakuierung
Ha, wie easy...
DIIING
He! Du bist ja doch wach!
Lauf gefälligst selbst!

DAYS 29 Alle einsteigen, bitte!

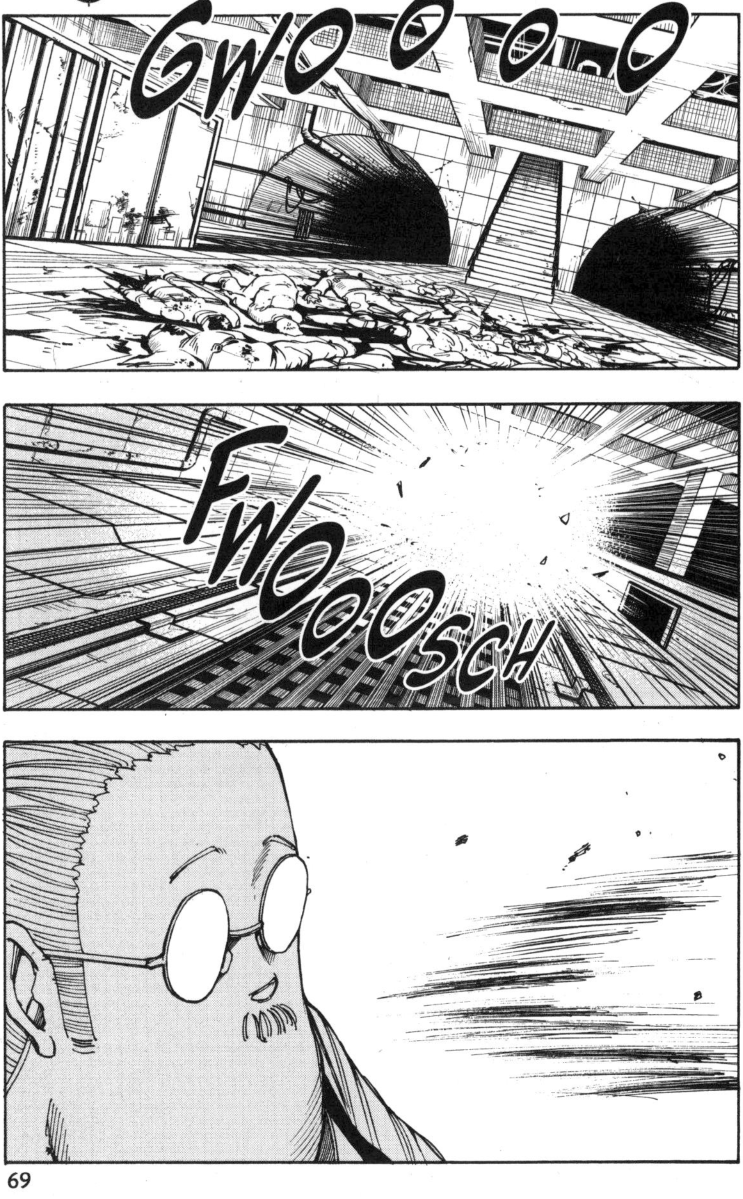

DAYS 29 Alle einsteigen, bitte!

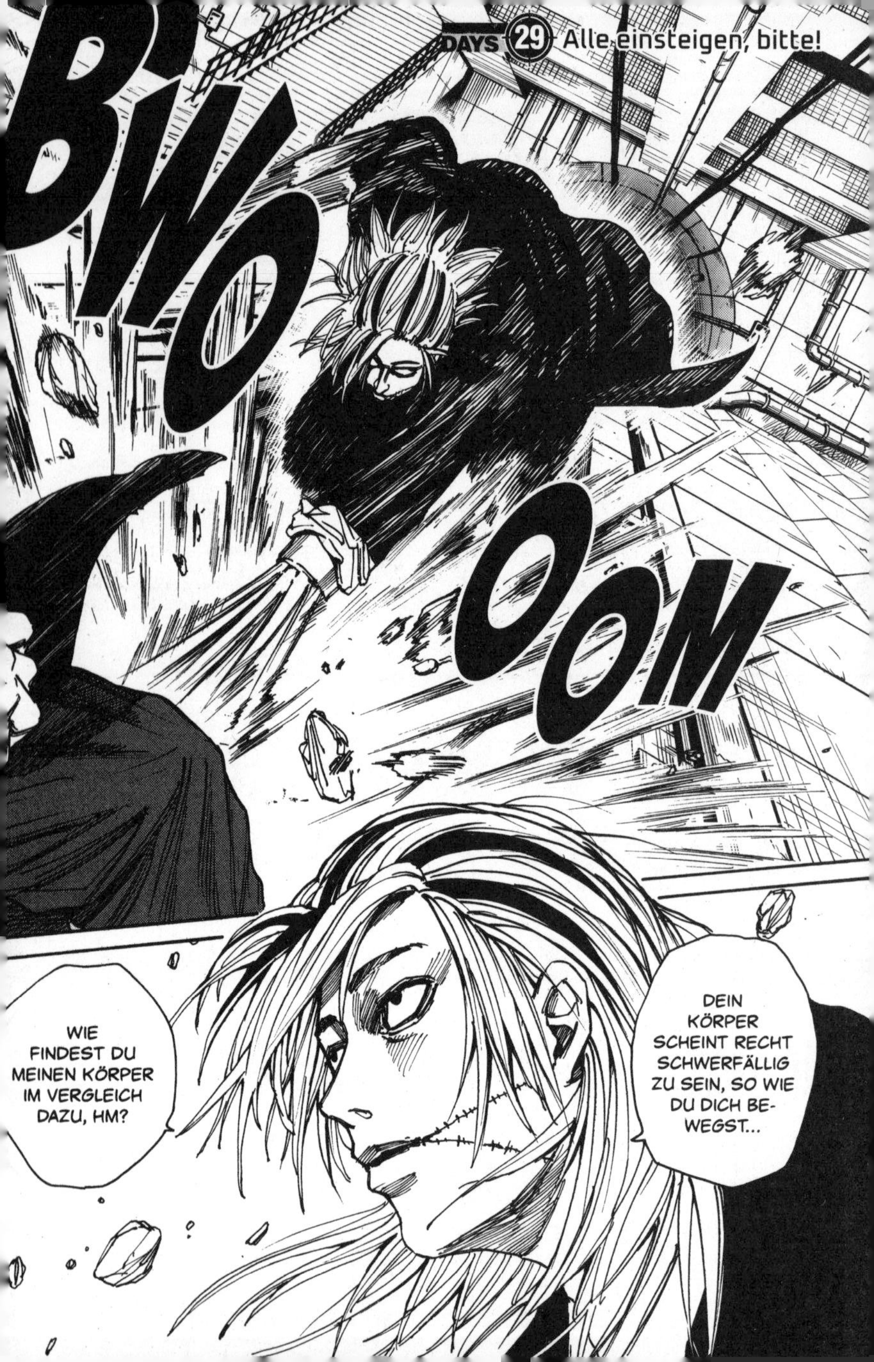

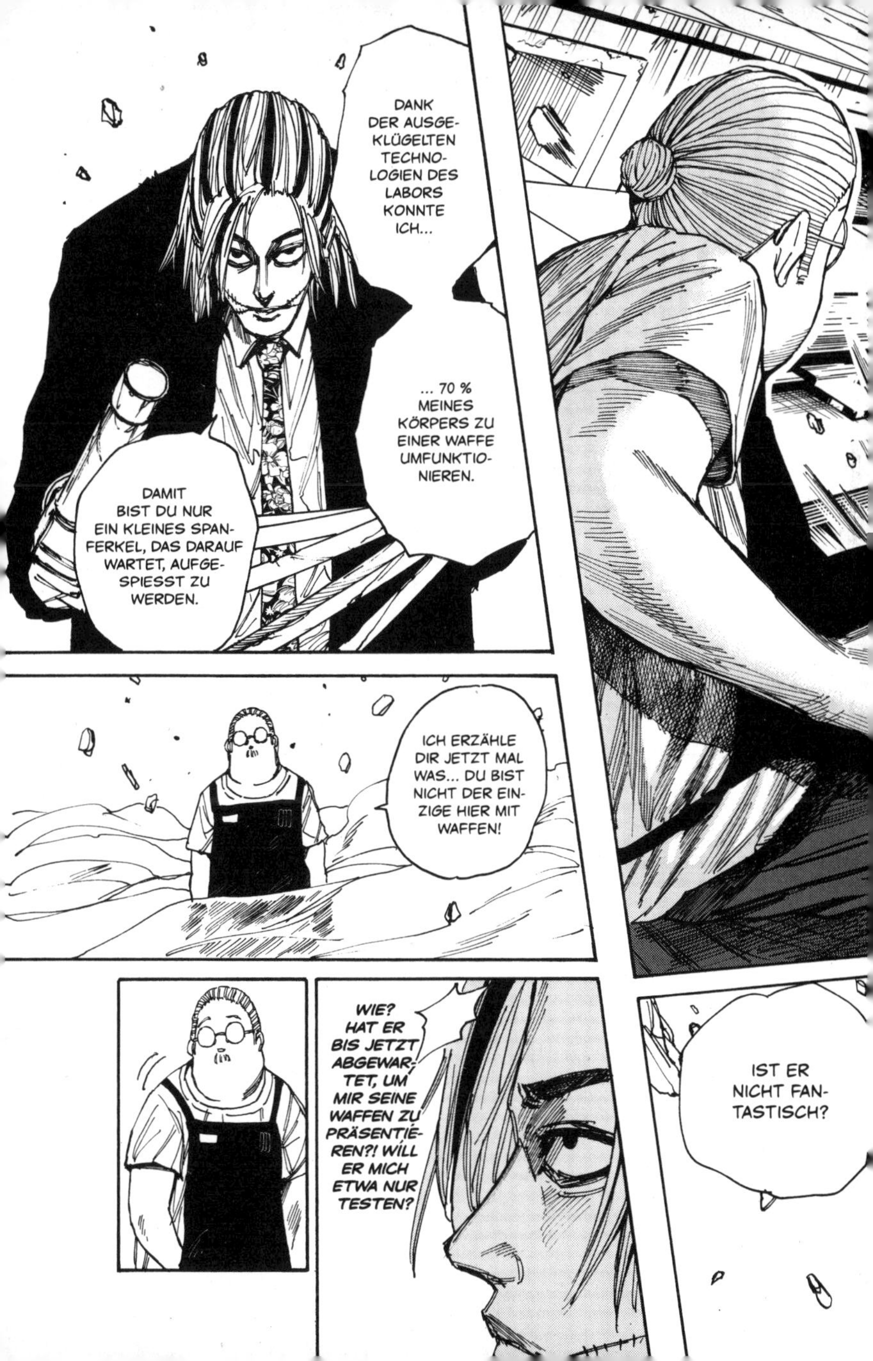
DANK DER AUSGE-KLÜGELTEN TECHNO-LOGIEN DES LABORS KONNTE ICH...
... 70 % MEINES KÖRPERS ZU EINER WAFFE UMFUNKTIO-NIEREN.
DAMIT BIST DU NUR EIN KLEINES SPAN-FERKEL, DAS DARAUF WARTET, AUFGE-SPIESST ZU WERDEN.
ICH ERZÄHLE DIR JETZT MAL WAS... DU BIST NICHT DER EIN-ZIGE HIER MIT WAFFEN!
IST ER NICHT FAN-TASTISCH?
WIE? HAT ER BIS JETZT ABGEWAR-TET, UM MIR SEINE WAFFEN ZU PRÄSENTIE-REN?! WILL ER MICH ETWA NUR TESTEN?

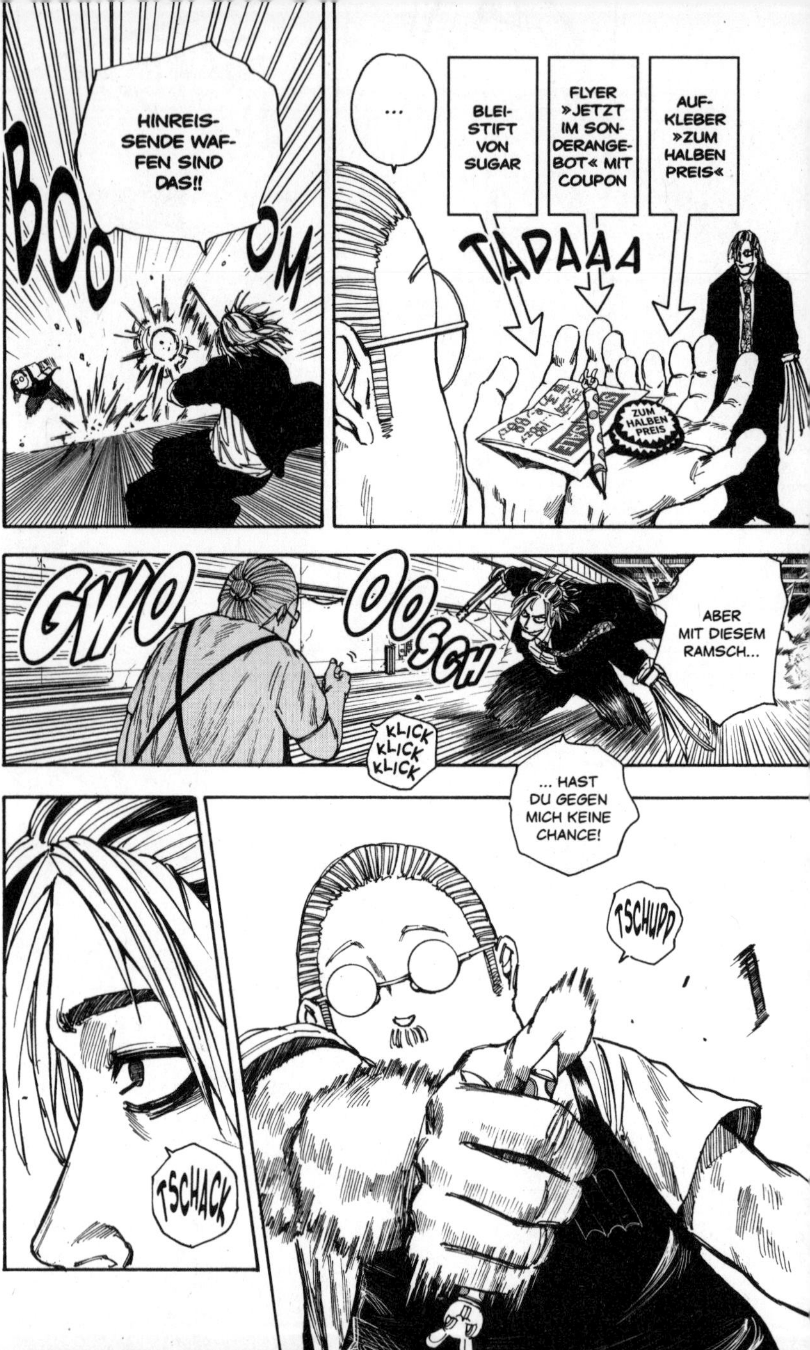
...
AUF-KLEBER »ZUM HALBEN PREIS«
FLYER »JETZT IM SONDERANGEBOT« MIT COUPON
BLEI-STIFT VON SUGAR
TADAAA
ZUM HALBEN PREIS
BOOOM
HINREIS-SENDE WAF-FEN SIND DAS!!
ABER MIT DIESEM RAMSCH...
GWOOOSCH
KLICK KLICK KLICK
... HAST DU GEGEN MICH KEINE CHANCE!
TSCHUPP
TSCHACK

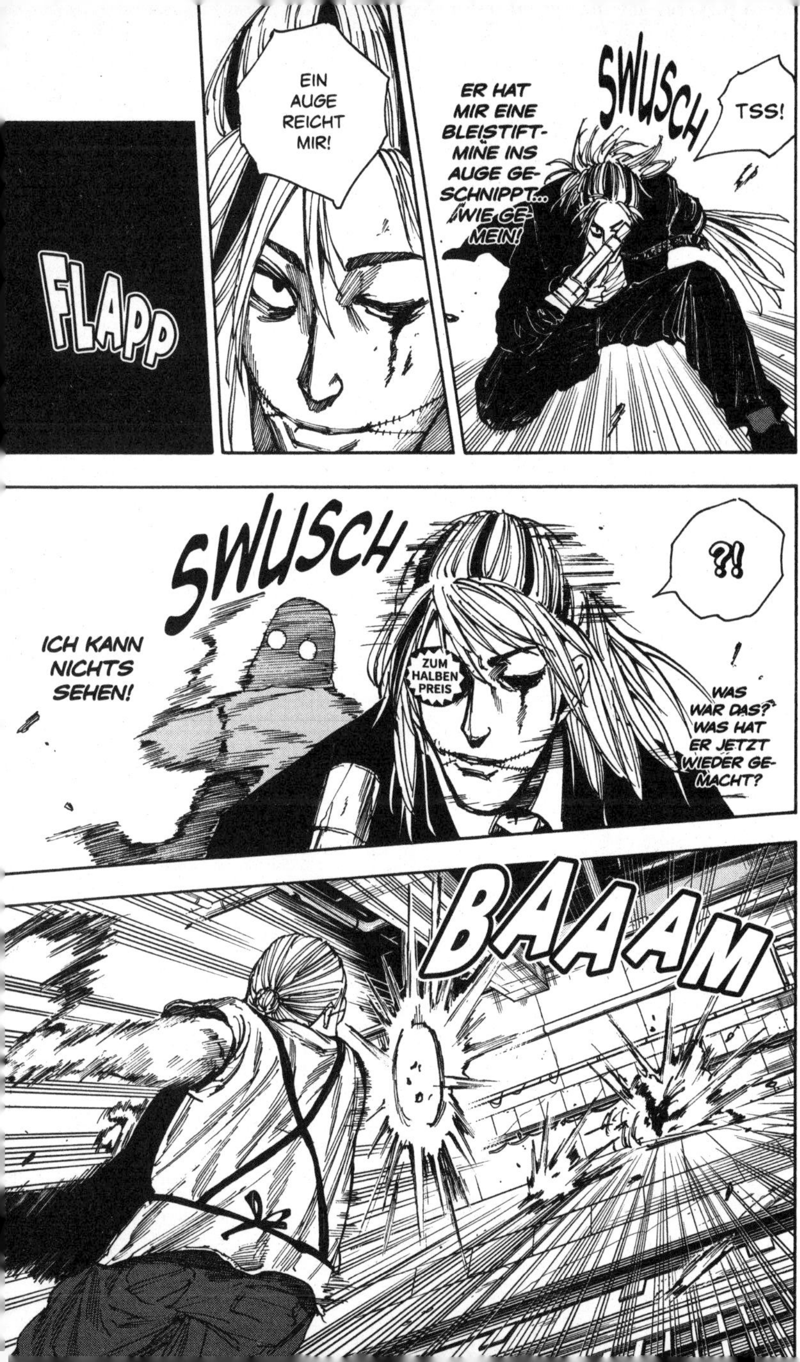
TSS!
SWUSCH
ER HAT MIR EINE BLEISTIFT-MINE INS AUGE GE-SCHNIPPT... WIE GE-MEIN!
EIN AUGE REICHT MIR!
FLAPP
?!
WAS WAR DAS? WAS HAT ER JETZT WIEDER GE-MACHT?
ZUM HALBEN PREIS
SWUSCH
ICH KANN NICHTS SEHEN!
BAAAM

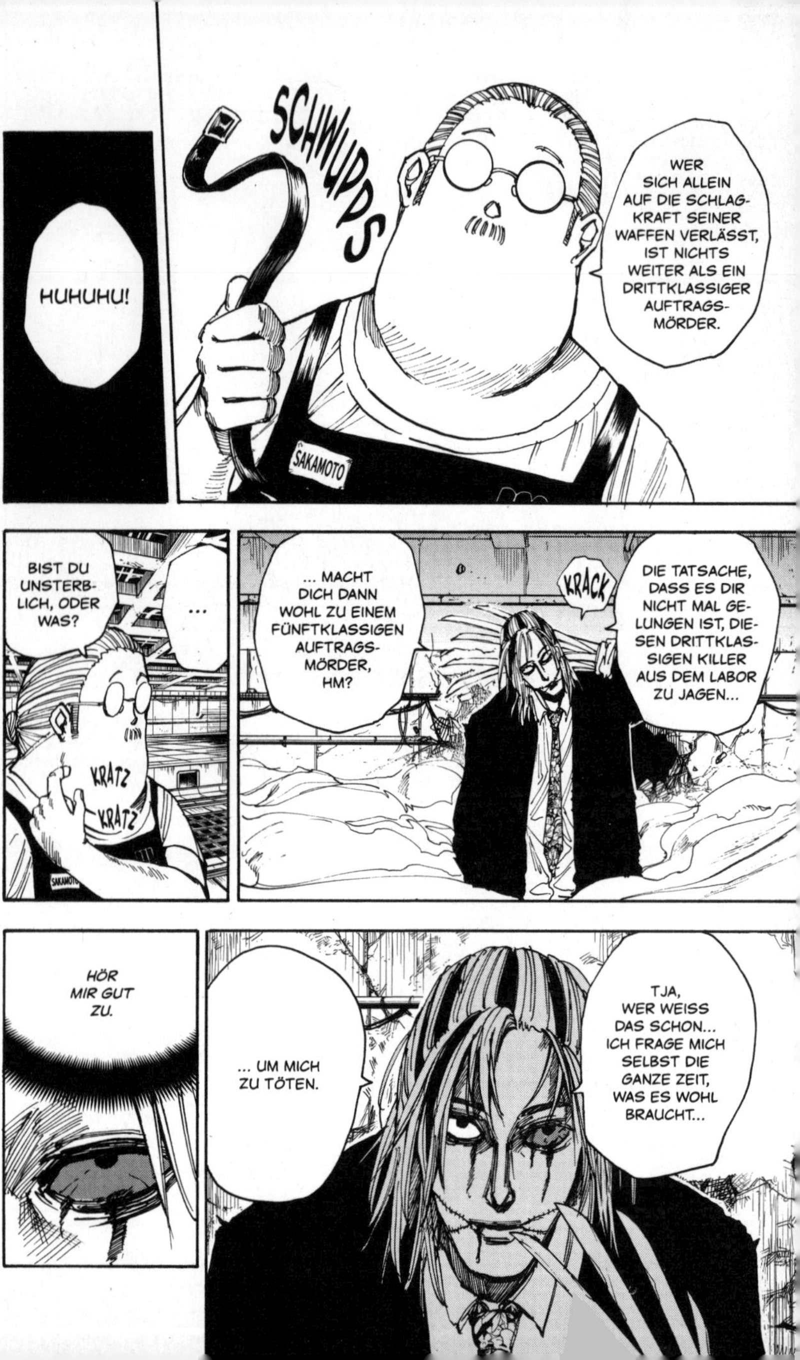
SCHWUPPS
WER SICH ALLEIN AUF DIE SCHLAGKRAFT SEINER WAFFEN VERLÄSST, IST NICHTS WEITER ALS EIN DRITTKLASSIGER AUFTRAGSMÖRDER.
SAKAMOTO
HUHUHU!
KRACK
DIE TATSACHE, DASS ES DIR NICHT MAL GELUNGEN IST, DIESEN DRITTKLASSIGEN KILLER AUS DEM LABOR ZU JAGEN...
... MACHT DICH DANN WOHL ZU EINEM FÜNFTKLASSIGEN AUFTRAGSMÖRDER, HM?
...
BIST DU UNSTERBLICH, ODER WAS?
KRATZ
KRATZ
SAKAMOTO
TJA, WER WEISS DAS SCHON... ICH FRAGE MICH SELBST DIE GANZE ZEIT, WAS ES WOHL BRAUCHT...
... UM MICH ZU TÖTEN.
HÖR MIR GUT ZU.

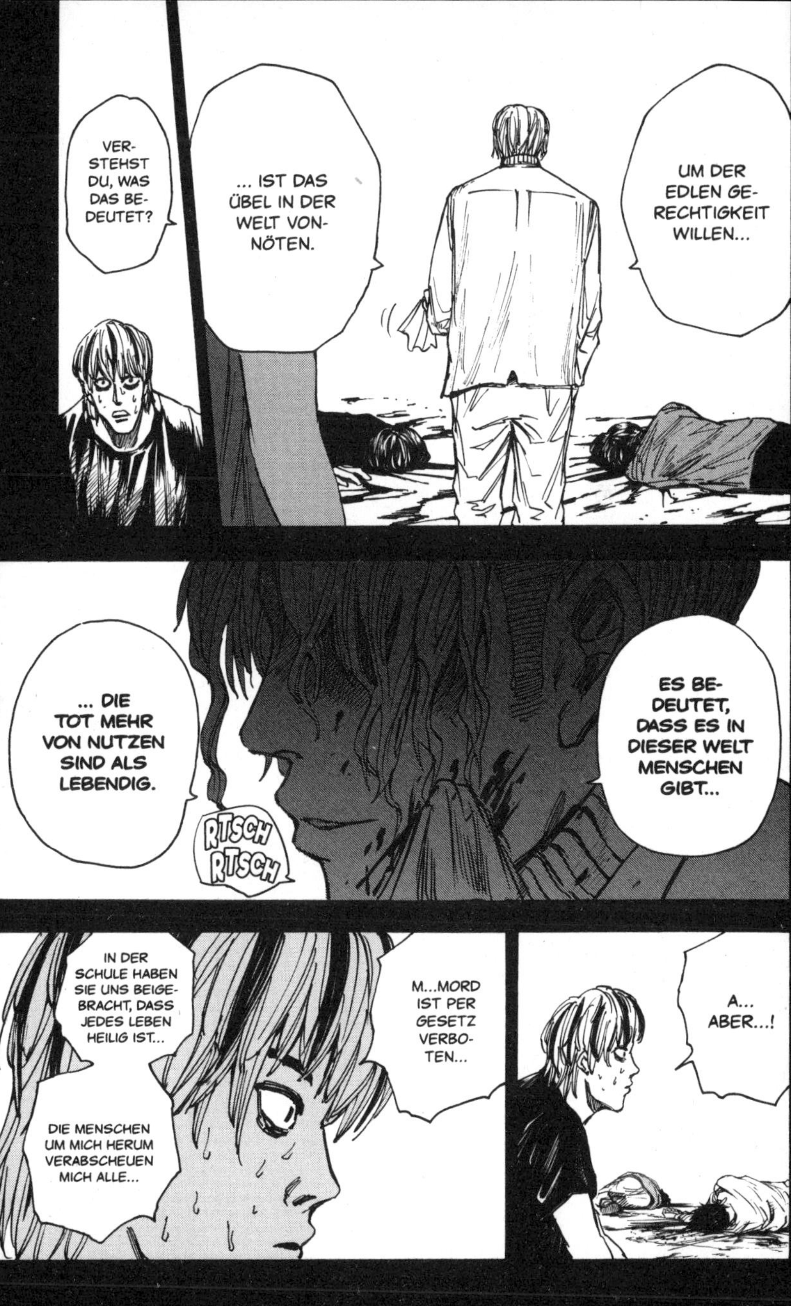
UM DER EDLEN GERECHTIGKEIT WILLEN...
... IST DAS ÜBEL IN DER WELT VONNÖTEN.
VERSTEHST DU, WAS DAS BEDEUTET?
ES BEDEUTET, DASS ES IN DIESER WELT MENSCHEN GIBT...
RTSCH RTSCH
... DIE TOT MEHR VON NUTZEN SIND ALS LEBENDIG.
A... ABER...!
M...MORD IST PER GESETZ VERBOTEN...
IN DER SCHULE HABEN SIE UNS BEIGEBRACHT, DASS JEDES LEBEN HEILIG IST...
DIE MENSCHEN UM MICH HERUM VERABSCHEUEN MICH ALLE...

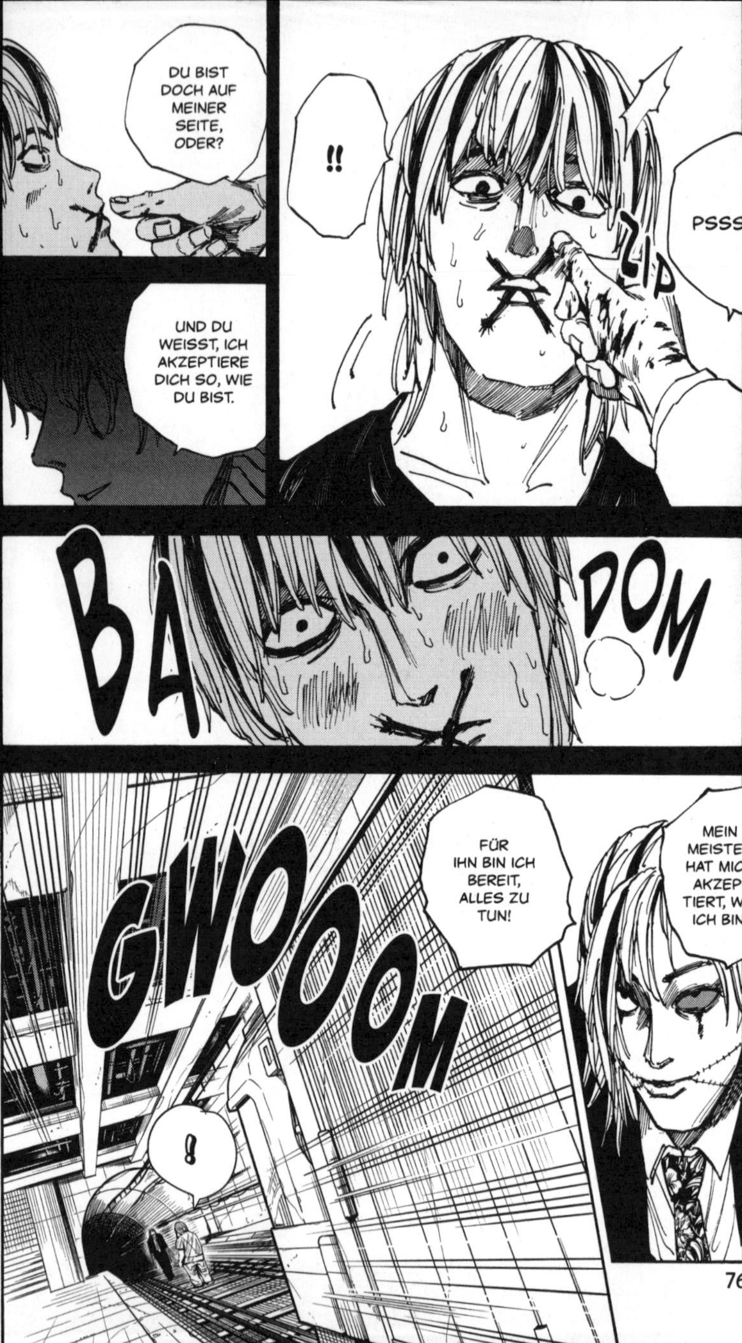
PSSST!
ZIP
!!
DU BIST DOCH AUF MEINER SEITE, ODER?
UND DU WEISST, ICH AKZEPTIERE DICH SO, WIE DU BIST.
BA DOM
MEIN MEISTER HAT MICH AKZEPTIERT, WIE ICH BIN.
FÜR IHN BIN ICH BEREIT, ALLES ZU TUN!
GWOOOOM
!

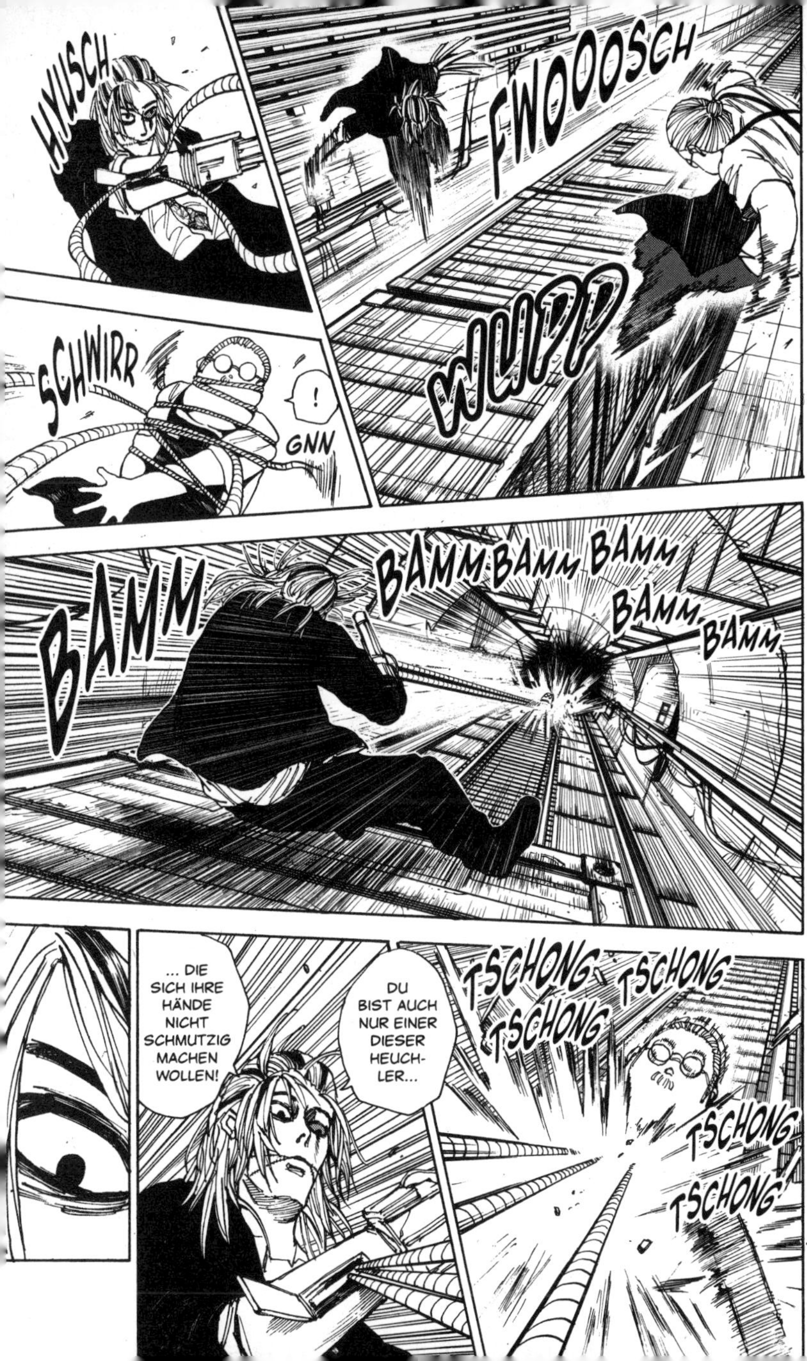
FWOOOSCH
WUPP
HYUSCH
SCHWIRR
!
GNN
BAMM BAMM BAMM
BAMM
BAMM
BAMM
TSCHONG
TSCHONG
TSCHONG
DU BIST AUCH NUR EINER DIESER HEUCH-LER...
... DIE SICH IHRE HÄNDE NICHT SCHMUTZIG MACHEN WOLLEN!
TSCHONG
TSCHONG!

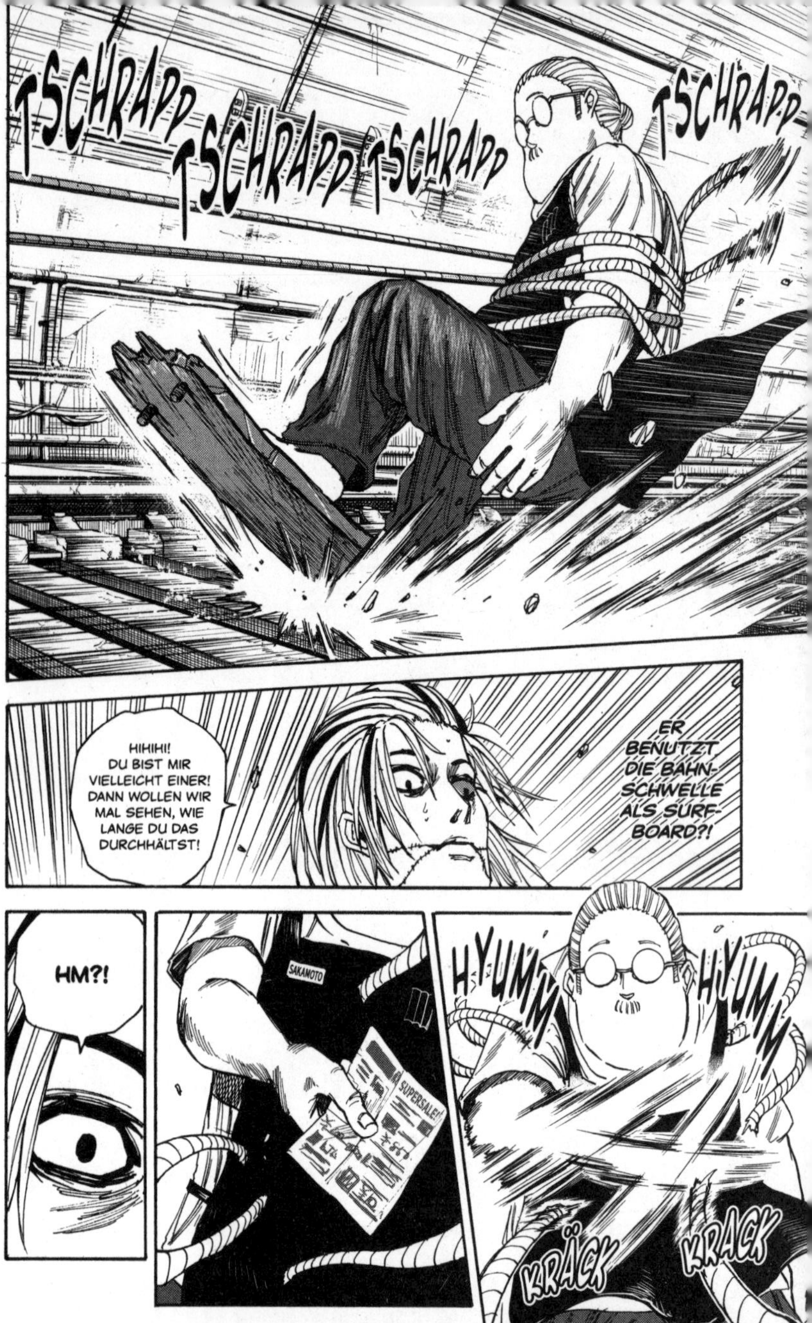
TSCHRAPP
TSCHRAPP
TSCHRAPP
TSCHRAPP
ER BENUTZT DIE BAHN-SCHWELLE ALS SURF-BOARD?!
HIHIHI! DU BIST MIR VIELLEICHT EINER! DANN WOLLEN WIR MAL SEHEN, WIE LANGE DU DAS DURCHHÄLTST!
HYUMM
HYUMM
KRÄCK
KRÄCK
SAKAMOTO
SUPERSALE!
HM?!

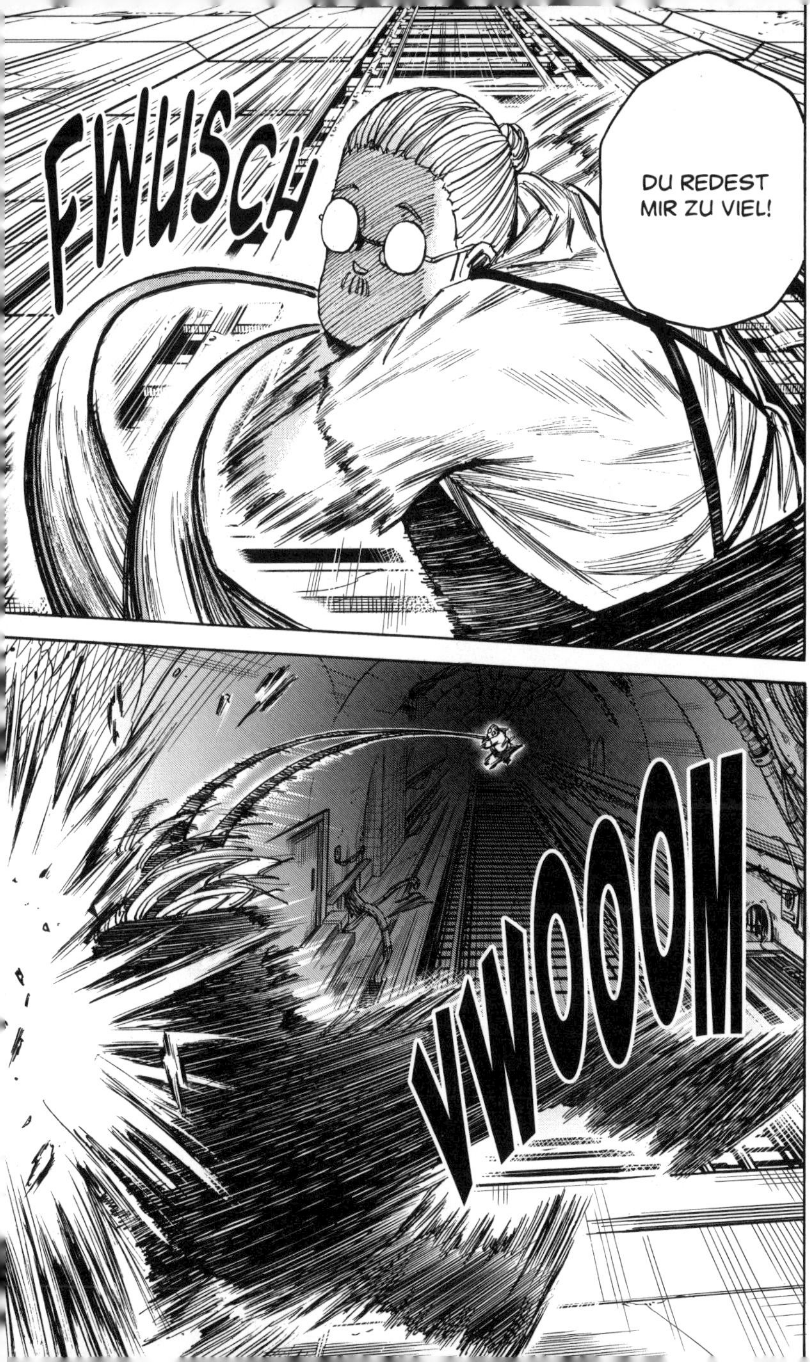
DU REDEST MIR ZU VIEL!
FWUSCH
VWOOOM

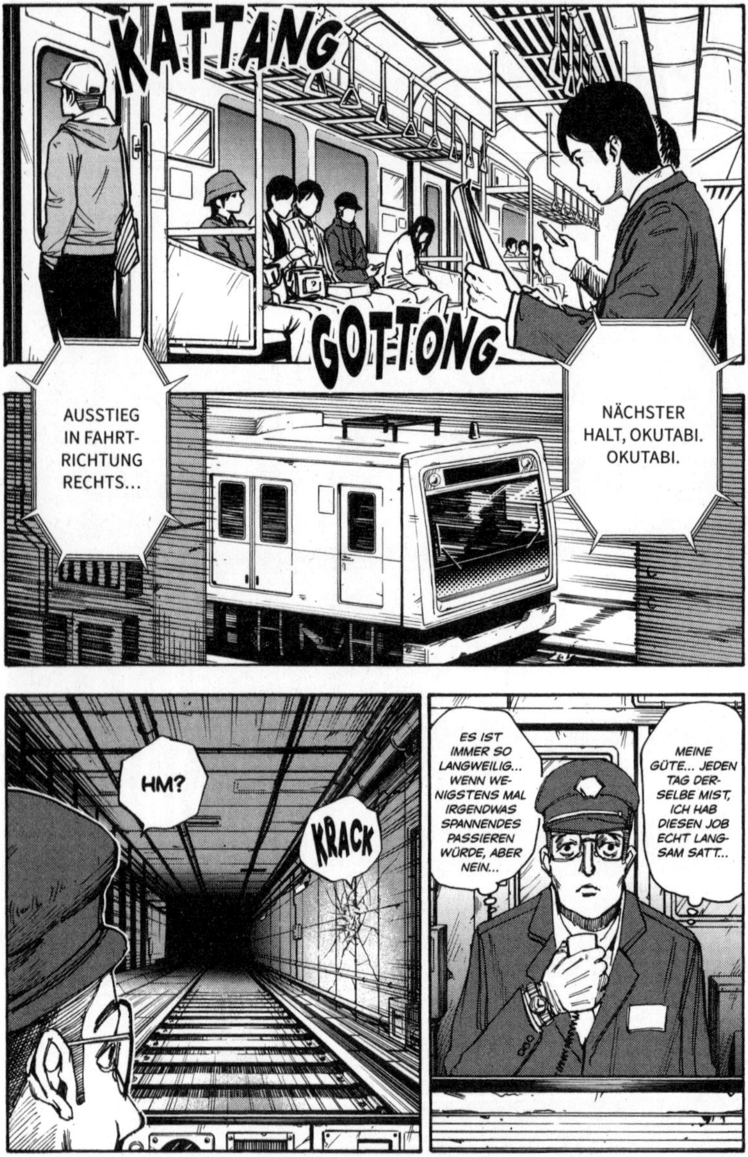
KATTANG
GOTTONG
NÄCHSTER HALT, OKUTABI. OKUTABI.
AUSSTIEG IN FAHRT-RICHTUNG RECHTS…
MEINE GÜTE… JEDEN TAG DER-SELBE MIST, ICH HAB DIESEN JOB ECHT LANG-SAM SATT…
ES IST IMMER SO LANGWEILIG… WENN WE-NIGSTENS MAL IRGENDWAS SPANNENDES PASSIEREN WÜRDE, ABER NEIN…
KRACK
HM?

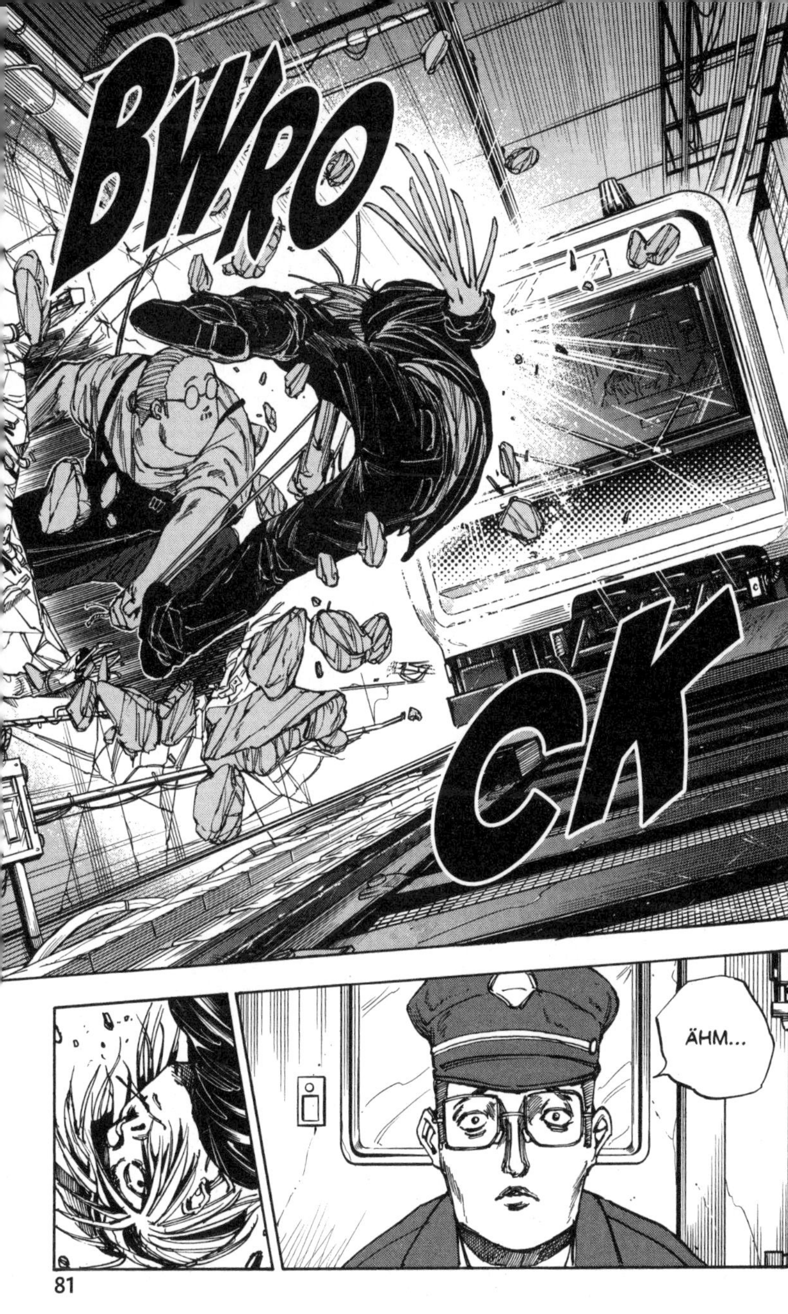
BWRO
CK
ÄHM...

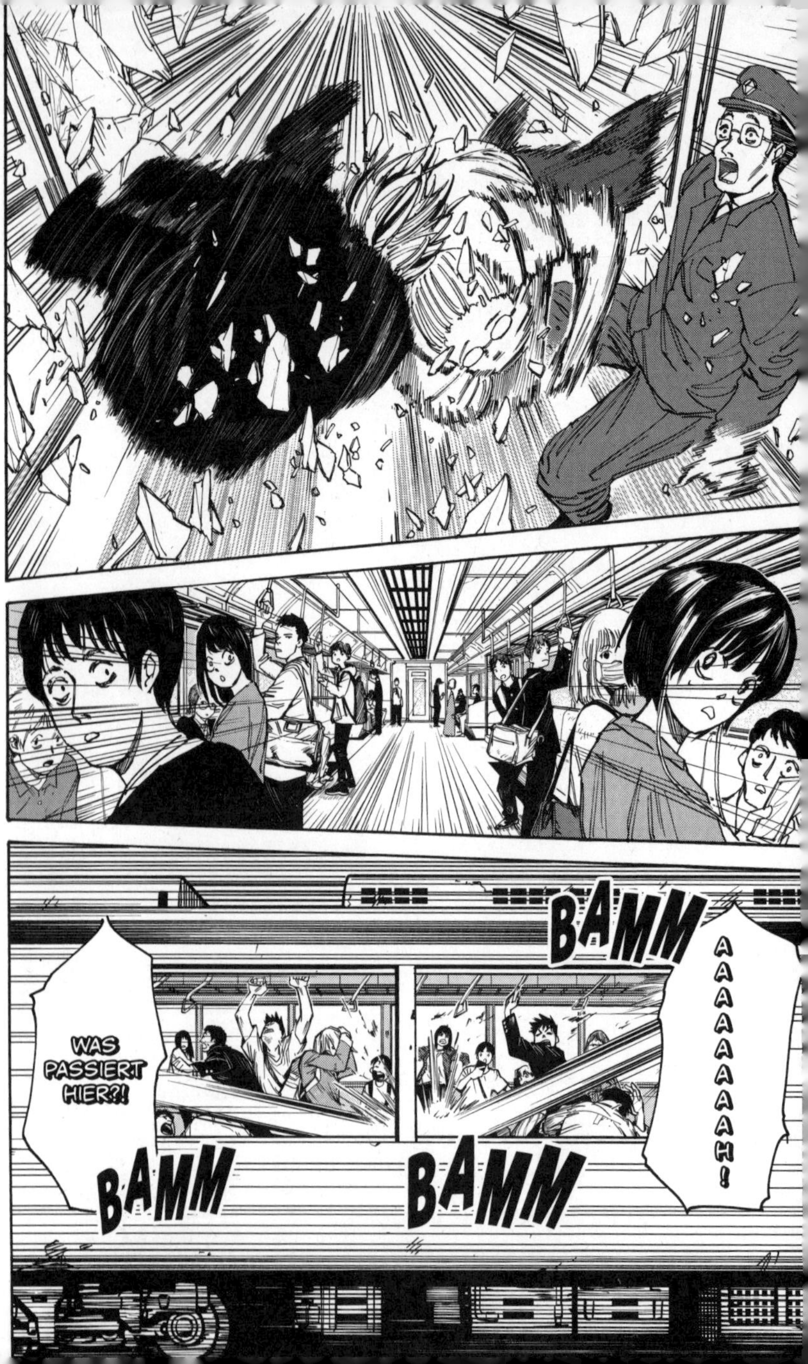
BAMM
AAAAAAAAH!
BAMM
WAS PASSIERT HIER?!
BAMM

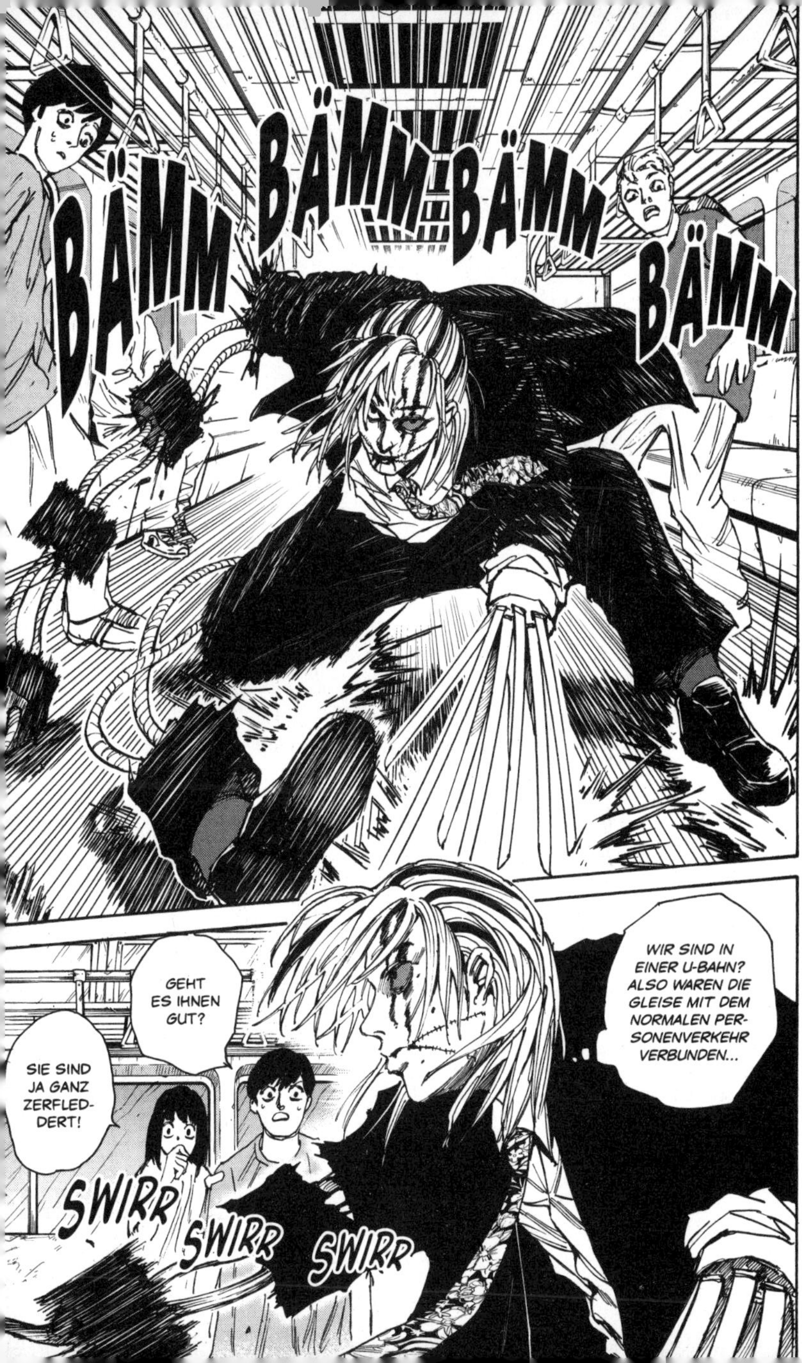
BÄMM
BÄMM
BÄMM
BÄMM
WIR SIND IN EINER U-BAHN? ALSO WAREN DIE GLEISE MIT DEM NORMALEN PER-SONENVERKEHR VERBUNDEN...
GEHT ES IHNEN GUT?
SIE SIND JA GANZ ZERFLED-DERT!
SWIRR
SWIRR
SWIRR

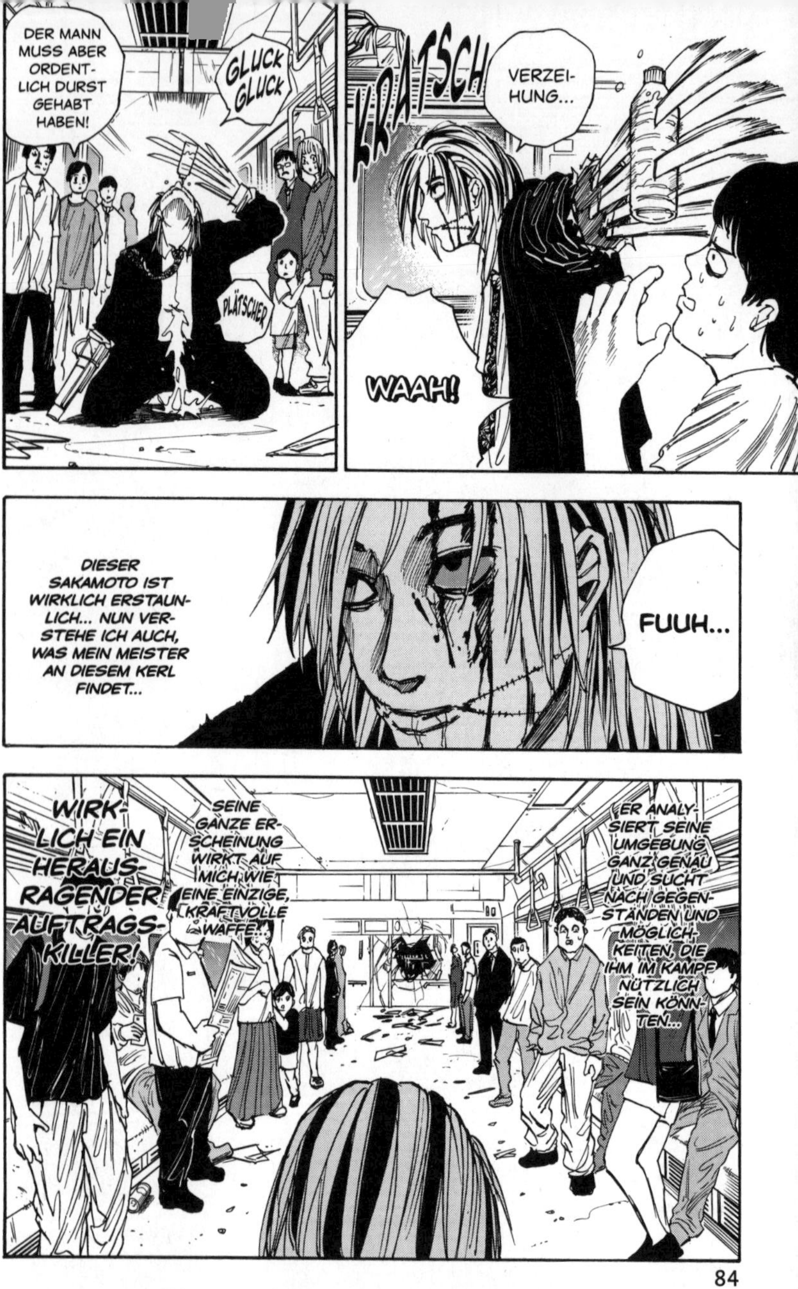
KRATSCH
VERZEI-HUNG...
WAAH!
DER MANN MUSS ABER ORDENT-LICH DURST GEHABT HABEN!
GLUCK GLUCK
PLÄTSCHER
FUUH...
DIESER SAKAMOTO IST WIRKLICH ERSTAUN-LICH... NUN VER-STEHE ICH AUCH, WAS MEIN MEISTER AN DIESEM KERL FINDET...
ER ANALY-SIERT SEINE UMGEBUNG GANZ GENAU UND SUCHT NACH GEGEN-STÄNDEN UND MÖGLICH-KEITEN, DIE IHM IM KAMPF NÜTZLICH SEIN KÖNN-TEN...
SEINE GANZE ER-SCHEINUNG WIRKT AUF MICH WIE EINE EINZIGE, KRAFTVOLLE WAFFE...
WIRK-LICH EIN HERAUS-RAGENDER AUFTRAGS-KILLER!

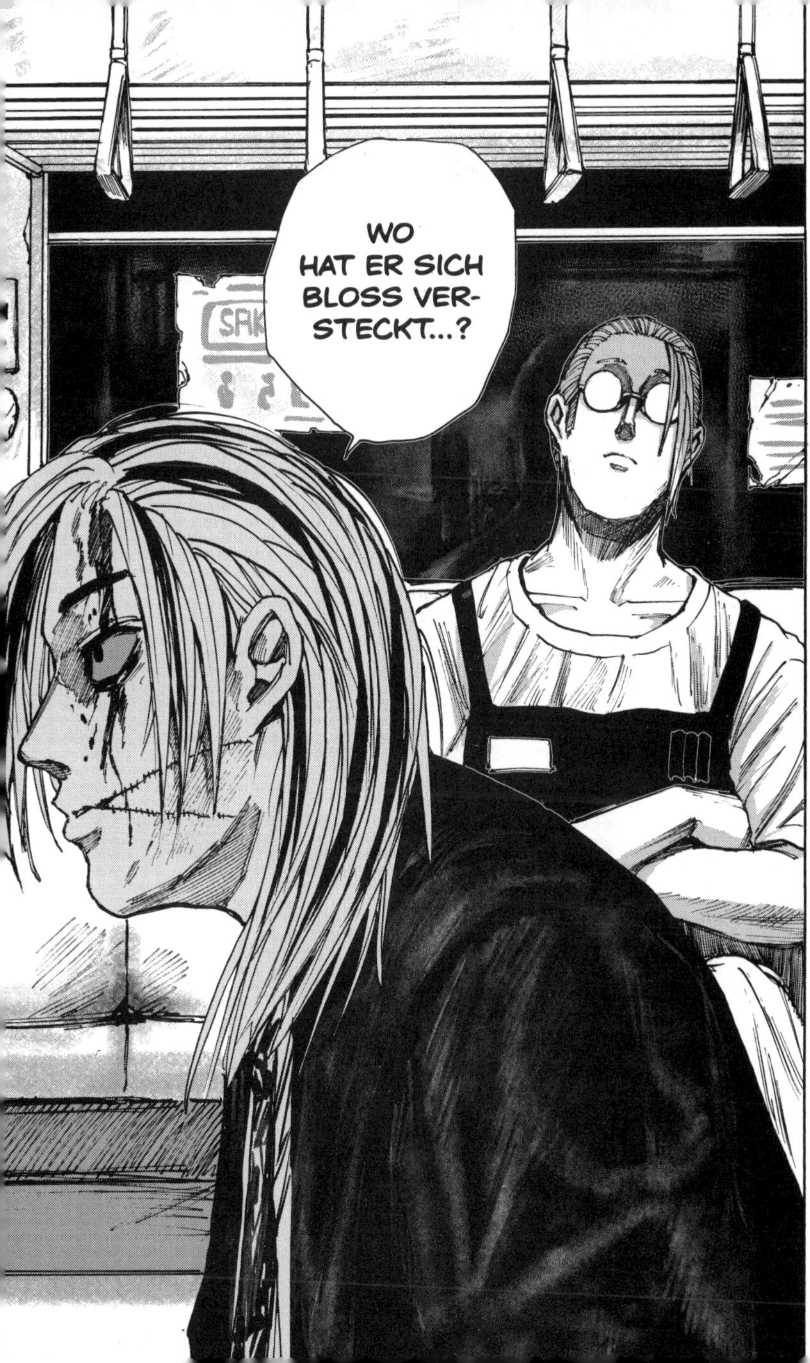
WO HAT ER SICH BLOSS VER-STECKT...?

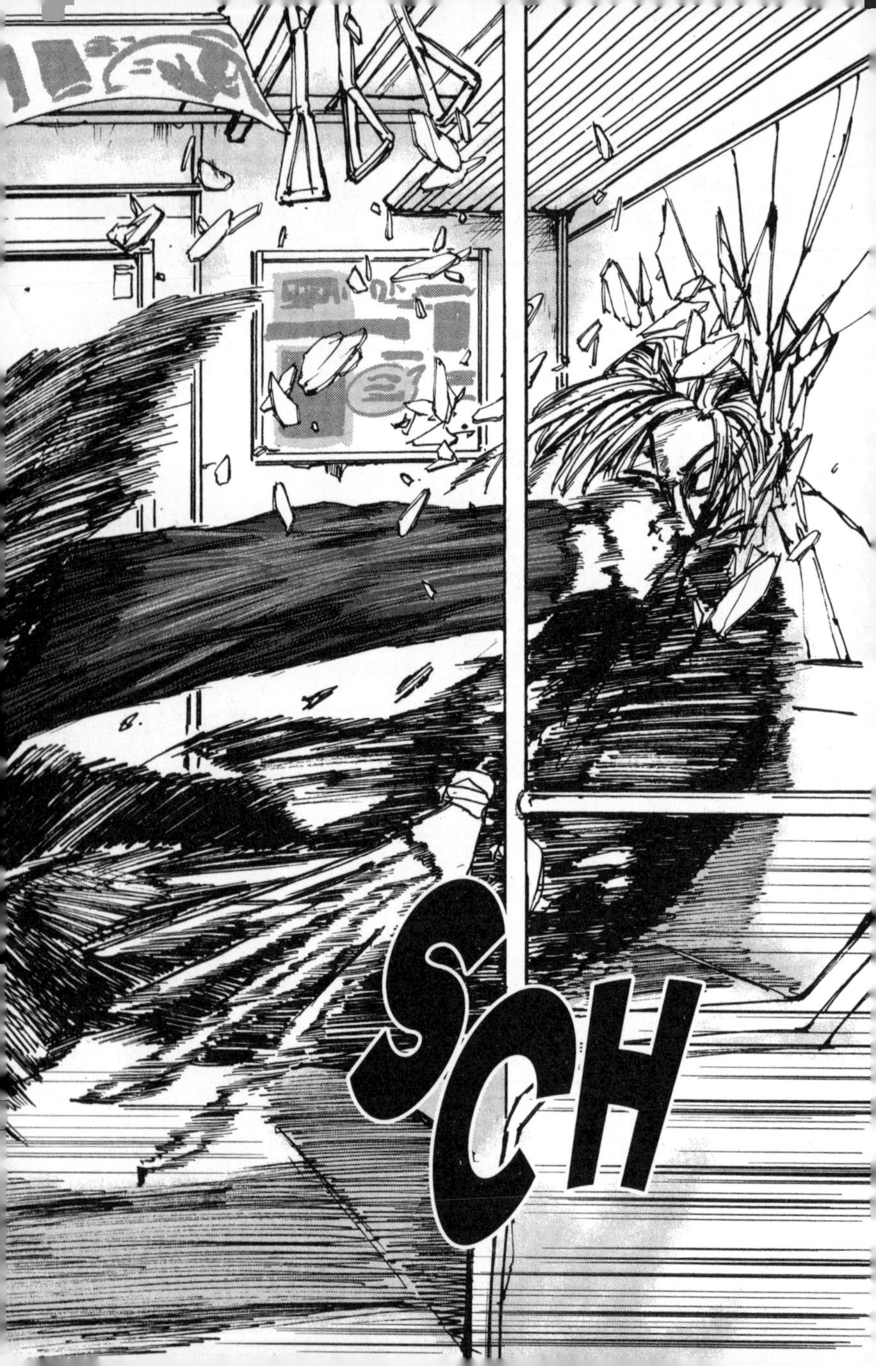
SCH

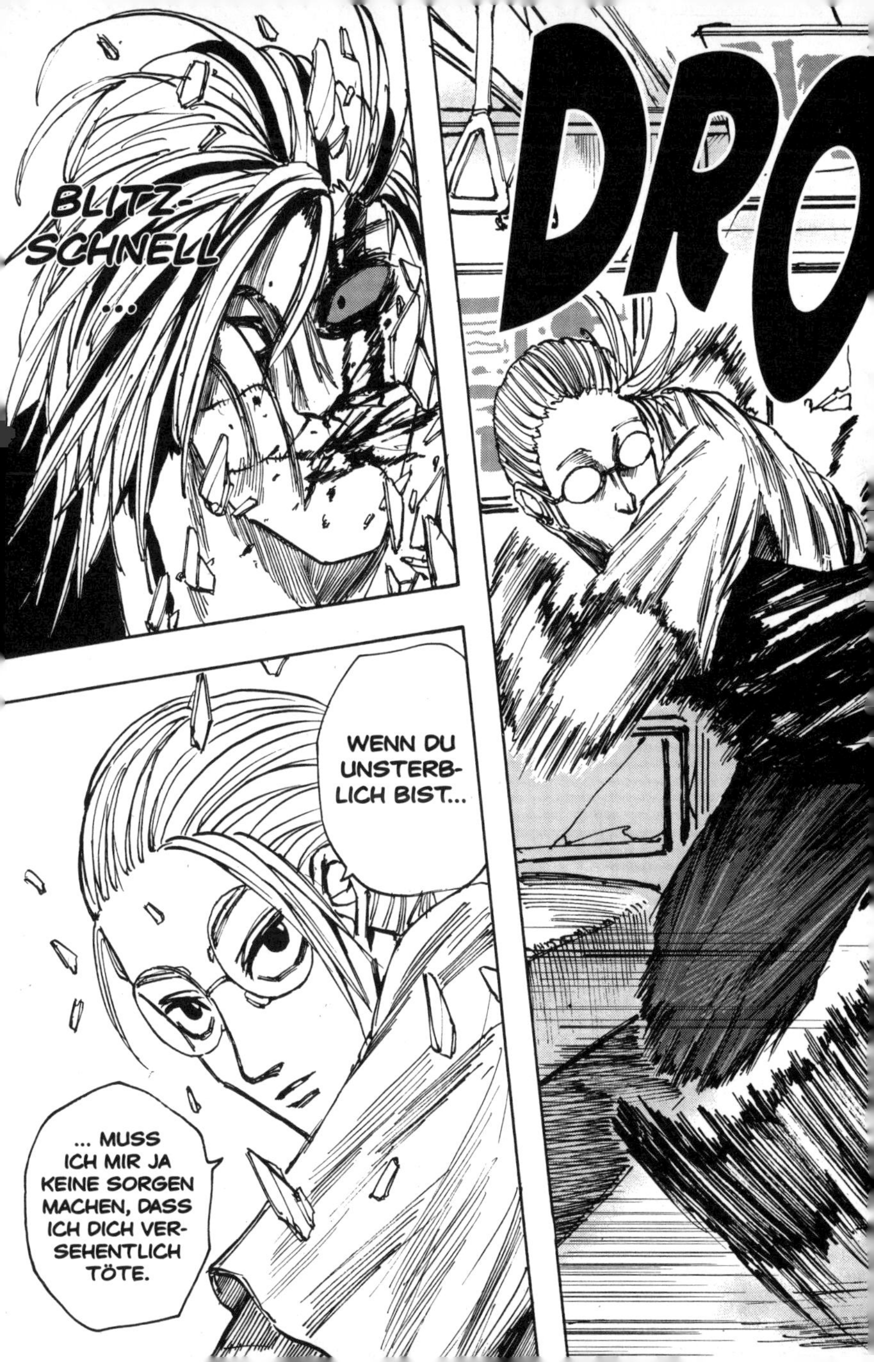
DRO
BLITZ-SCHNELL ...
WENN DU UNSTERB-LICH BIST...
... MUSS ICH MIR JA KEINE SORGEN MACHEN, DASS ICH DICH VER-SEHENTLICH TÖTE.

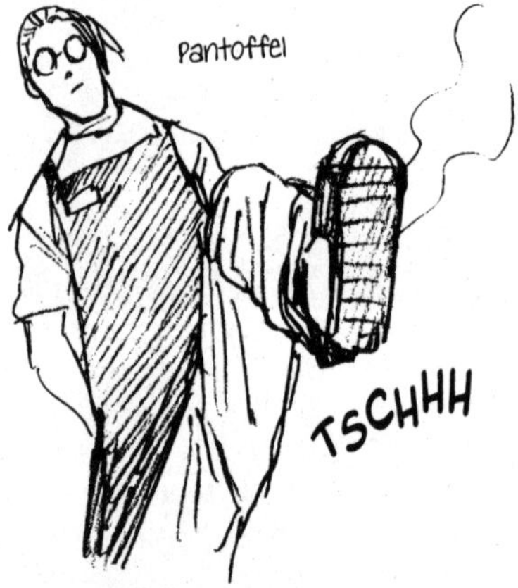
Pantoffel
TSCHHH

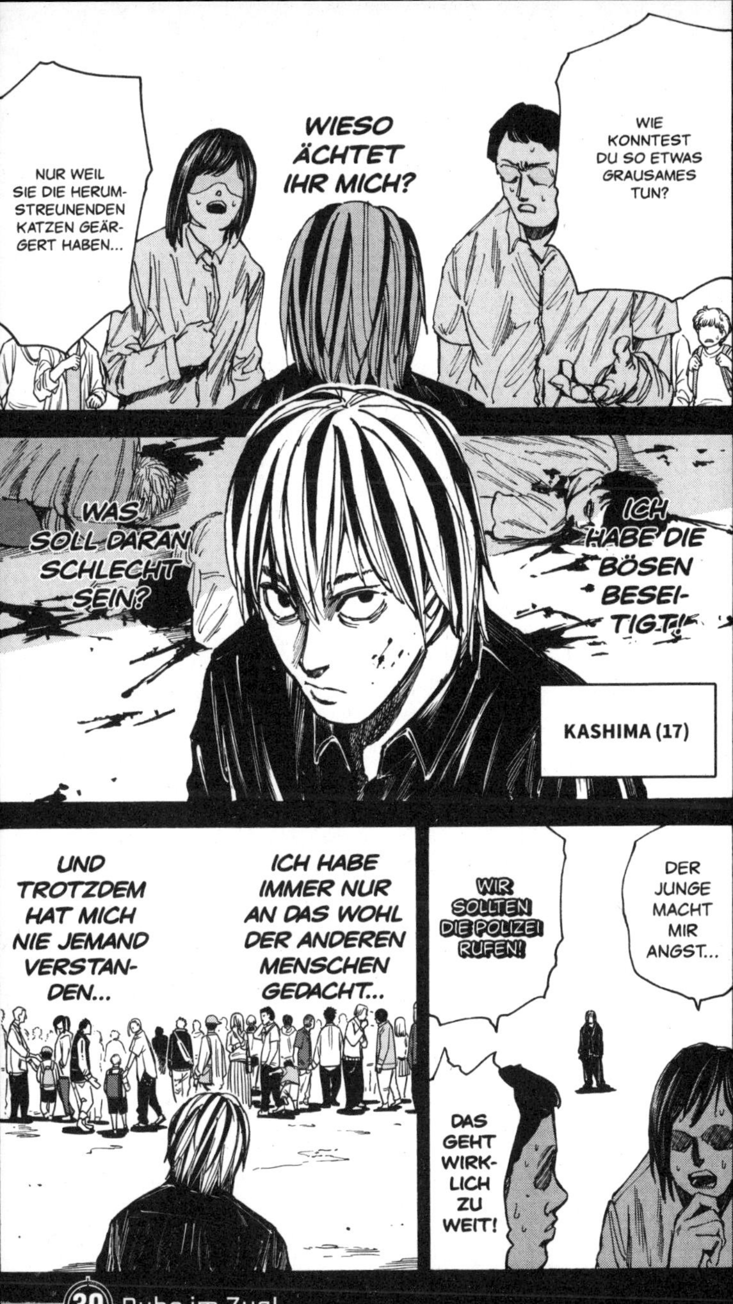
WIE KONNTEST DU SO ETWAS GRAUSAMES TUN?
WIESO ÄCHTET IHR MICH?
NUR WEIL SIE DIE HERUMSTREUNENDEN KATZEN GEÄRGERT HABEN...
ICH HABE DIE BÖSEN BESEITIGT!!
WAS SOLL DARAN SCHLECHT SEIN?
KASHIMA (17)
DER JUNGE MACHT MIR ANGST...
WIR SOLLTEN DIE POLIZEI RUFEN!
DAS GEHT WIRKLICH ZU WEIT!
ICH HABE IMMER NUR AN DAS WOHL DER ANDEREN MENSCHEN GEDACHT...
UND TROTZDEM HAT MICH NIE JEMAND VERSTANDEN...

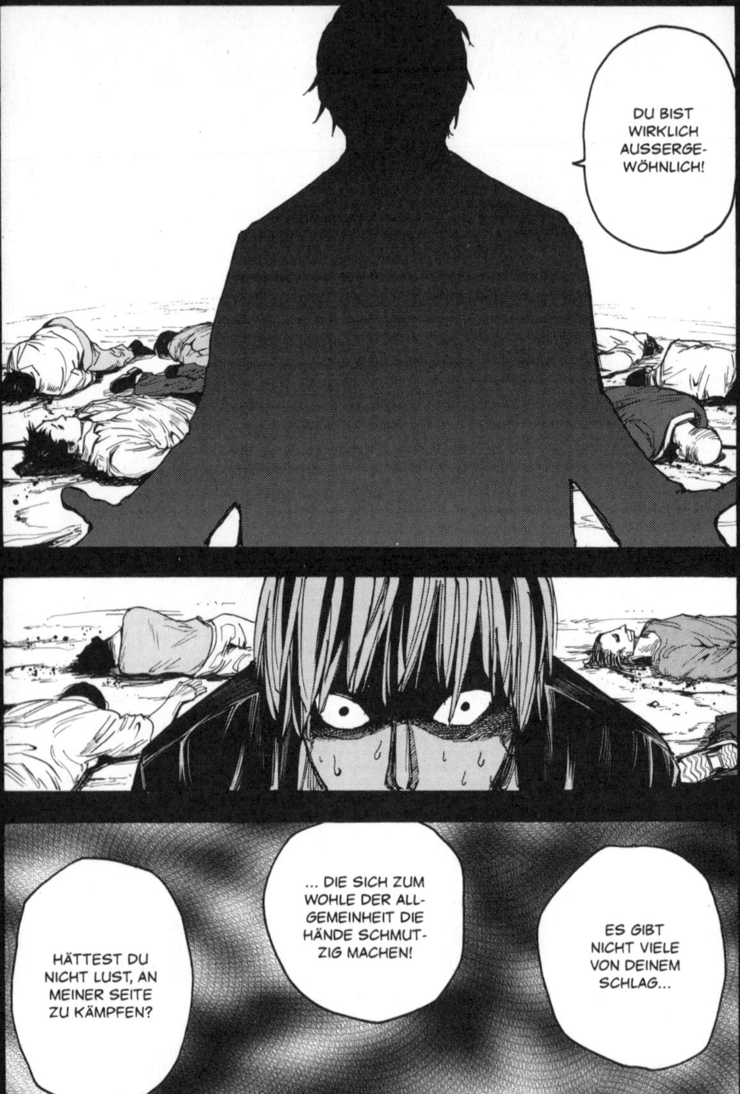
DU BIST WIRKLICH AUSSERGE-WÖHNLICH!
ES GIBT NICHT VIELE VON DEINEM SCHLAG...
... DIE SICH ZUM WOHLE DER ALL-GEMEINHEIT DIE HÄNDE SCHMUT-ZIG MACHEN!
HÄTTEST DU NICHT LUST, AN MEINER SEITE ZU KÄMPFEN?

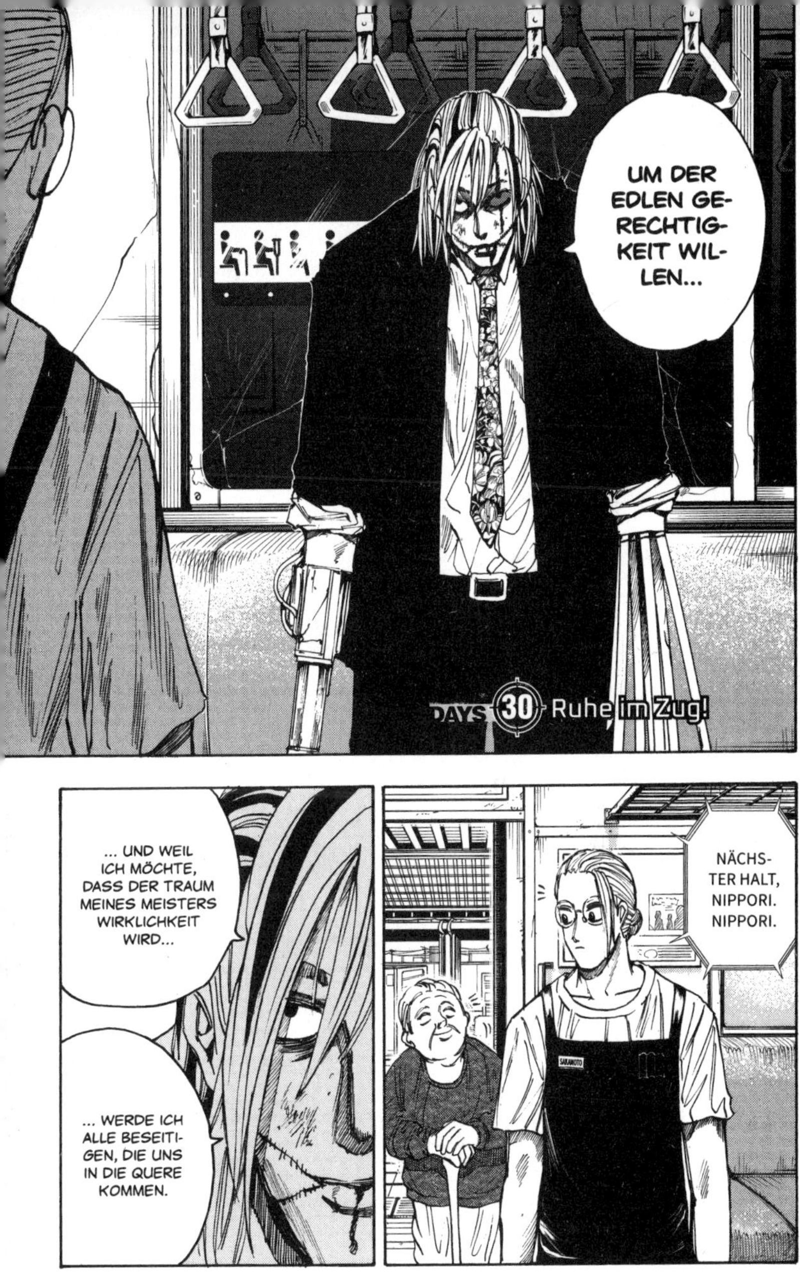
UM DER EDLEN GERECHTIGKEIT WILLEN...
DAYS 30 Ruhe im Zug!
NÄCHSTER HALT, NIPPORI. NIPPORI.
SAKAMOTO
... UND WEIL ICH MÖCHTE, DASS DER TRAUM MEINES MEISTERS WIRKLICHKEIT WIRD...
... WERDE ICH ALLE BESEITIGEN, DIE UNS IN DIE QUERE KOMMEN.

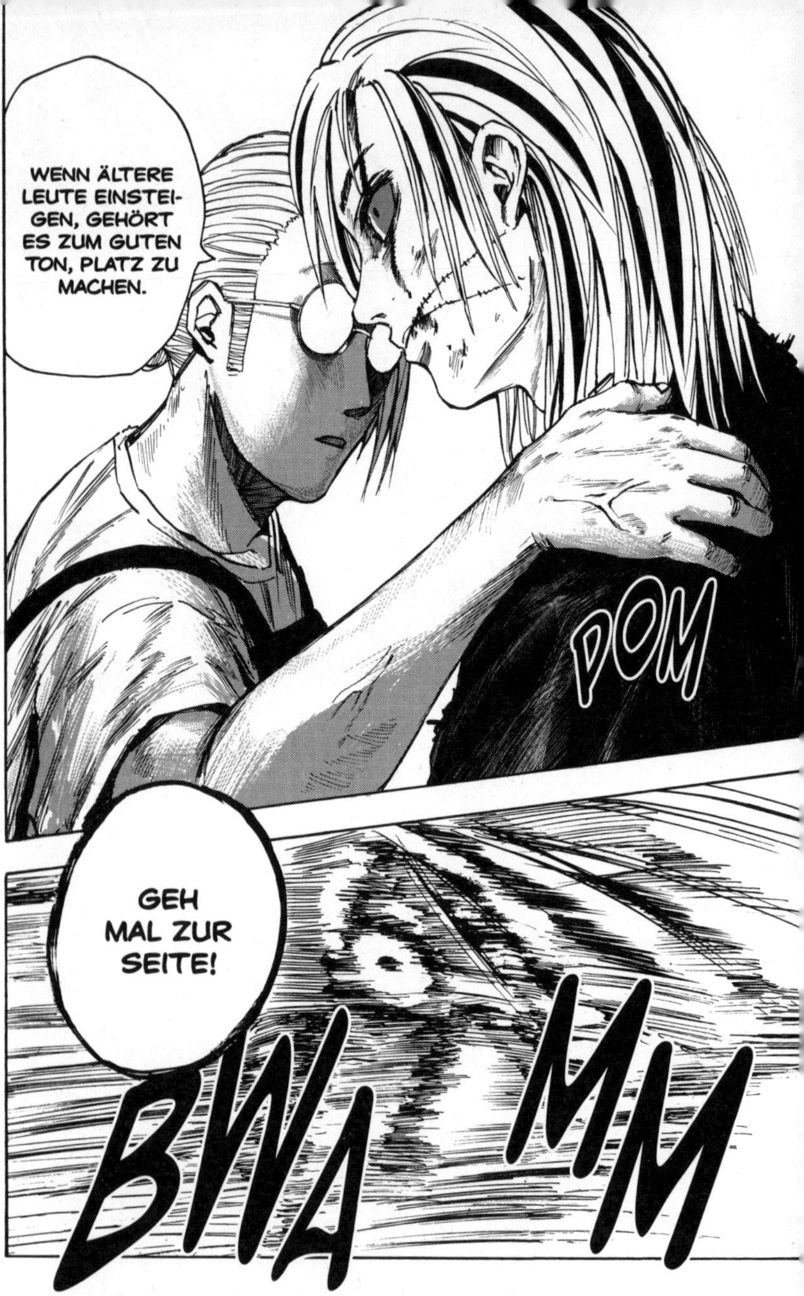
WENN ÄLTERE LEUTE EINSTEI-GEN, GEHÖRT ES ZUM GUTEN TON, PLATZ ZU MACHEN.
DOM
GEH MAL ZUR SEITE!
BWAMM

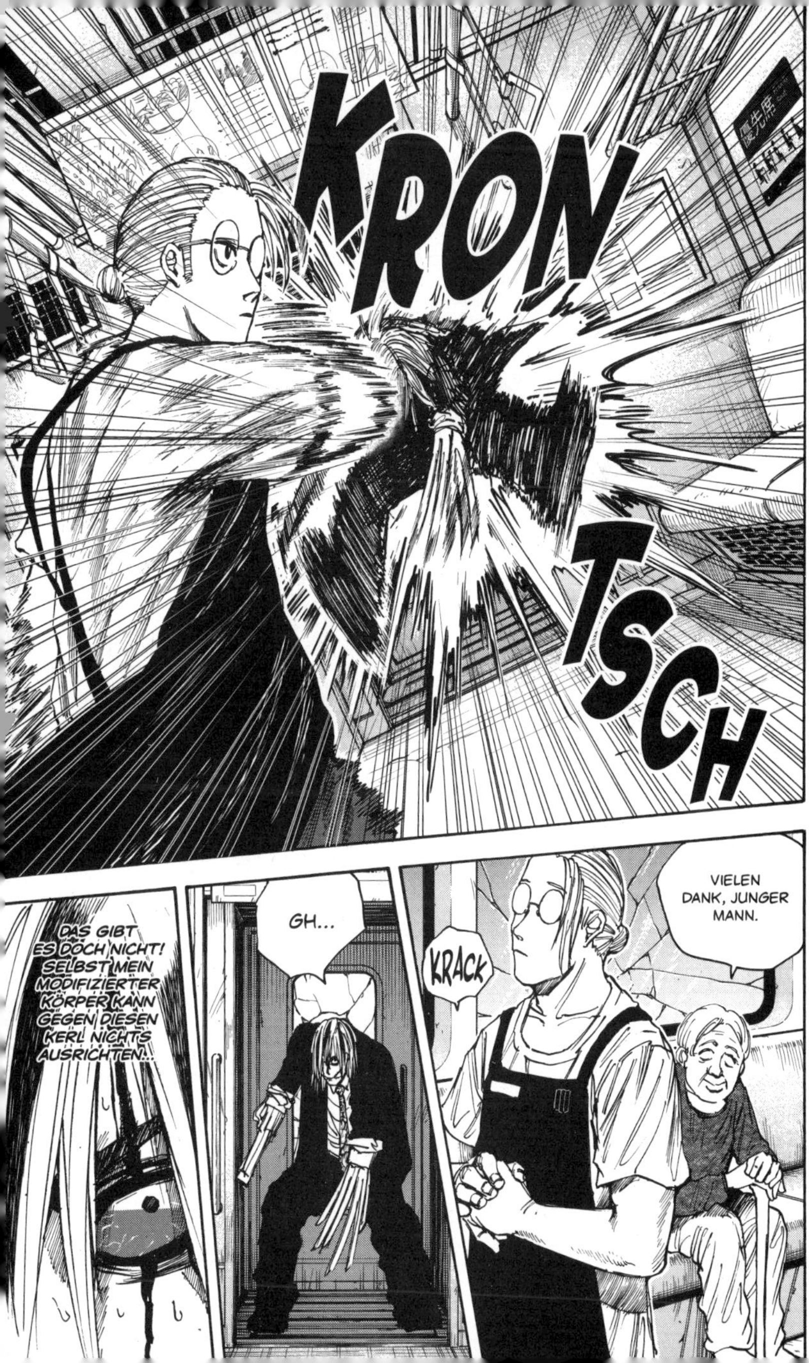
KRON
TSCH
VIELEN DANK, JUNGER MANN.
KRACK
GH...
DAS GIBT ES DOCH NICHT! SELBST MEIN MODIFIZIERTER KÖRPER KANN GEGEN DIESEN KERL NICHTS AUSRICHTEN...

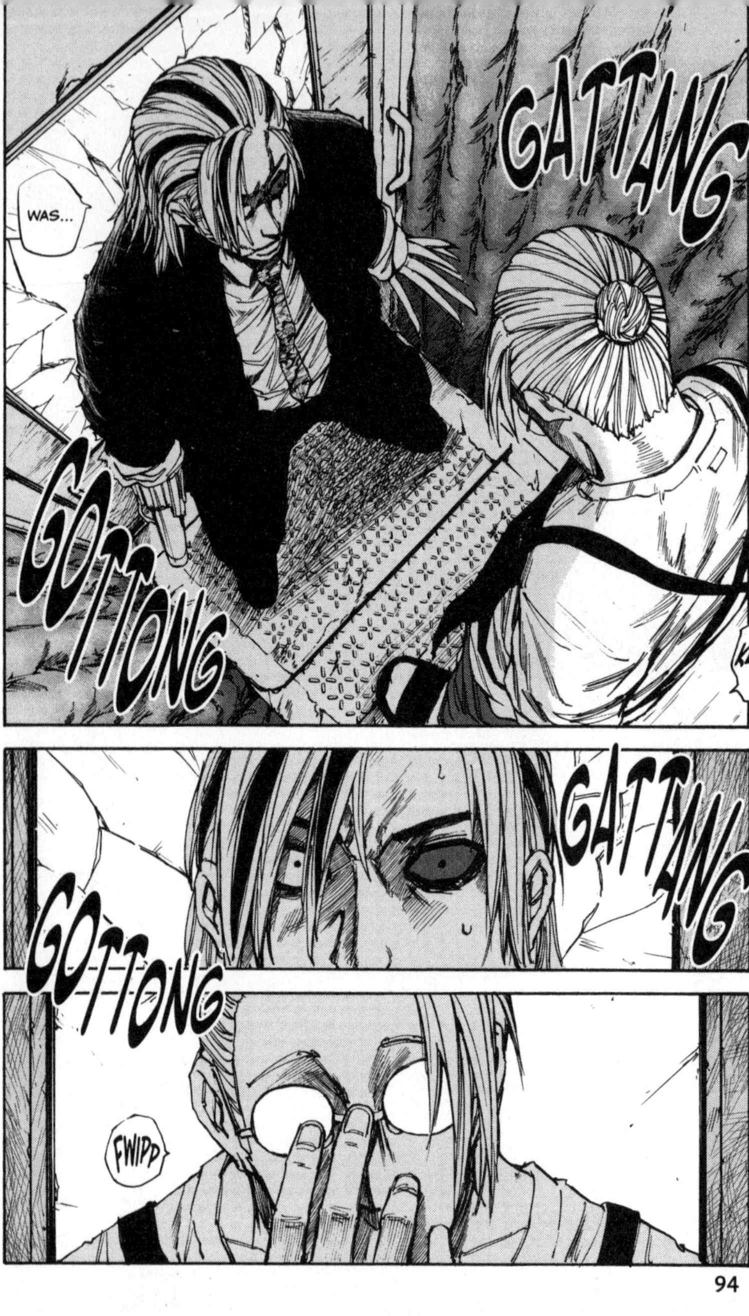
GATTANG
WAS...
KLACK
GOTTONG
GATTANG
GOTTONG
FWIPP

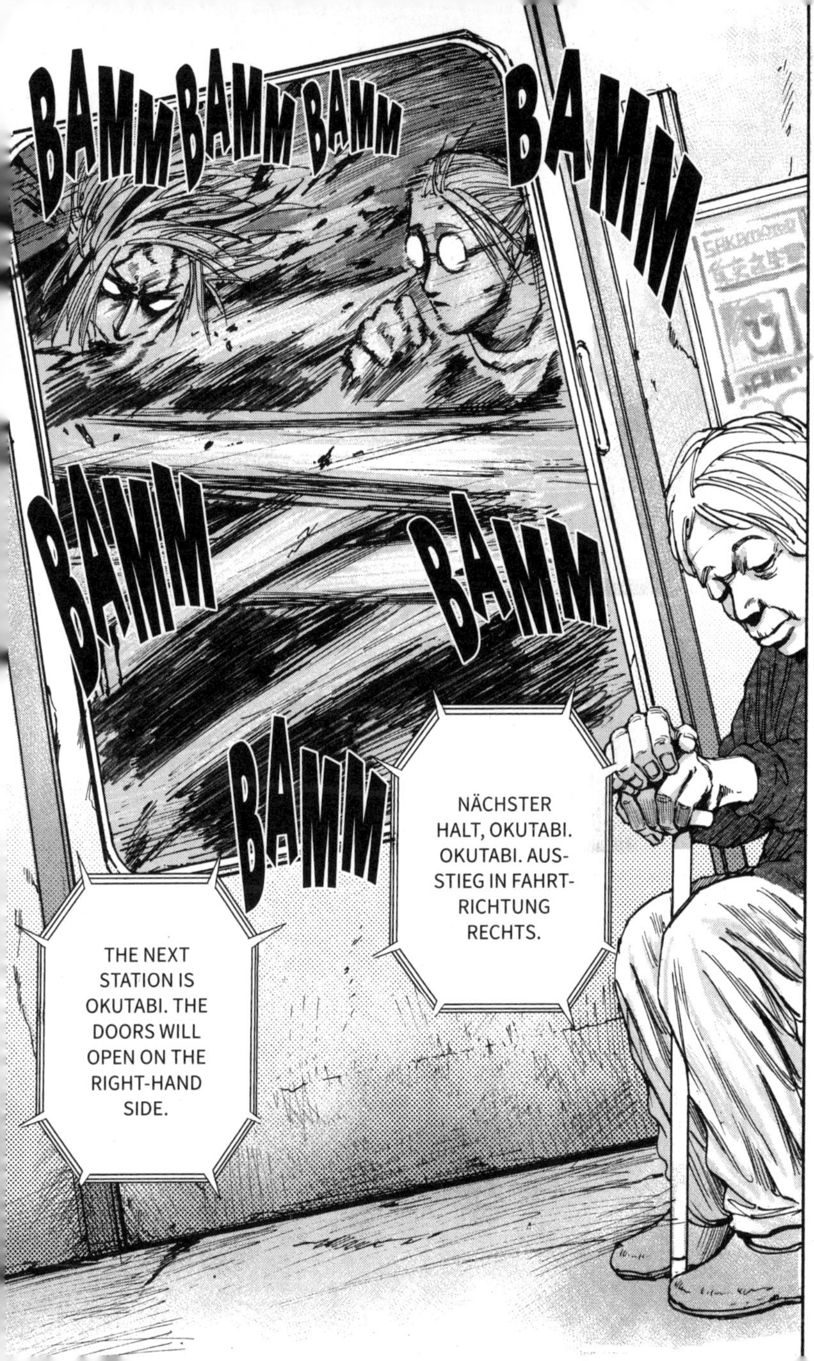
BAMM
BAMM BAMM BAMM
BAMM
BAMM
BAMM
NÄCHSTER HALT, OKUTABI. OKUTABI. AUS-STIEG IN FAHRT-RICHTUNG RECHTS.
THE NEXT STATION IS OKUTABI. THE DOORS WILL OPEN ON THE RIGHT-HAND SIDE.

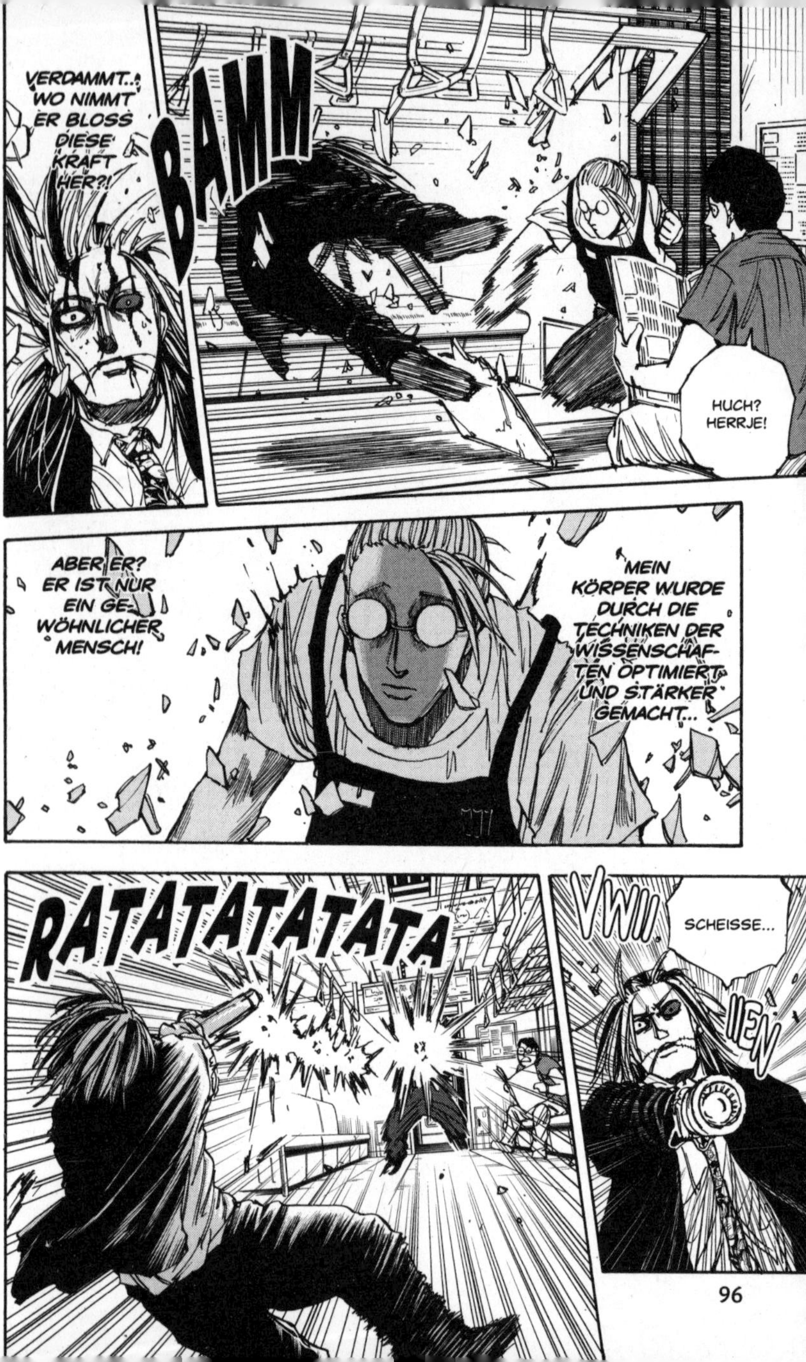

VERDAMMT... WO NIMMT ER BLOSS DIESE KRAFT HER?!
BAMM
HUCH? HERRJE!
MEIN KÖRPER WURDE DURCH DIE TECHNIKEN DER WISSENSCHAFTEN OPTIMIERT UND STÄRKER GEMACHT...
ABER ER? ER IST NUR EIN GEWÖHNLICHER MENSCH!
VWIIIEN
SCHEISSE...
RATATATATATA

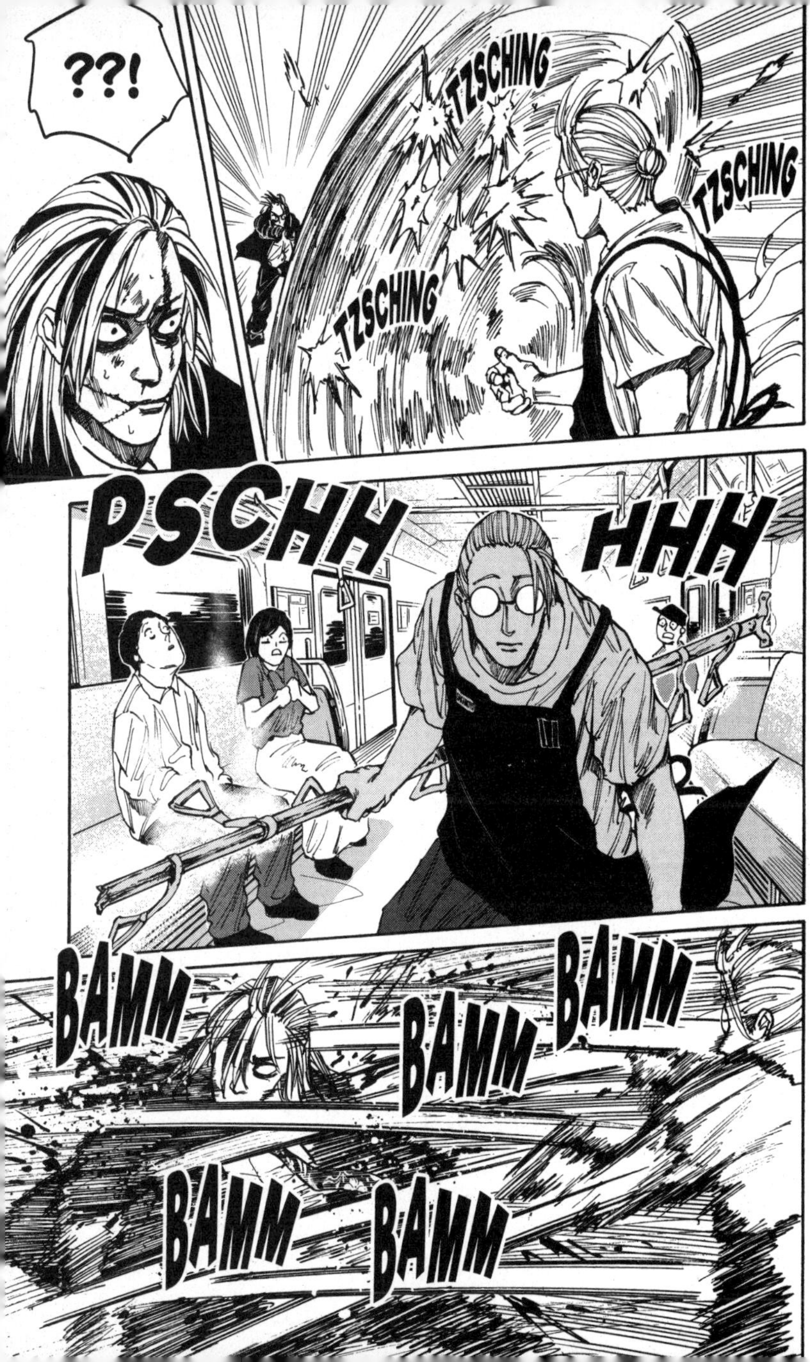
TZSCHING
TZSCHING
TZSCHING
??!
PSCHH
HHH
BAMM
BAMM
BAMM
BAMM
BAMM

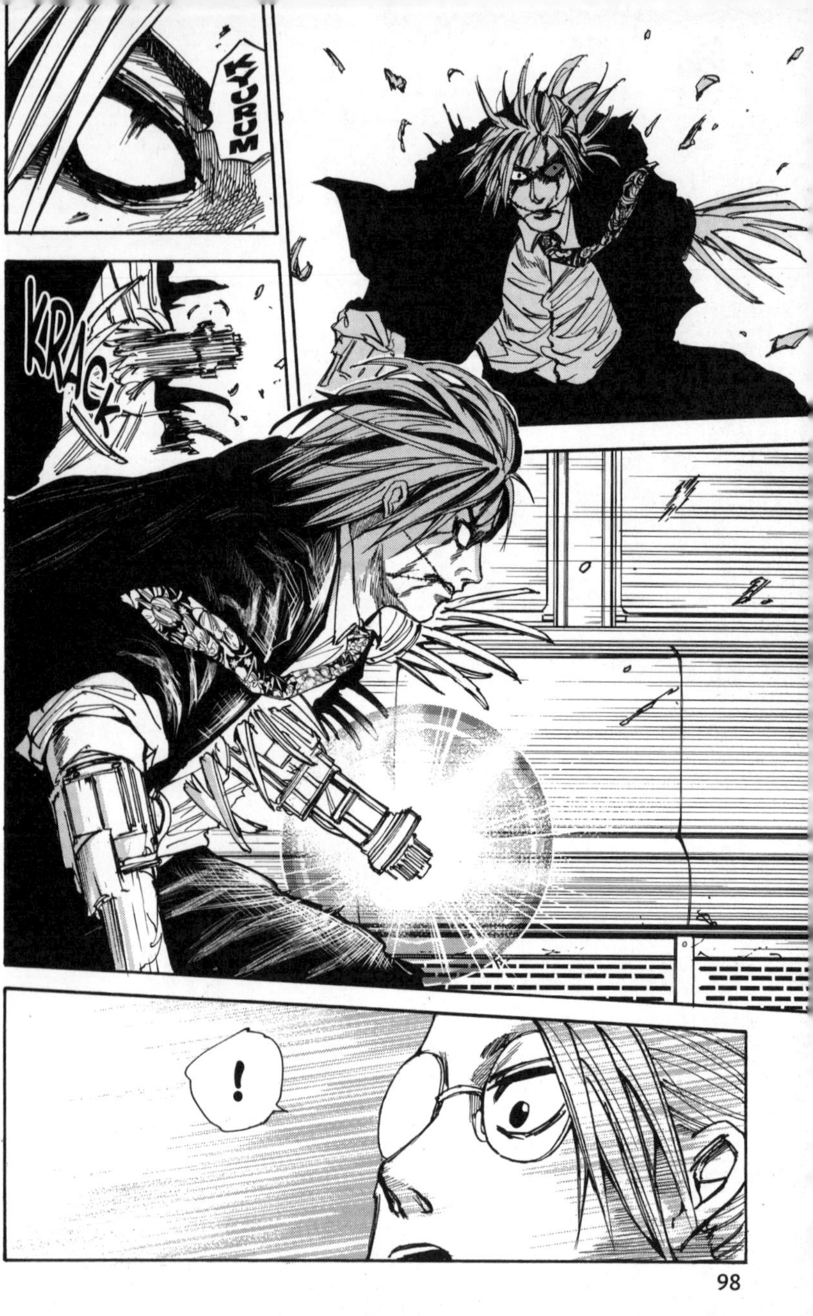
KYURUM
KLRACK
!

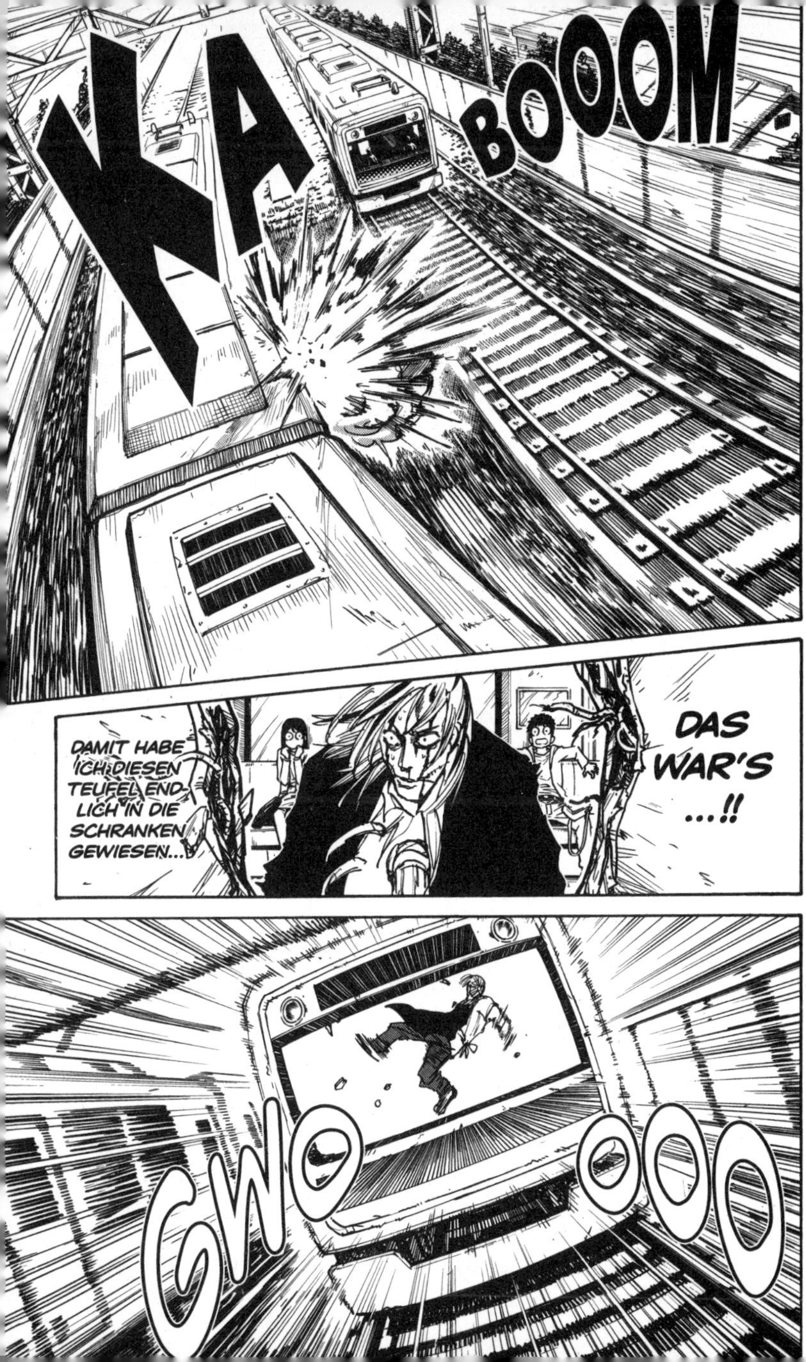
KA
BOOOM
DAS WAR'S ...!!
DAMIT HABE ICH DIESEN TEUFEL END-LICH IN DIE SCHRANKEN GEWIESEN...
GWOOOOO

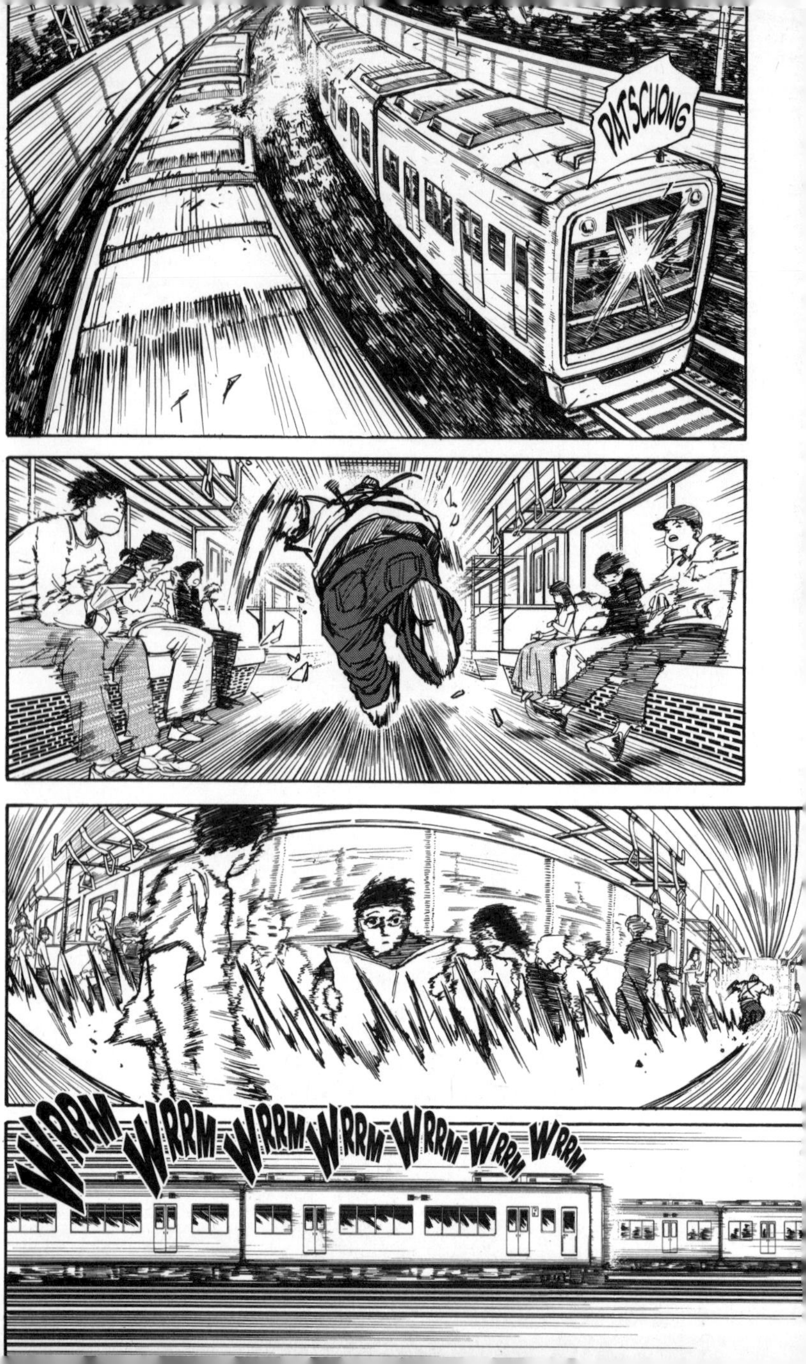
DATSCHONG
WRRM WRRM WRRM WRRM WRRM WRRM WRRM

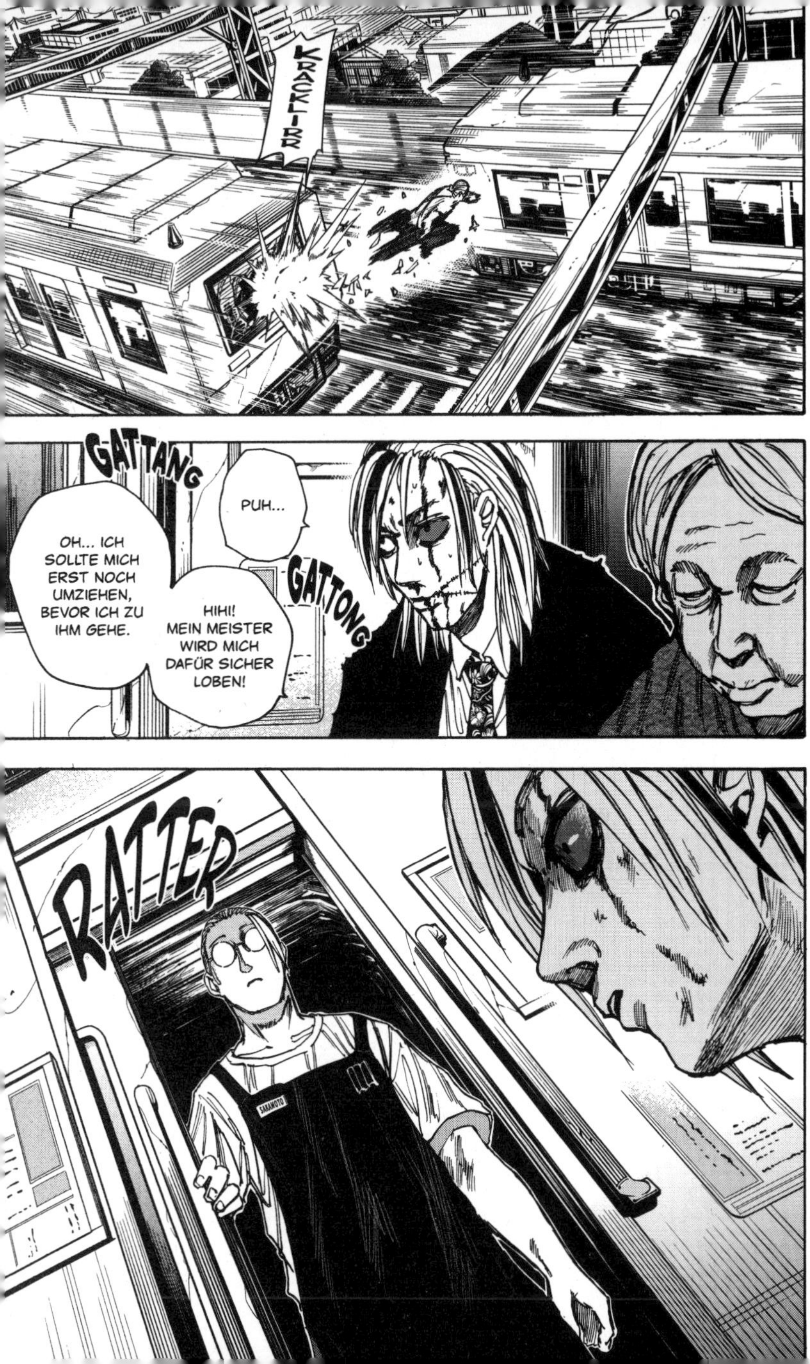
KRACKLIRR
GATTONG
PUH...
HIHI! MEIN MEISTER WIRD MICH DAFÜR SICHER LOBEN!
GATTANG
OH... ICH SOLLTE MICH ERST NOCH UMZIEHEN, BEVOR ICH ZU IHM GEHE.
RATTER
SAKAMOTO

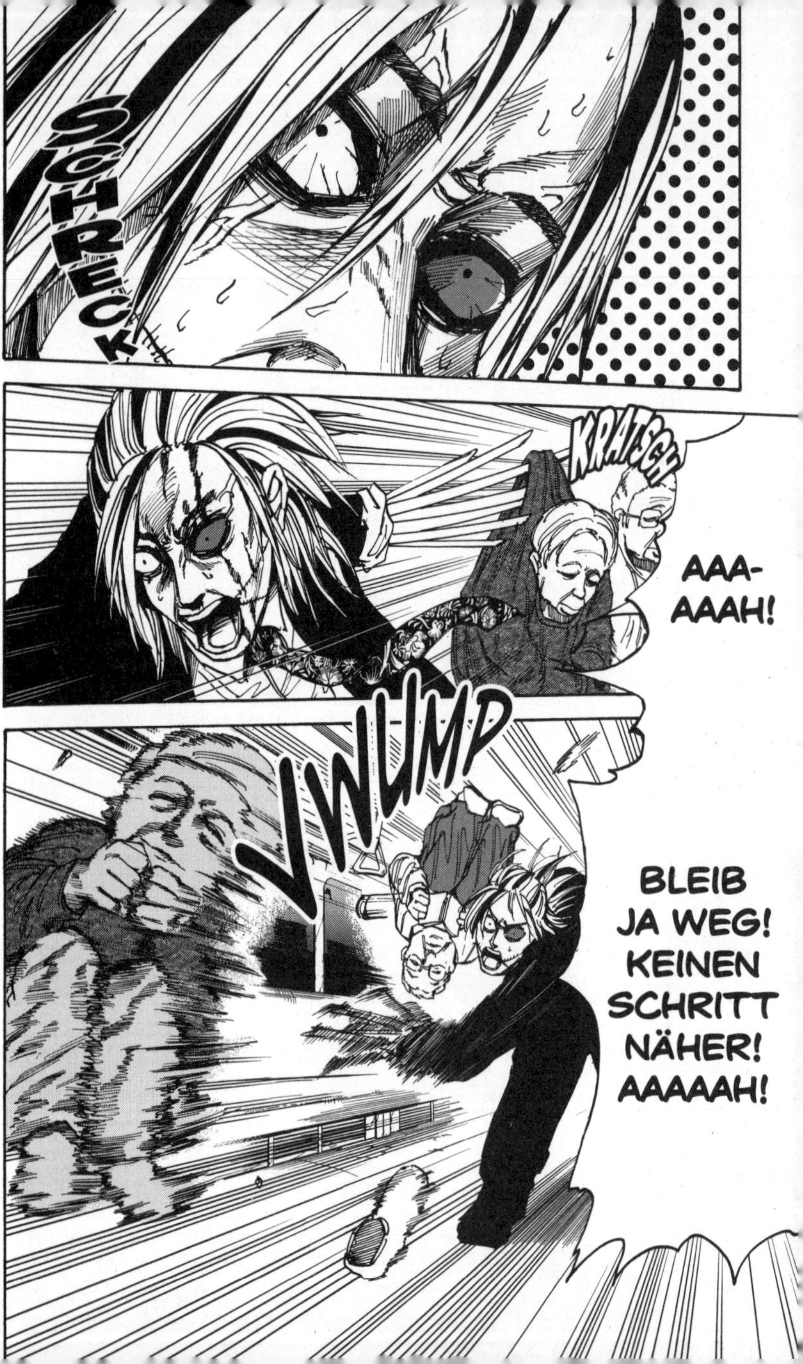
SCHRECK
KRATSCH
AAA-
AAAH!
WUMP
BLEIB
JA WEG!
KEINEN
SCHRITT
NÄHER!
AAAAAH!

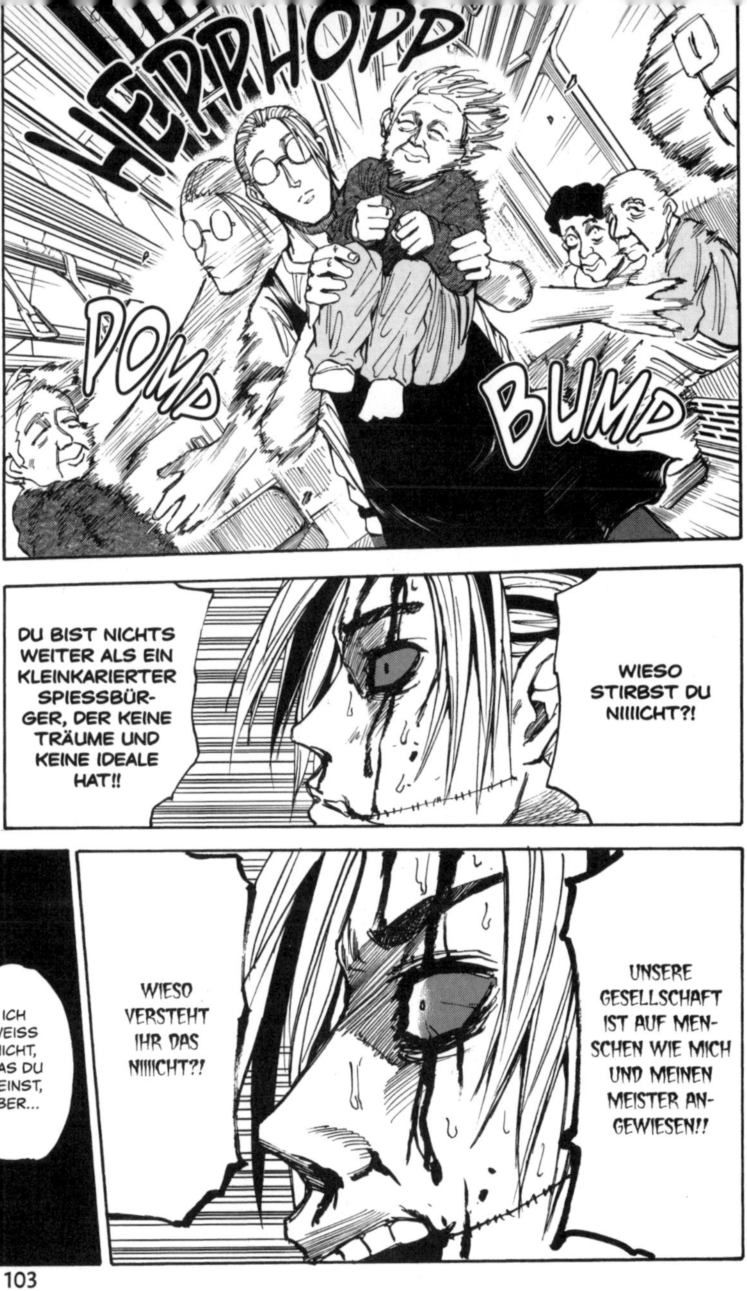
HEPP HOPP
BUMP
DOMP
WIESO STIRBST DU NIIIICHT?!
DU BIST NICHTS WEITER ALS EIN KLEINKARIERTER SPIESSBÜRGER, DER KEINE TRÄUME UND KEINE IDEALE HAT!!
UNSERE GESELLSCHAFT IST AUF MENSCHEN WIE MICH UND MEINEN MEISTER ANGEWIESEN!!
WIESO VERSTEHT IHR DAS NIIIICHT?!
ICH WEISS NICHT, WAS DU MEINST, ABER...

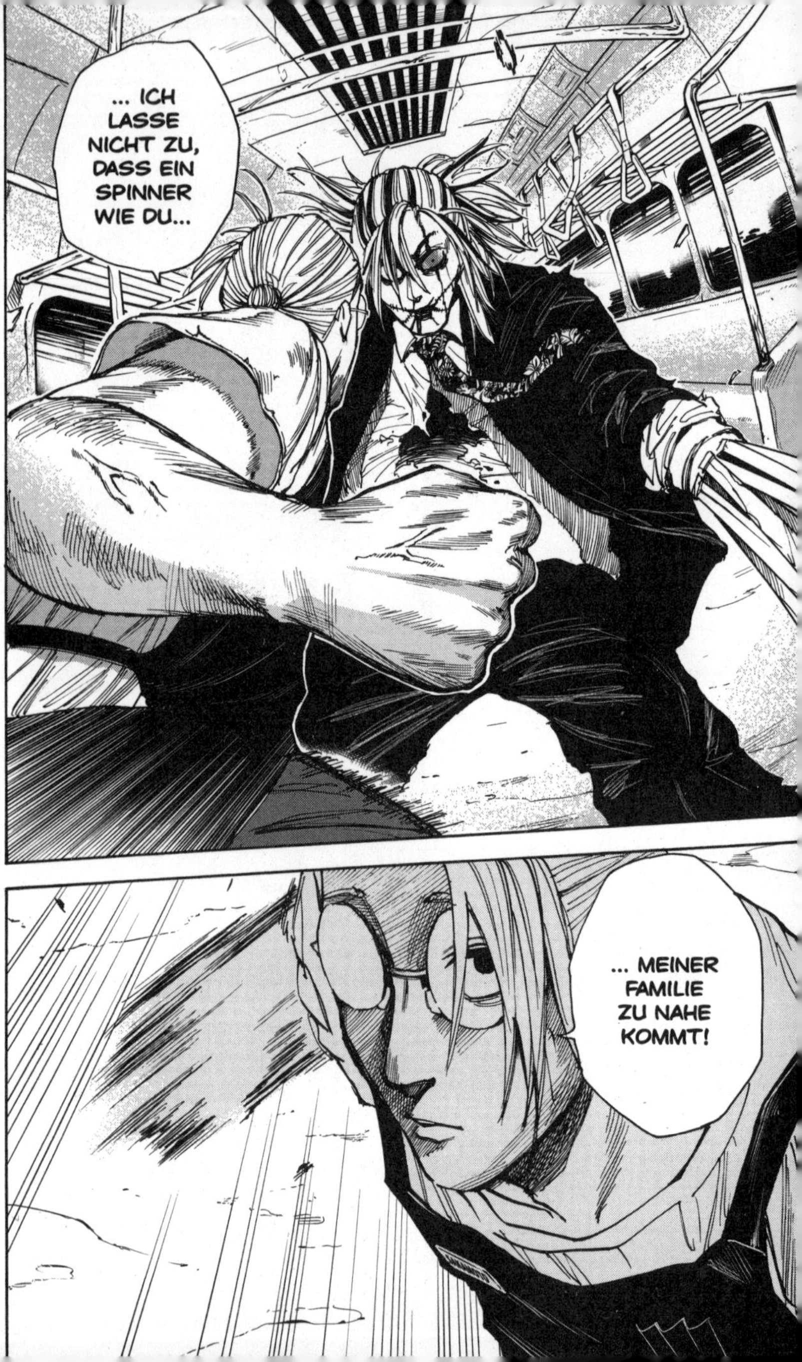
... ICH LASSE NICHT ZU, DASS EIN SPINNER WIE DU...
... MEINER FAMILIE ZU NAHE KOMMT!

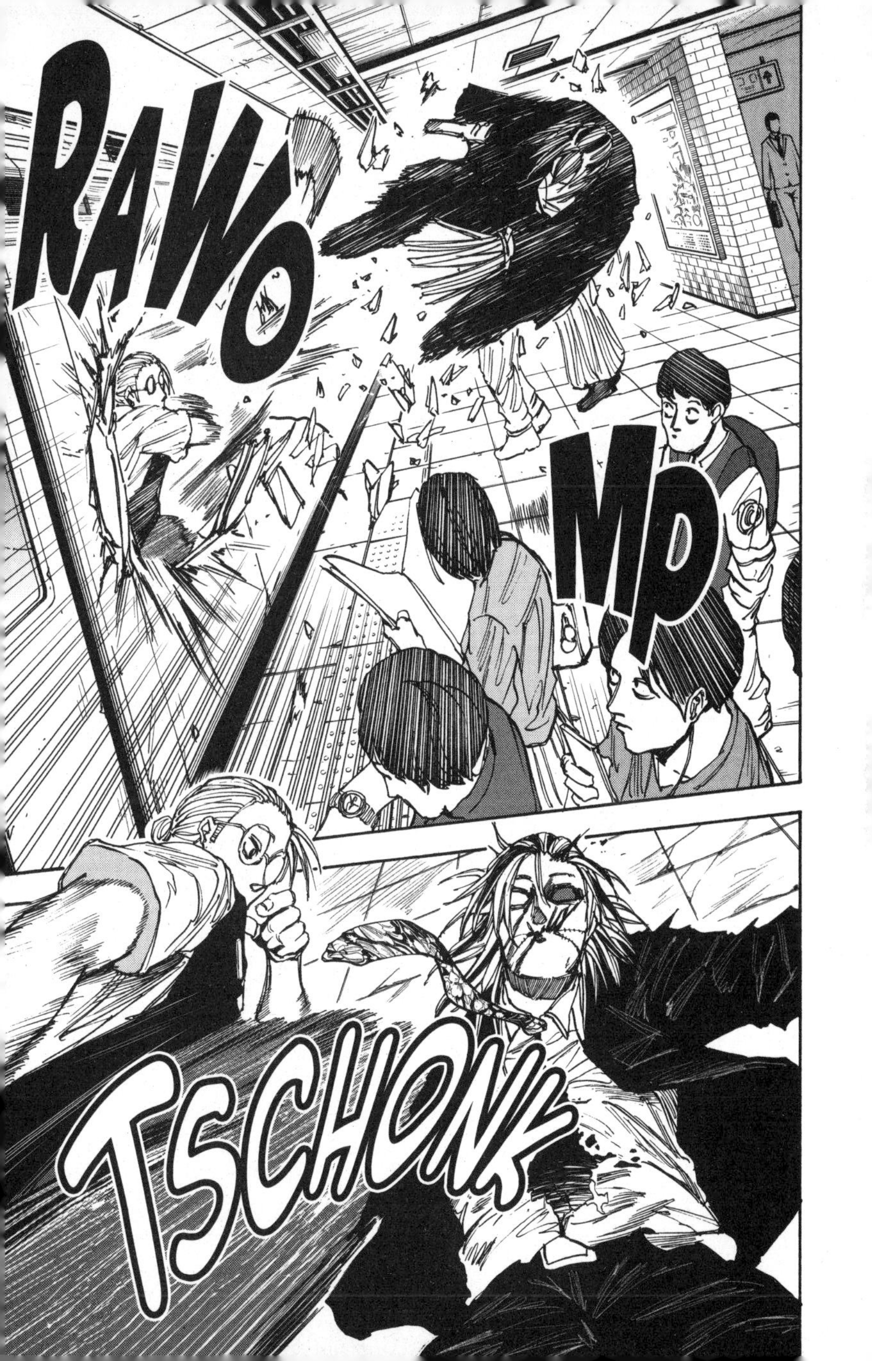
RAWO
MP
TSCHOK

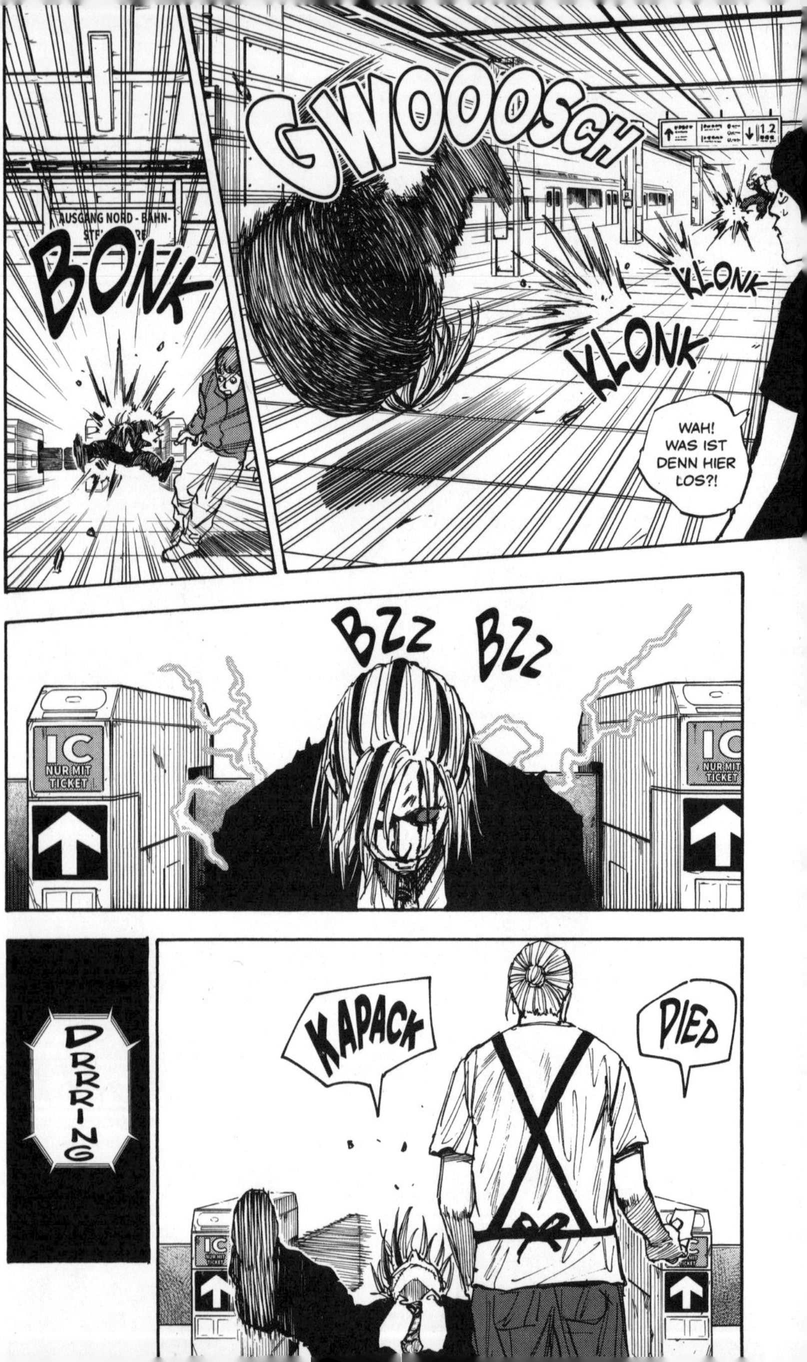

GWOOOSCH
AUSGANG NORD - BAHN-
BONK
KLONK
KLONK
WAH! WAS IST DENN HIER LOS?!
BZZ BZZ
IC
NUR MIT TICKET
IC
NUR MIT TICKET
DRRRING
KAPACK
DIEP

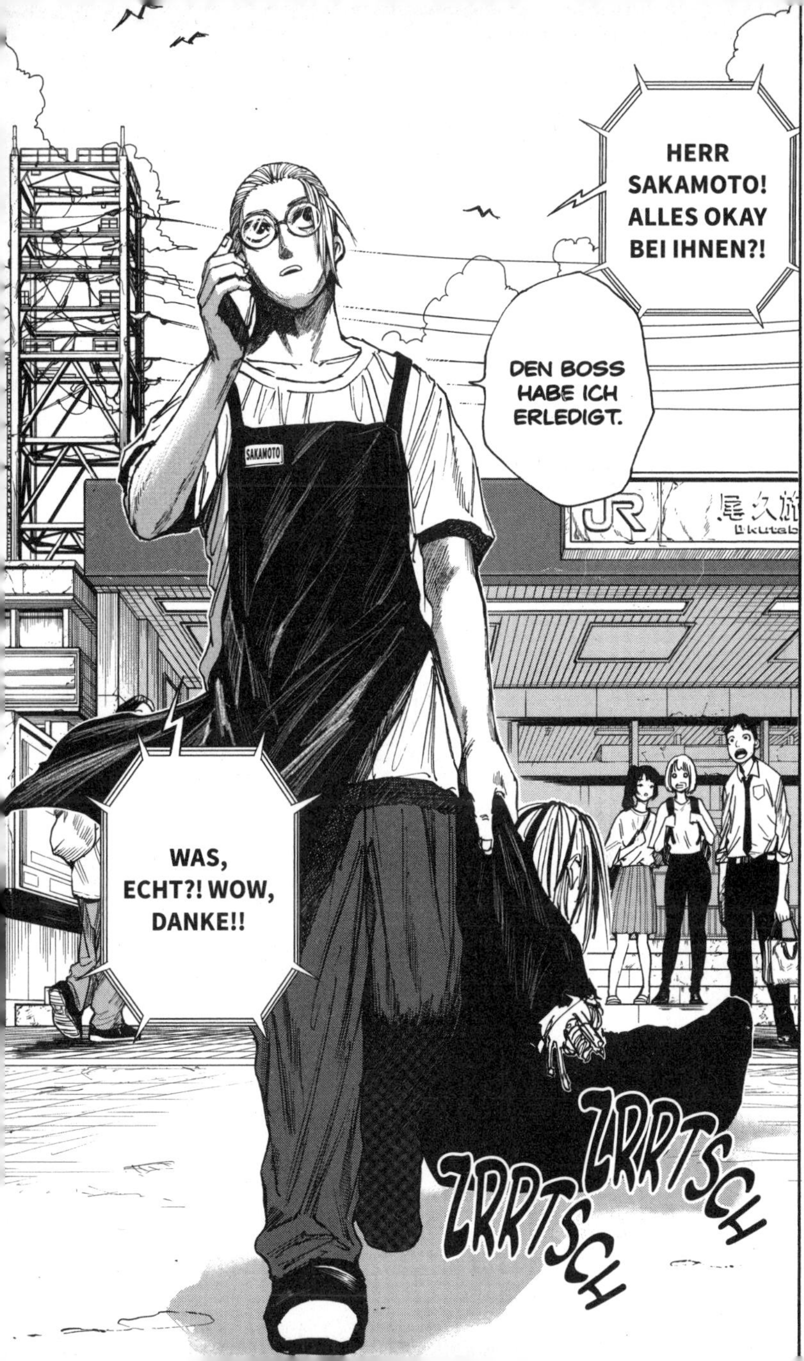
HERR SAKAMOTO! ALLES OKAY BEI IHNEN?!
DEN BOSS HABE ICH ERLEDIGT.
SAKAMOTO
JR
WAS, ECHT?! WOW, DANKE!!
ZRRTSCH
ZRRTSCH

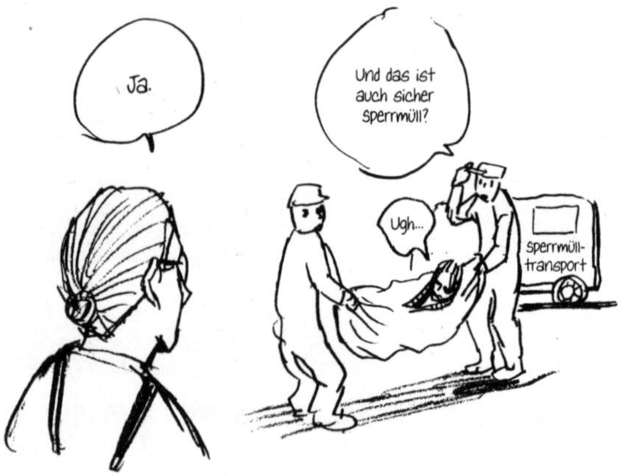
Ja.
Und das ist auch sicher Sperrmüll?
Ugh...
Sperrmüll-transport

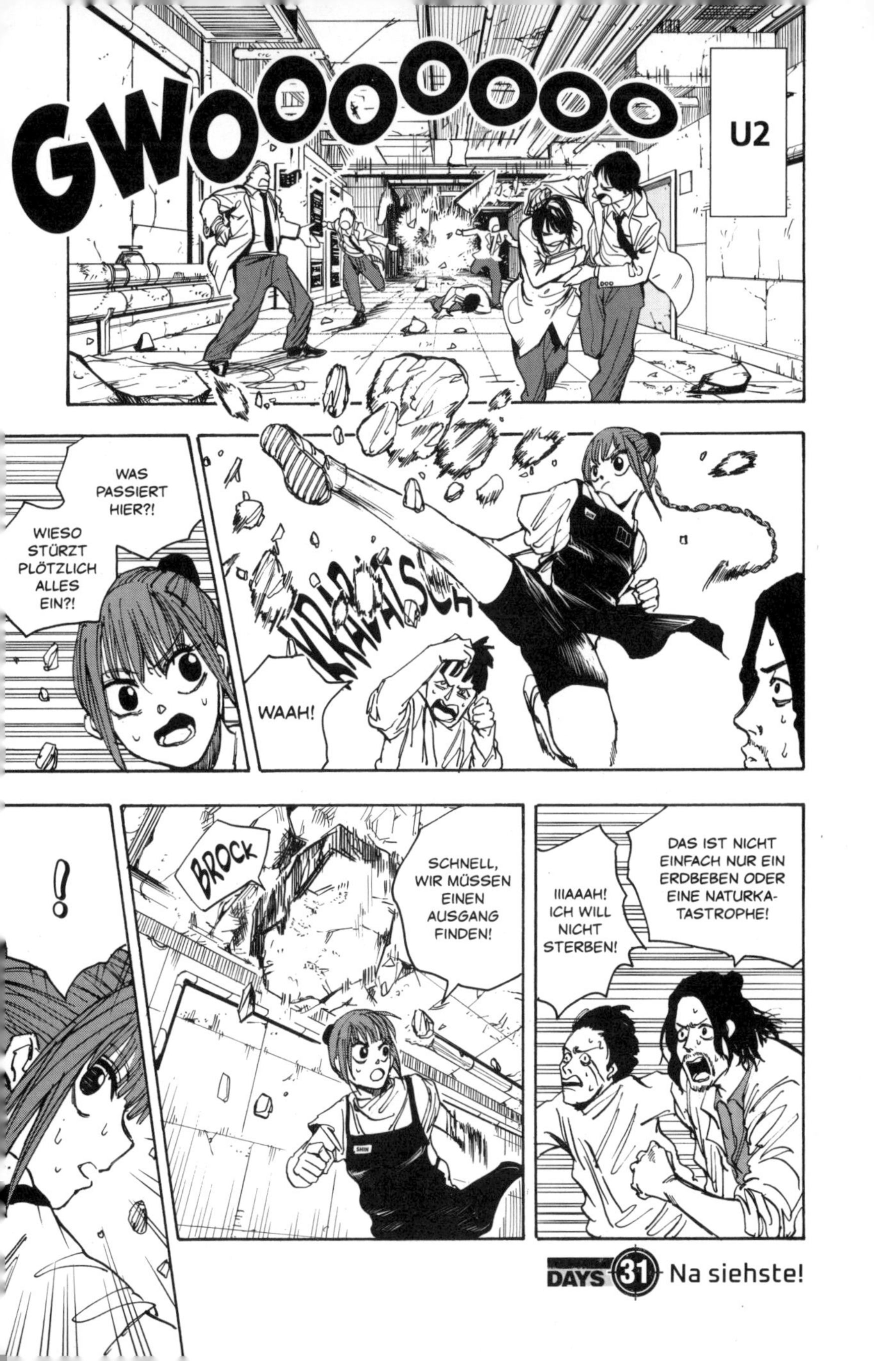

DAYS 31 Na siehste!

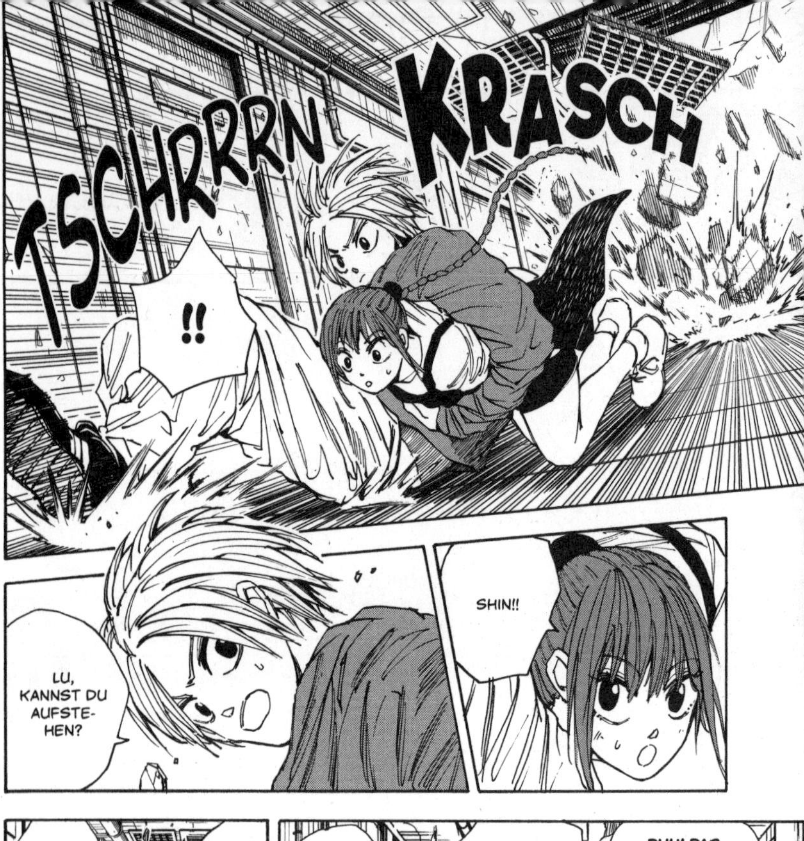

↑ Streit hängt noch in der Luft ↑

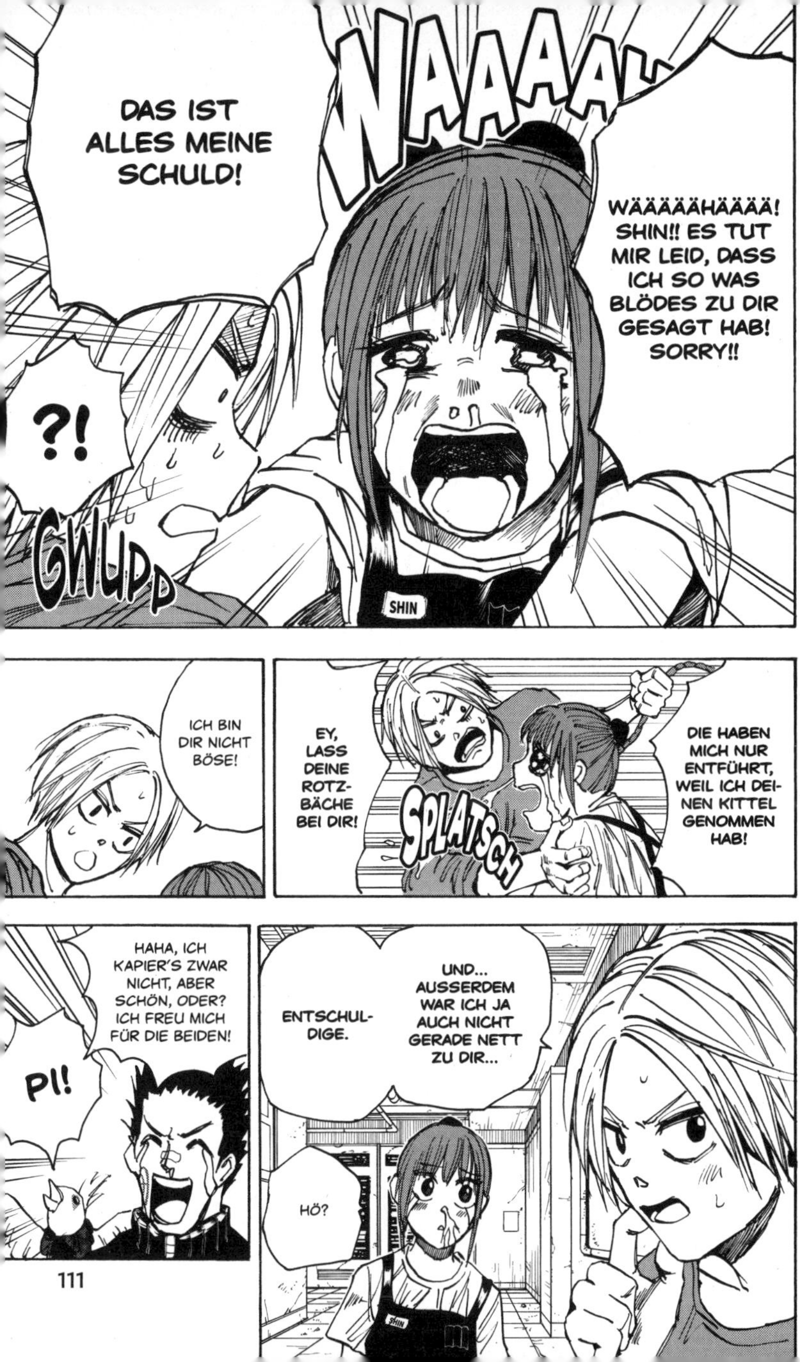
WAAAAH
WÄÄÄÄÄHÄÄÄÄ! SHIN!! ES TUT MIR LEID, DASS ICH SO WAS BLÖDES ZU DIR GESAGT HAB! SORRY!!
DAS IST ALLES MEINE SCHULD!
?!
GWUPP
SHIN
DIE HABEN MICH NUR ENTFÜHRT, WEIL ICH DEINEN KITTEL GENOMMEN HAB!
SPLATSCH
EY, LASS DEINE ROTZBÄCHE BEI DIR!
ICH BIN DIR NICHT BÖSE!
UND... AUSSERDEM WAR ICH JA AUCH NICHT GERADE NETT ZU DIR...
ENTSCHULDIGE.
HÖ?
HAHA, ICH KAPIER'S ZWAR NICHT, ABER SCHÖN, ODER? ICH FREU MICH FÜR DIE BEIDEN!
PI!

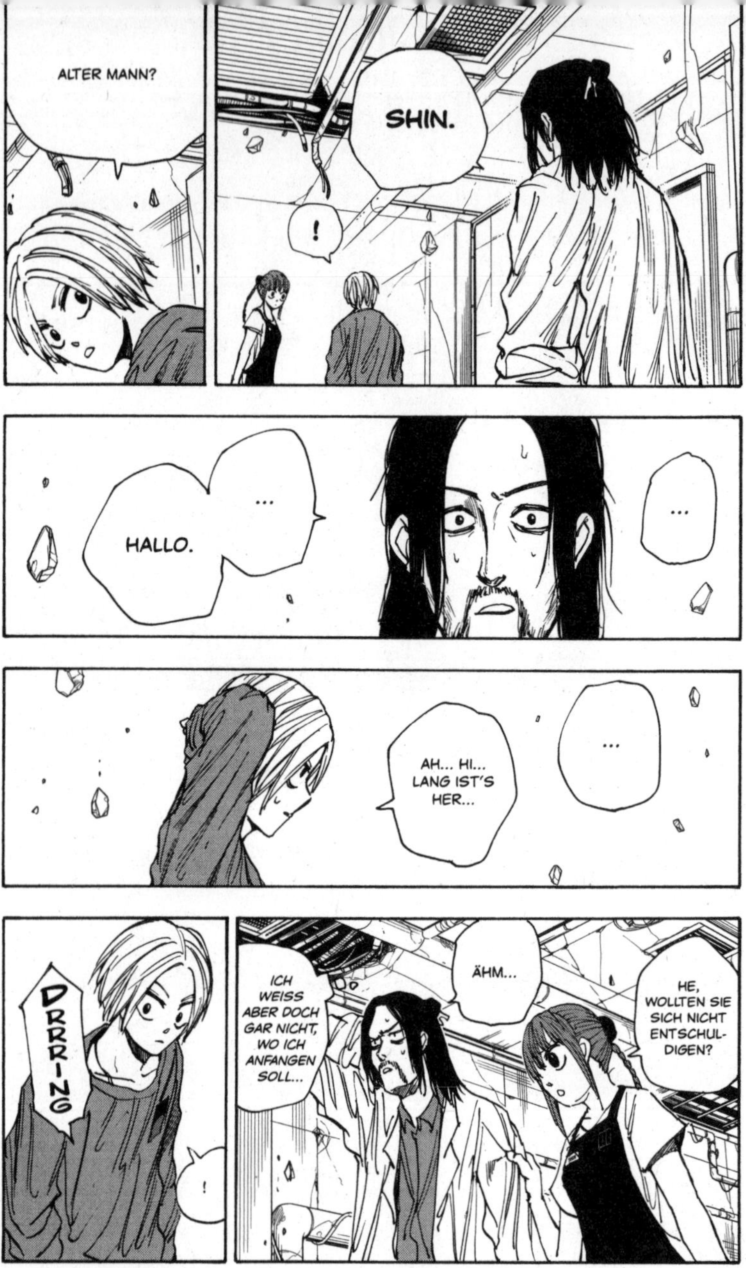
SHIN.
!
ALTER MANN?
...
...
HALLO.
...
AH... HI... LANG IST'S HER...
HE, WOLLTEN SIE SICH NICHT ENTSCHUL-DIGEN?
ÄHM...
ICH WEISS ABER DOCH GAR NICHT, WO ICH ANFANGEN SOLL...
DRRRING
!

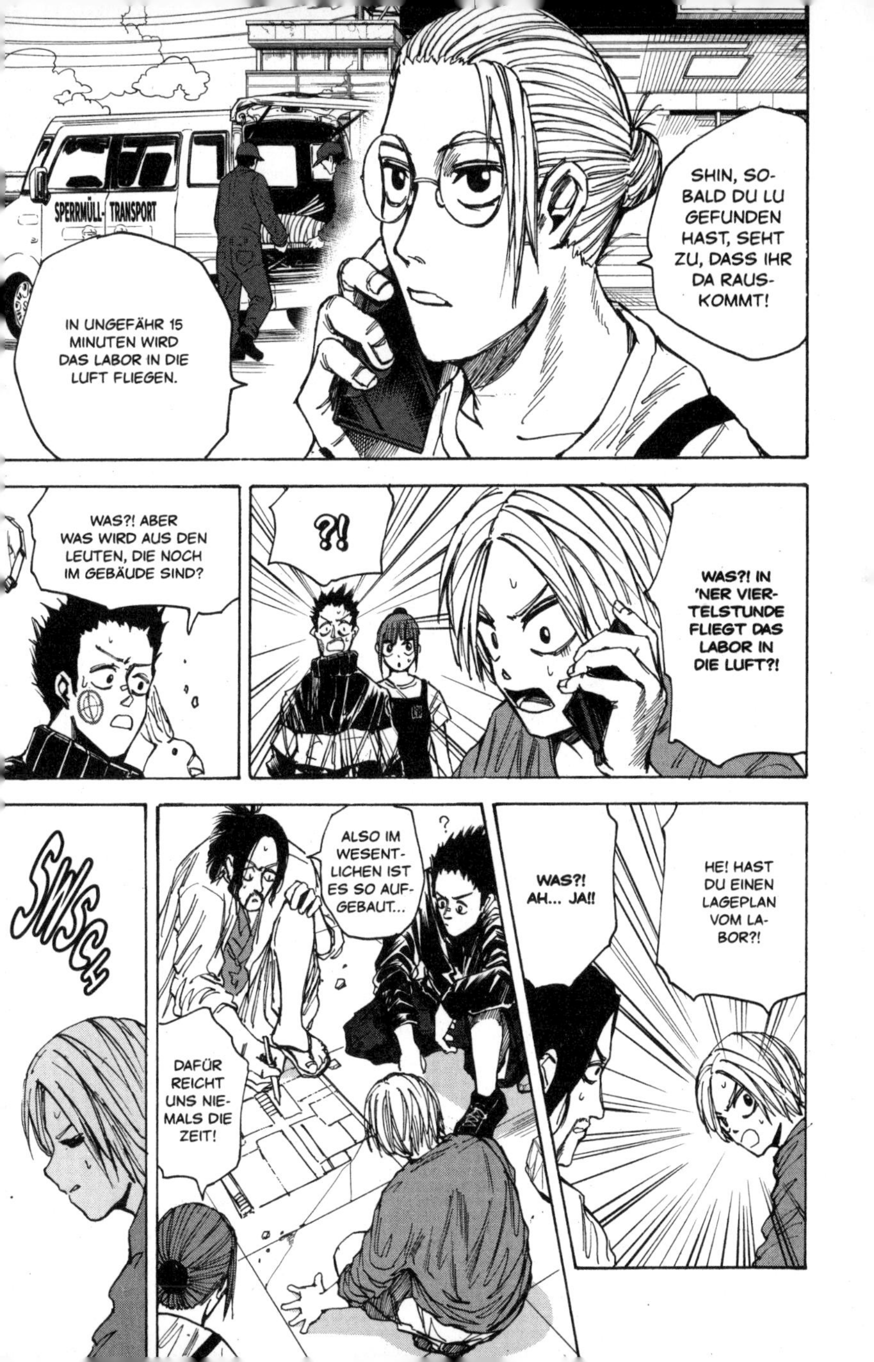

SPERRMÜLL-TRANSPORT
SHIN, SOBALD DU LU GEFUNDEN HAST, SEHT ZU, DASS IHR DA RAUSKOMMT!
IN UNGEFÄHR 15 MINUTEN WIRD DAS LABOR IN DIE LUFT FLIEGEN.
WAS?! IN 'NER VIERTELSTUNDE FLIEGT DAS LABOR IN DIE LUFT?!
?!
WAS?! ABER WAS WIRD AUS DEN LEUTEN, DIE NOCH IM GEBÄUDE SIND?
HE! HAST DU EINEN LAGEPLAN VOM LABOR?!
WAS?! AH... JA!!
?
ALSO IM WESENTLICHEN IST ES SO AUFGEBAUT...
DAFÜR REICHT UNS NIEMALS DIE ZEIT!
SWISCH

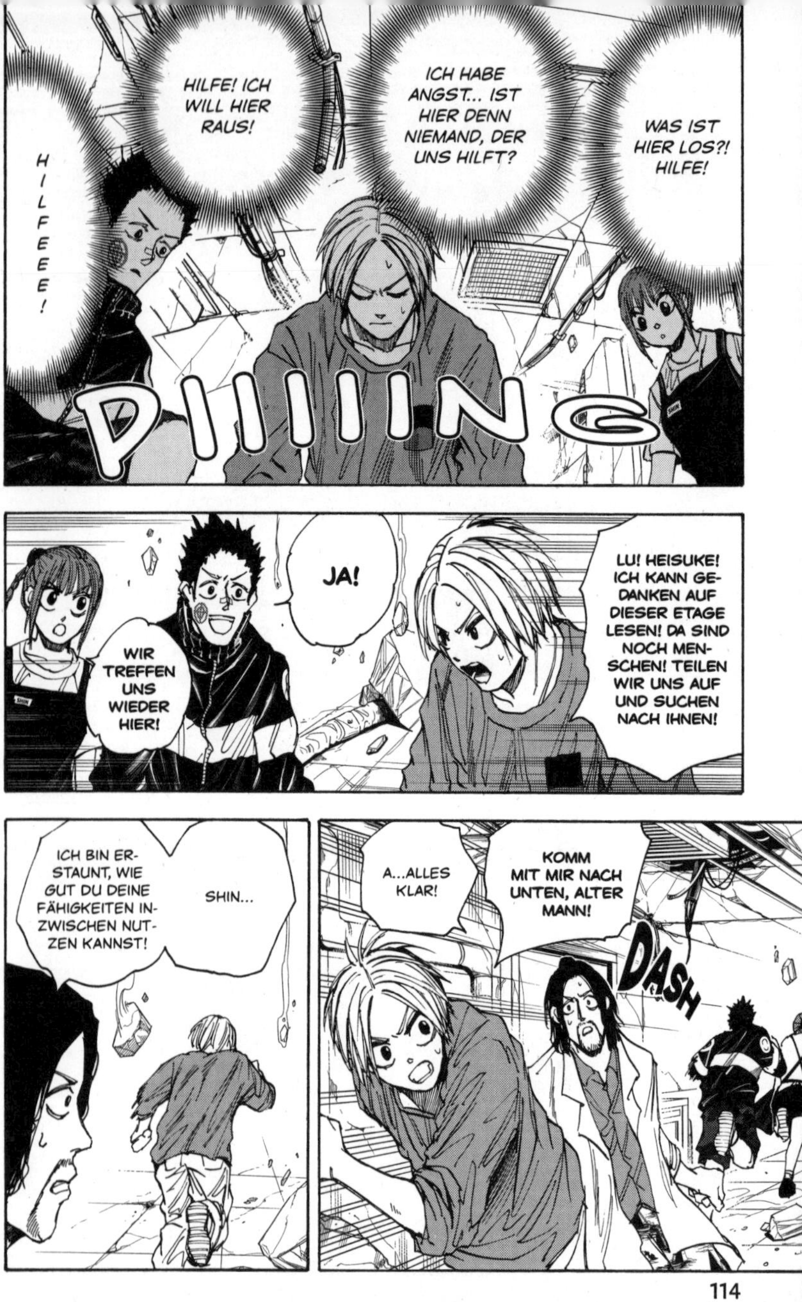
WAS IST HIER LOS?! HILFE!
ICH HABE ANGST... IST HIER DENN NIEMAND, DER UNS HILFT?
HILFE! ICH WILL HIER RAUS!
HILFEEE!
DIIIIING
LU! HEISUKE! ICH KANN GEDANKEN AUF DIESER ETAGE LESEN! DA SIND NOCH MENSCHEN! TEILEN WIR UNS AUF UND SUCHEN NACH IHNEN!
JA!
WIR TREFFEN UNS WIEDER HIER!
KOMM MIT MIR NACH UNTEN, ALTER MANN!
A...ALLES KLAR!
DASH
SHIN...
ICH BIN ERSTAUNT, WIE GUT DU DEINE FÄHIGKEITEN INZWISCHEN NUTZEN KANNST!

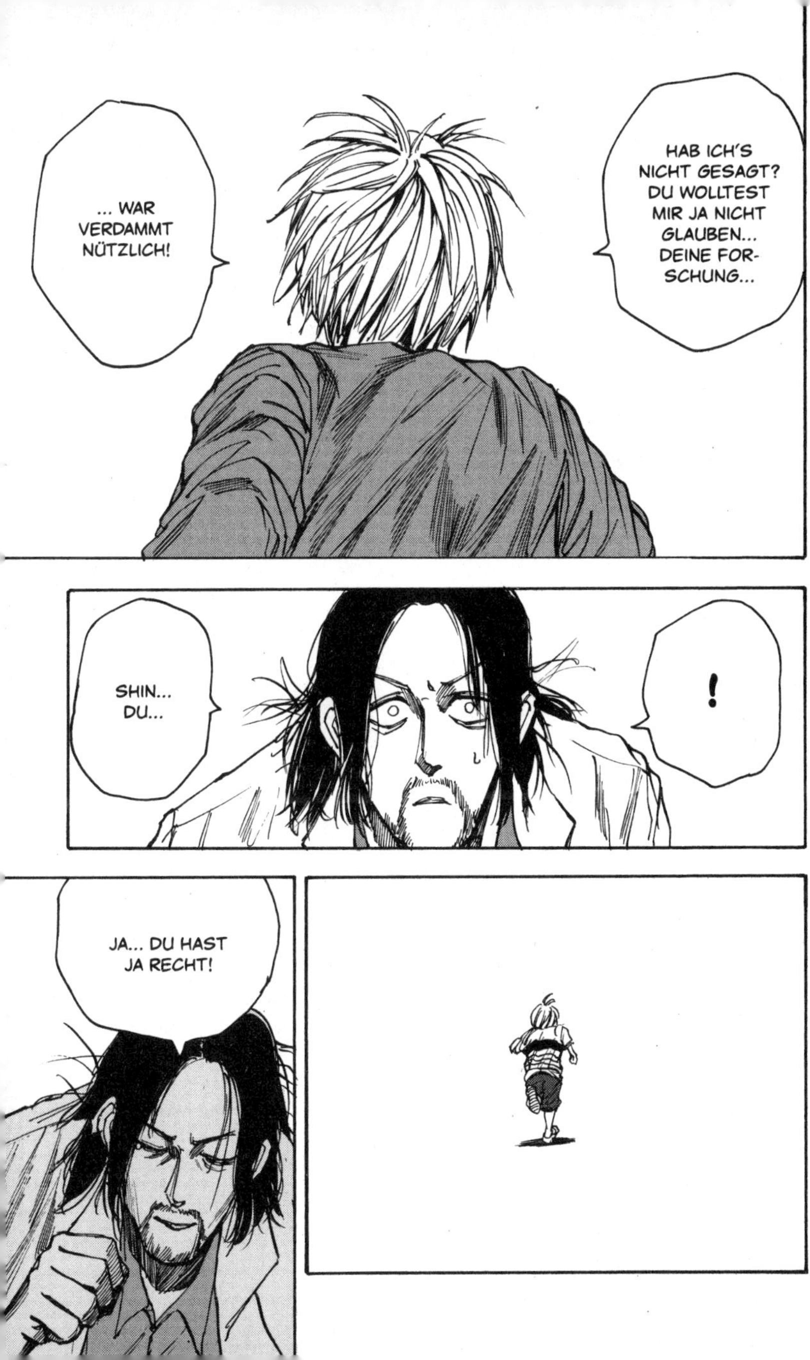
HAB ICH'S NICHT GESAGT? DU WOLLTEST MIR JA NICHT GLAUBEN... DEINE FOR-SCHUNG...
... WAR VERDAMMT NÜTZLICH!
!
SHIN... DU...
JA... DU HAST JA RECHT!

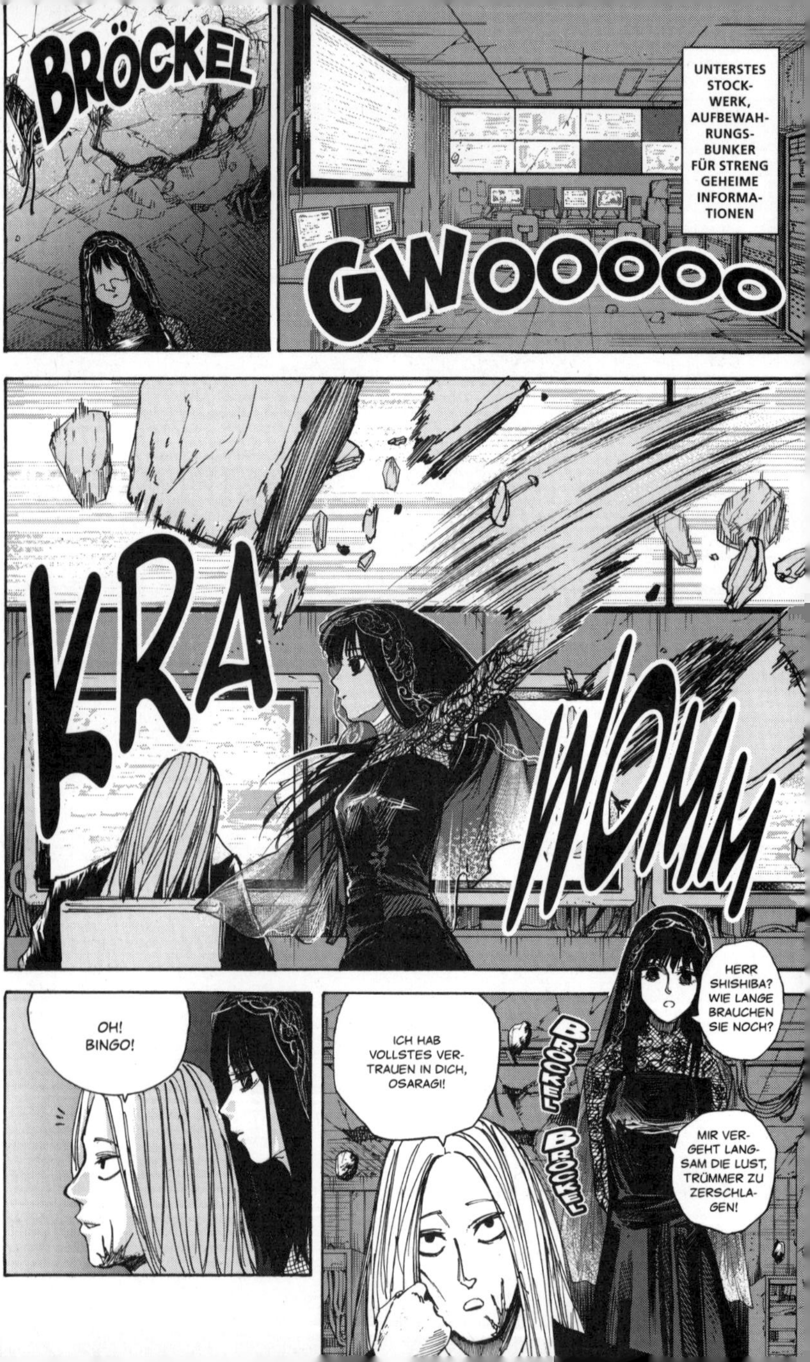
UNTERSTES STOCKWERK, AUFBEWAHRUNGSBUNKER FÜR STRENG GEHEIME INFORMATIONEN
GWOOOOOO
BRÖCKEL
KRA
WOMM
HERR SHISHIBA? WIE LANGE BRAUCHEN SIE NOCH?
BRÖCKEL BRÖCKEL
MIR VERGEHT LANGSAM DIE LUST, TRÜMMER ZU ZERSCHLAGEN!
ICH HAB VOLLSTES VERTRAUEN IN DICH, OSARAGI!
OH! BINGO!

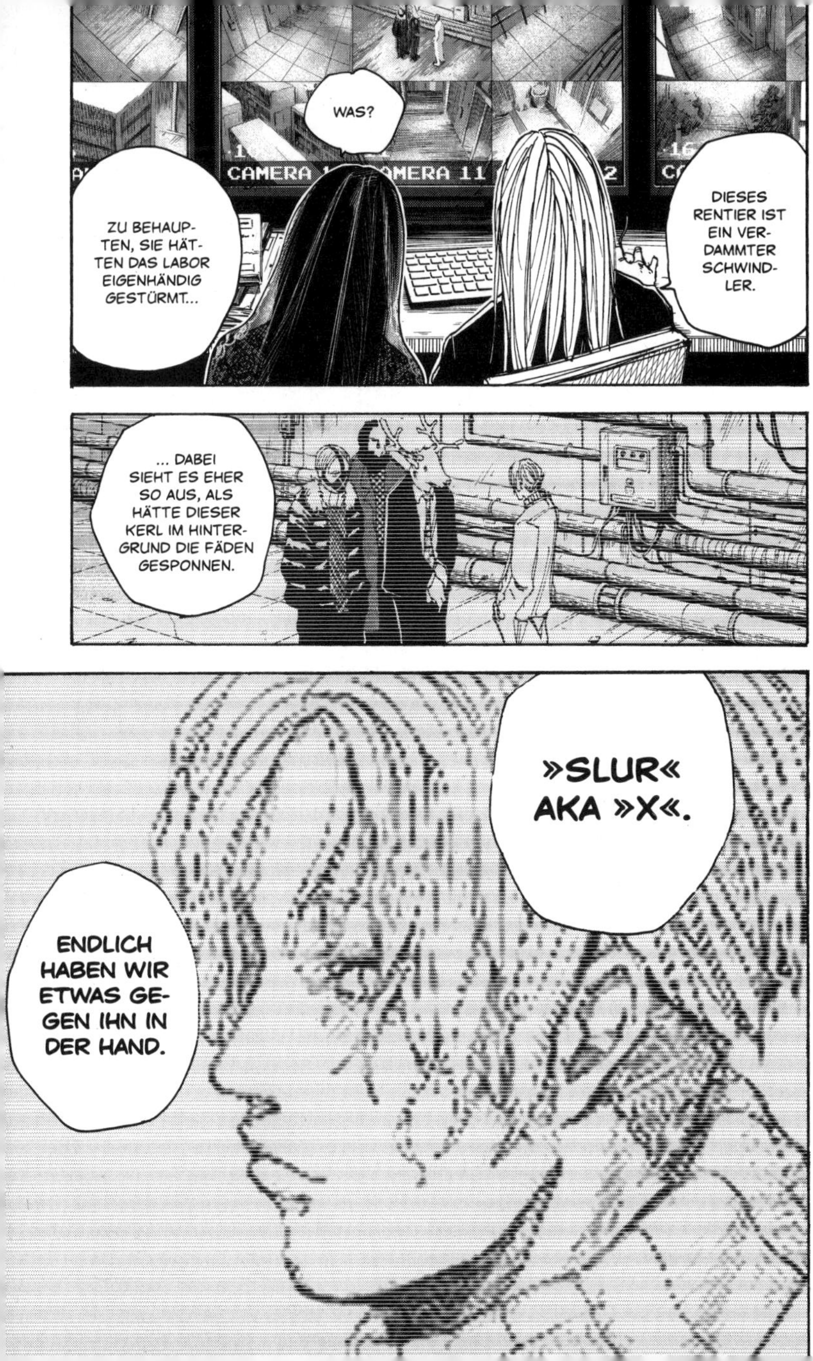
DIESES RENTIER IST EIN VERDAMMTER SCHWINDLER.
WAS?
ZU BEHAUPTEN, SIE HÄTTEN DAS LABOR EIGENHÄNDIG GESTÜRMT...
CAMERA 11
... DABEI SIEHT ES EHER SO AUS, ALS HÄTTE DIESER KERL IM HINTERGRUND DIE FÄDEN GESPONNEN.
»SLUR« AKA »X«.
ENDLICH HABEN WIR ETWAS GEGEN IHN IN DER HAND.

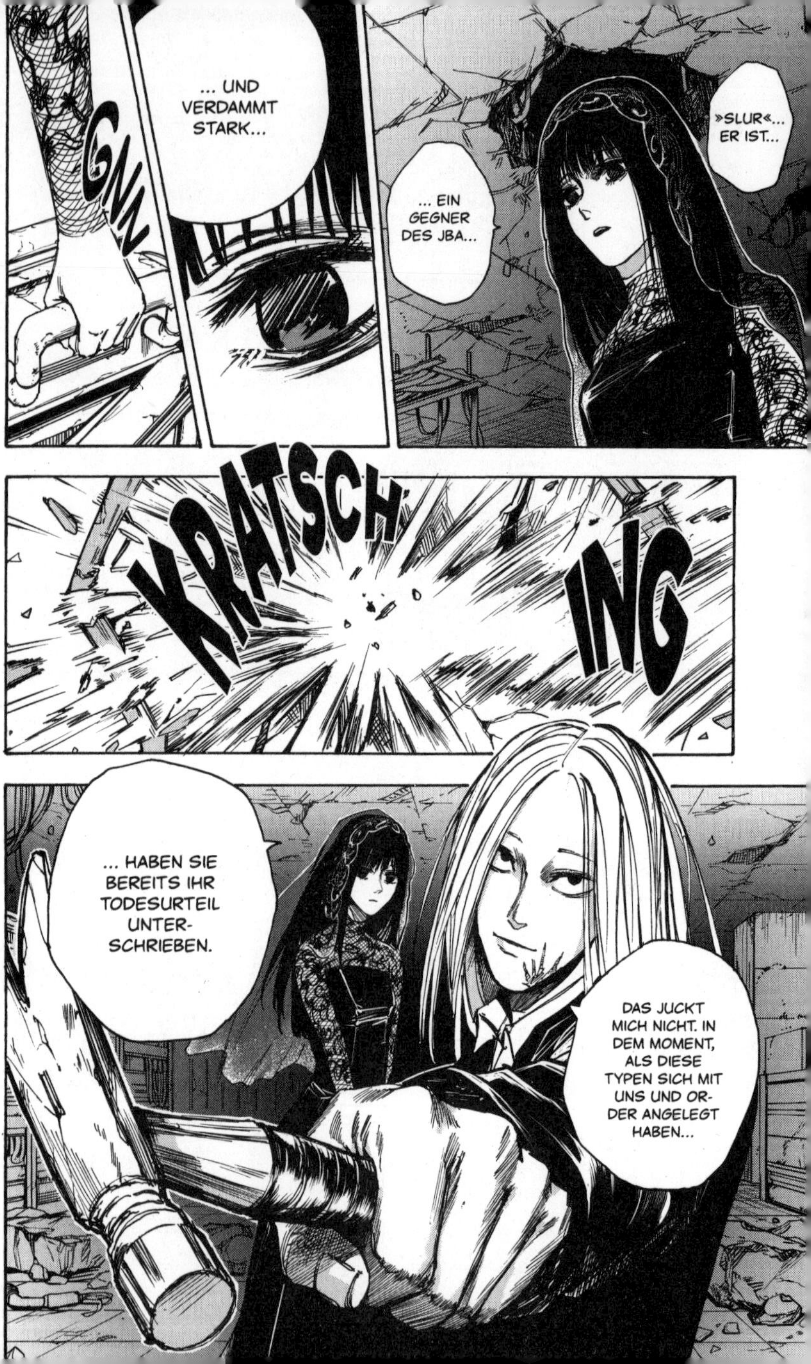
»SLUR«... ER IST...
... EIN GEGNER DES JBA...
... UND VERDAMMT STARK...
GNN
KRATSCH
ING
DAS JUCKT MICH NICHT. IN DEM MOMENT, ALS DIESE TYPEN SICH MIT UNS UND ORDER ANGELEGT HABEN...
... HABEN SIE BEREITS IHR TODESURTEIL UNTERSCHRIEBEN.

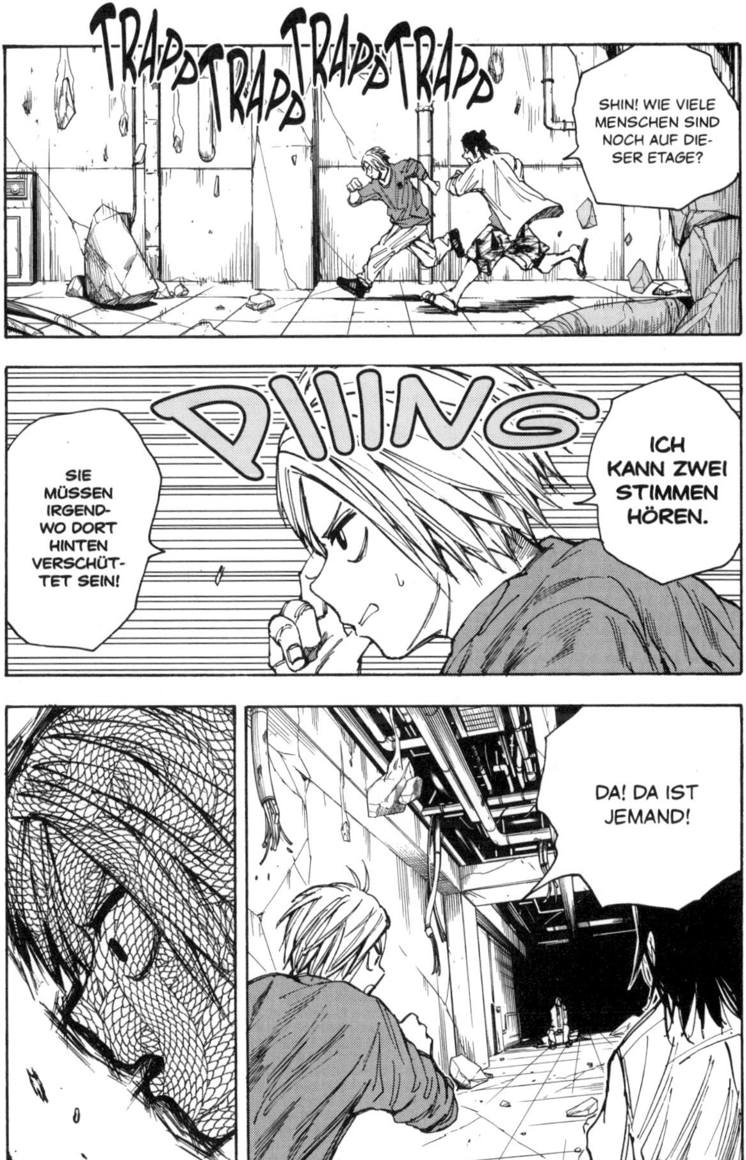
TRAPP TRAPP TRAPP TRAPP
SHIN! WIE VIELE MENSCHEN SIND NOCH AUF DIESER ETAGE?
DIIING
ICH KANN ZWEI STIMMEN HÖREN.
SIE MÜSSEN IRGENDWO DORT HINTEN VERSCHÜTTET SEIN!
DA! DA IST JEMAND!

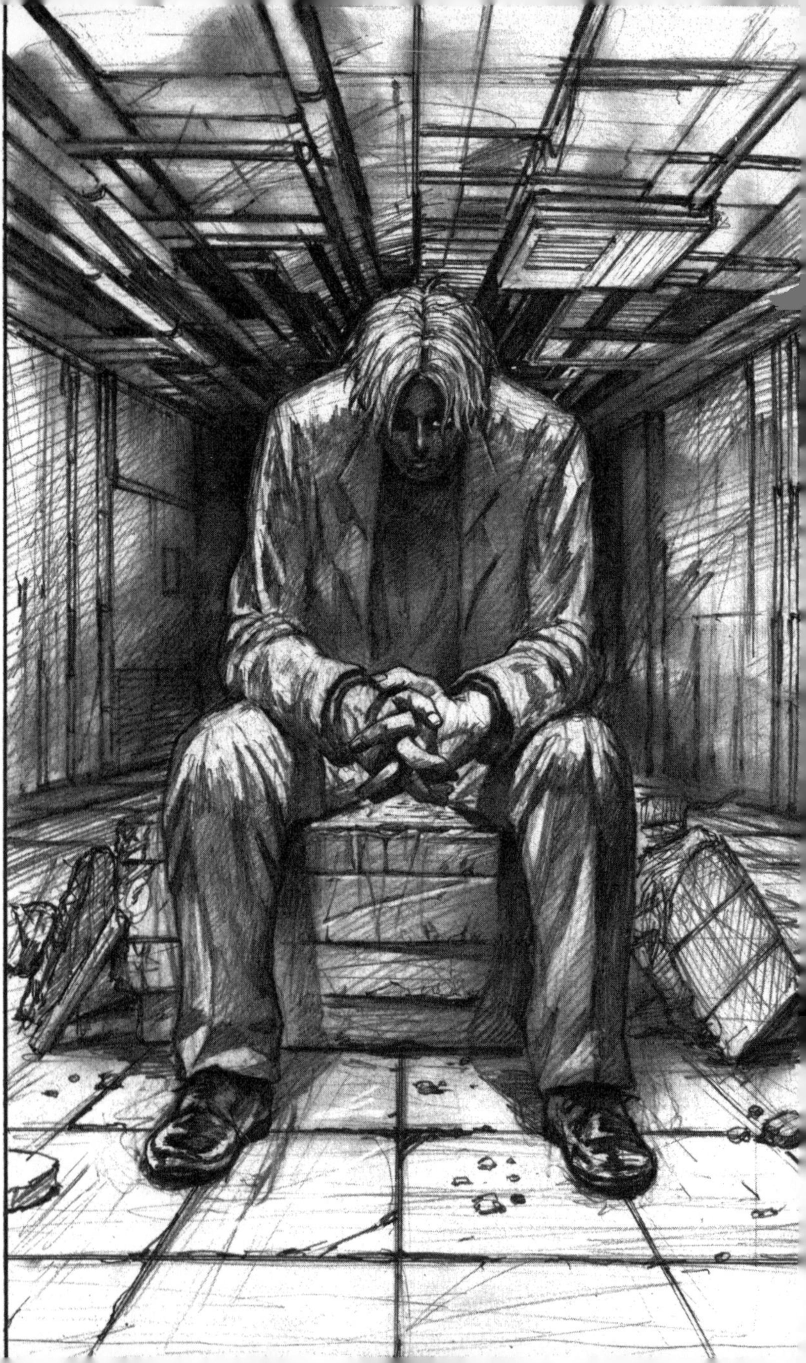

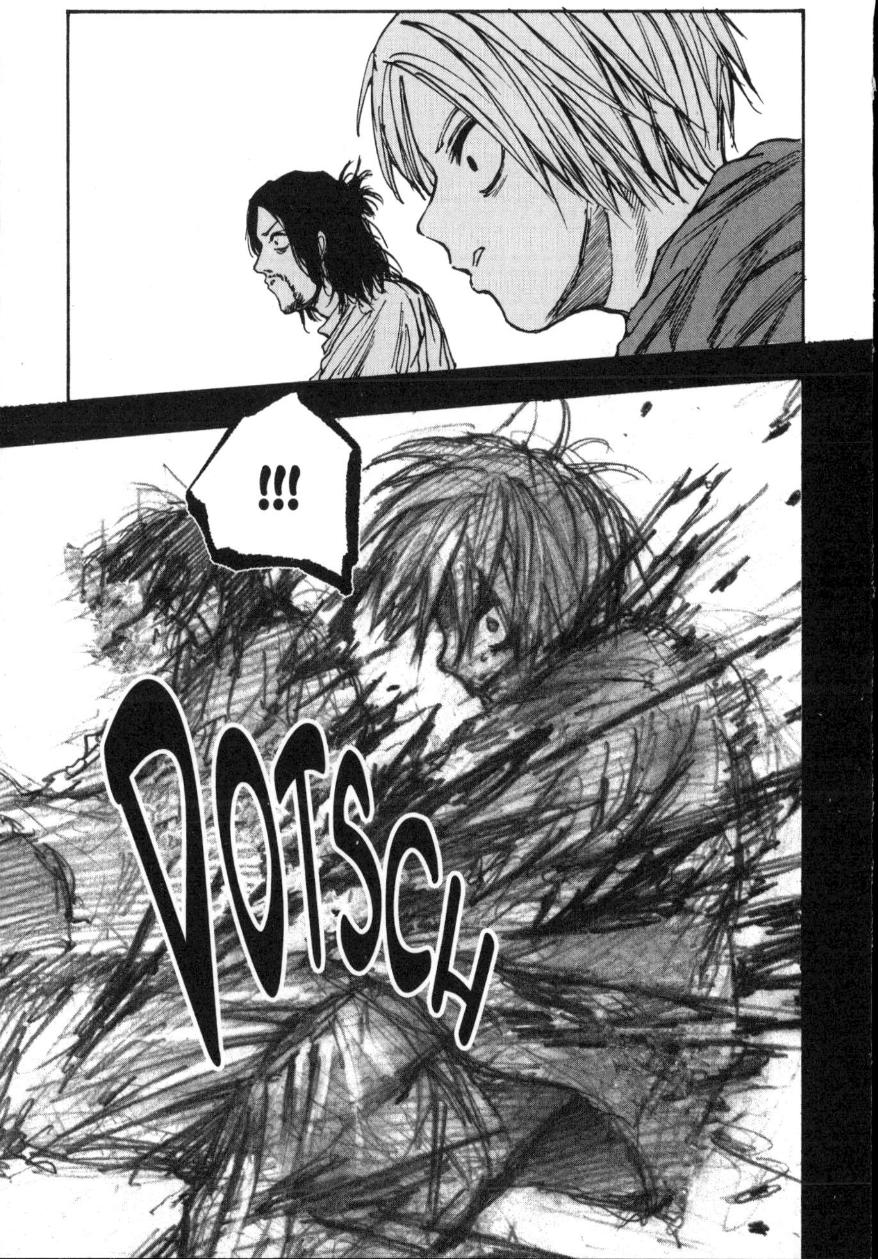
!!!
DOTSCH

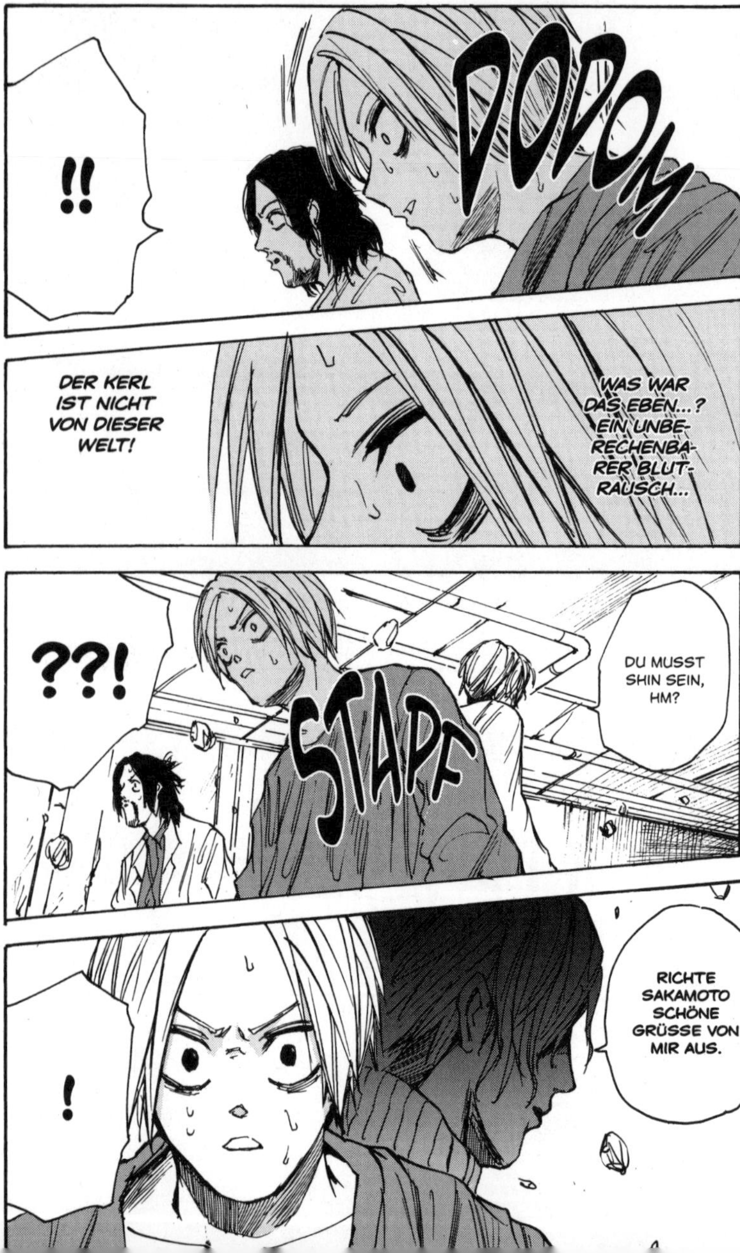
DODOM
!!
WAS WAR DAS EBEN...? EIN UNBERECHENBARER BLUTRAUSCH...
DER KERL IST NICHT VON DIESER WELT!
DU MUSST SHIN SEIN, HM?
STAPF
??!
RICHTE SAKAMOTO SCHÖNE GRÜSSE VON MIR AUS.
!

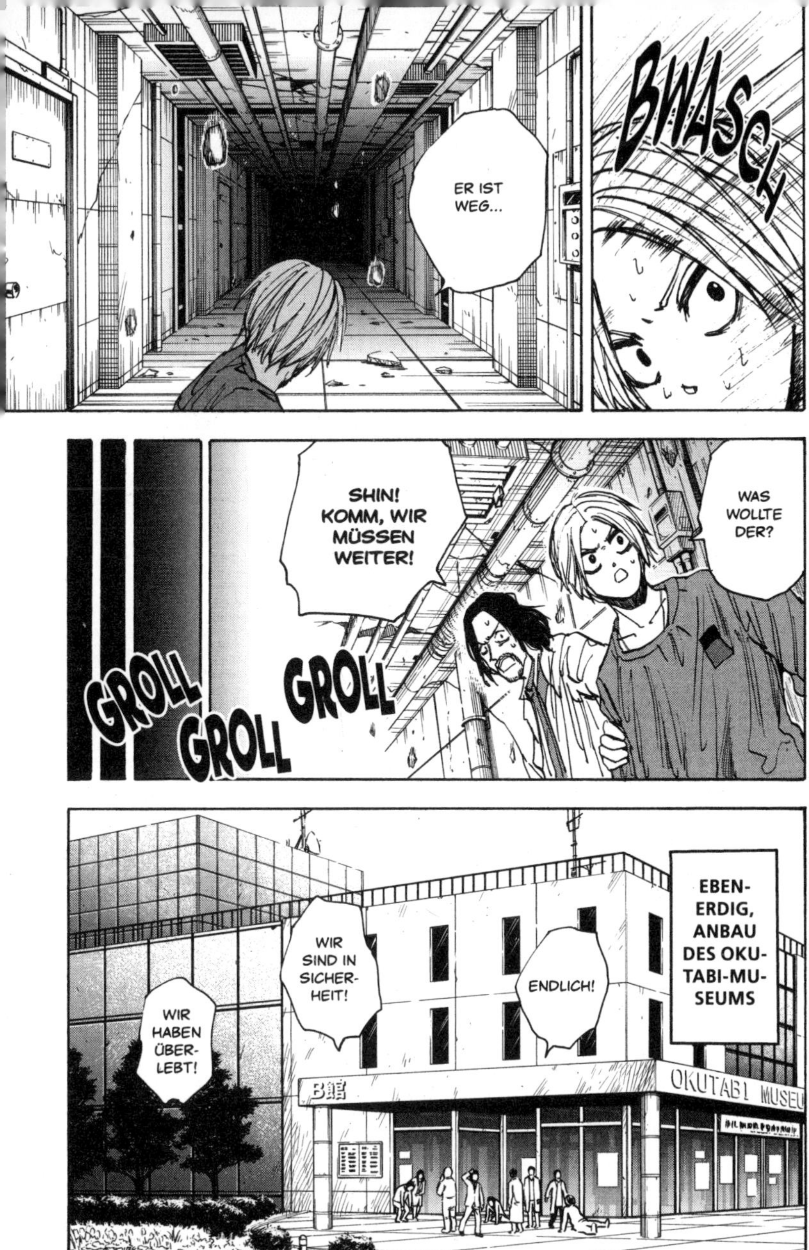
BWASCH
ER IST WEG...
WAS WOLLTE DER?
SHIN! KOMM, WIR MÜSSEN WEITER!
GROLL GROLL GROLL
EBEN-ERDIG, ANBAU DES OKU-TABI-MU-SEUMS
ENDLICH!
WIR SIND IN SICHER-HEIT!
WIR HABEN ÜBER-LEBT!
OKUTABI MUSEU

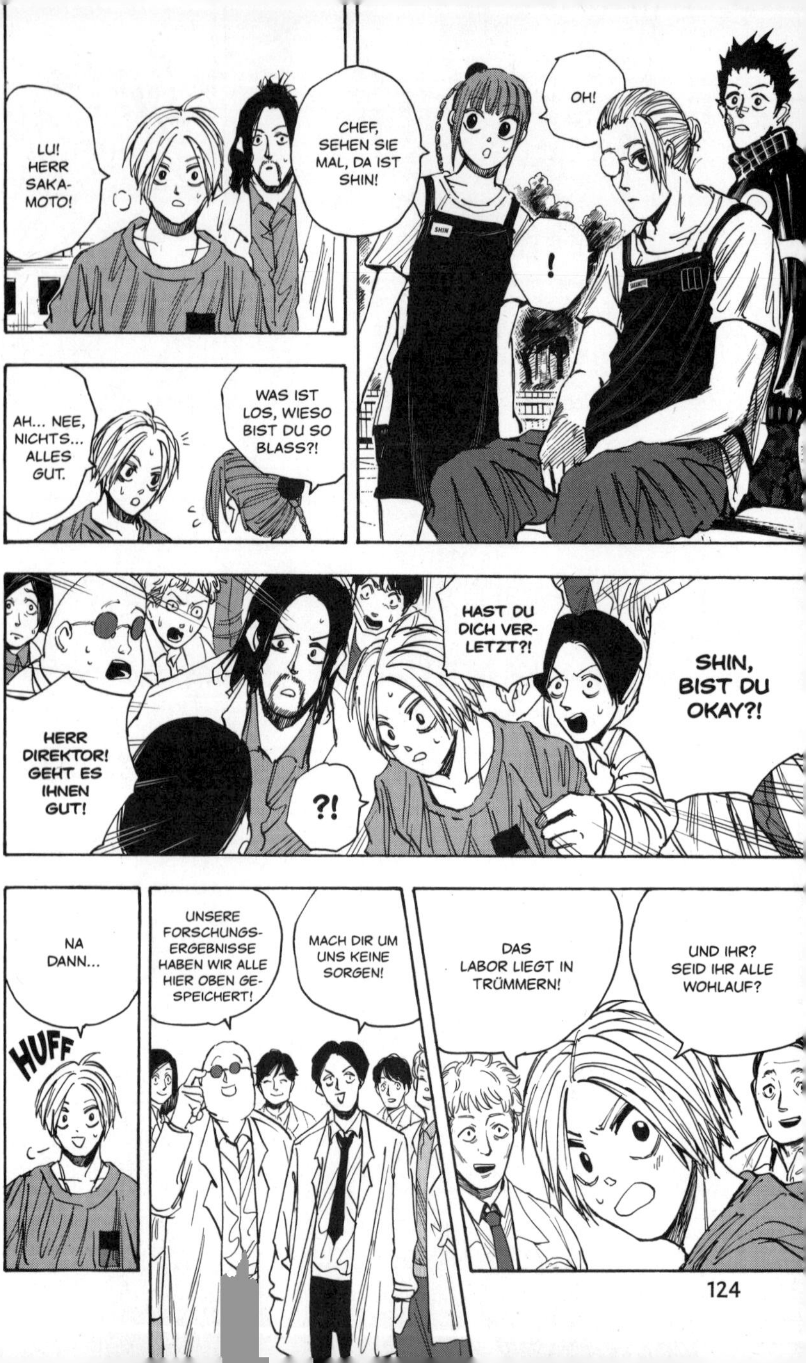
OH!
!
CHEF, SEHEN SIE MAL, DA IST SHIN!
LU! HERR SAKAMOTO!
WAS IST LOS, WIESO BIST DU SO BLASS?!
AH... NEE, NICHTS... ALLES GUT.
SHIN, BIST DU OKAY?!
HAST DU DICH VERLETZT?!
?!
HERR DIREKTOR! GEHT ES IHNEN GUT!
UND IHR? SEID IHR ALLE WOHLAUF?
DAS LABOR LIEGT IN TRÜMMERN!
MACH DIR UM UNS KEINE SORGEN!
UNSERE FORSCHUNGSERGEBNISSE HABEN WIR ALLE HIER OBEN GESPEICHERT!
NA DANN...
HUFF

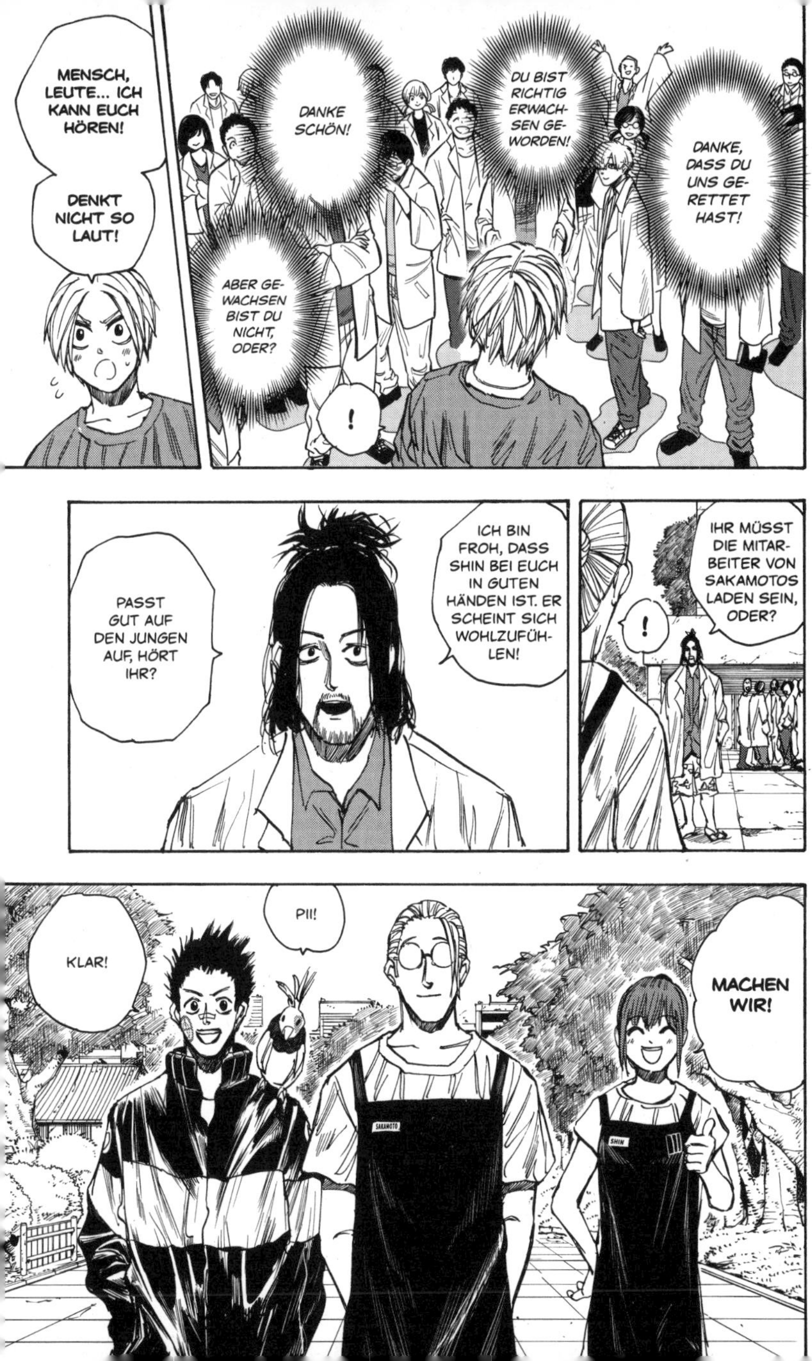
DANKE, DASS DU UNS GERETTET HAST!
DU BIST RICHTIG ERWACHSEN GEWORDEN!
DANKE SCHÖN!
ABER GEWACHSEN BIST DU NICHT, ODER?
!
MENSCH, LEUTE... ICH KANN EUCH HÖREN!
DENKT NICHT SO LAUT!
!
IHR MÜSST DIE MITARBEITER VON SAKAMOTOS LADEN SEIN, ODER?
ICH BIN FROH, DASS SHIN BEI EUCH IN GUTEN HÄNDEN IST. ER SCHEINT SICH WOHLZUFÜHLEN!
PASST GUT AUF DEN JUNGEN AUF, HÖRT IHR?
MACHEN WIR!
PII!
SAKAMOTO
SHIN
KLAR!

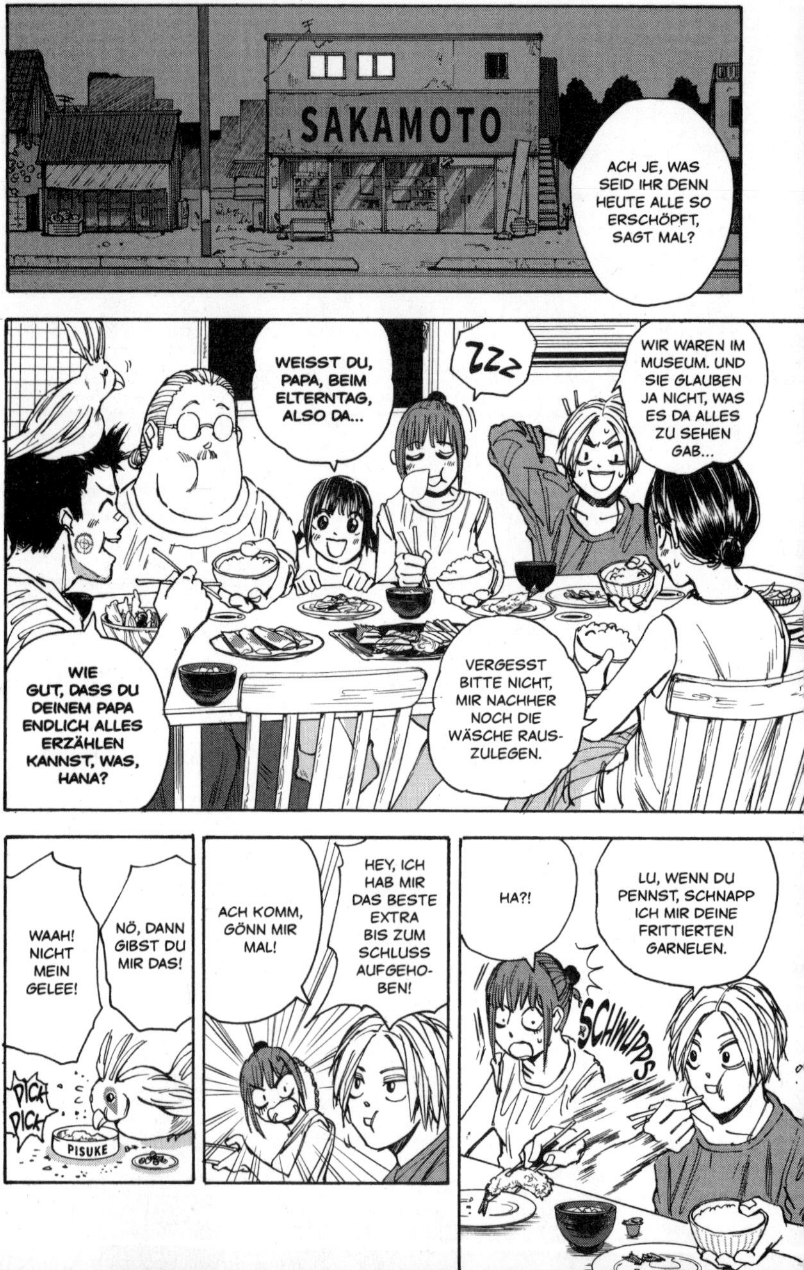
SAKAMOTO
ACH JE, WAS SEID IHR DENN HEUTE ALLE SO ERSCHÖPFT, SAGT MAL?
WIR WAREN IM MUSEUM. UND SIE GLAUBEN JA NICHT, WAS ES DA ALLES ZU SEHEN GAB...
ZZZ
WEISST DU, PAPA, BEIM ELTERNTAG, ALSO DA...
VERGESST BITTE NICHT, MIR NACHHER NOCH DIE WÄSCHE RAUS-ZULEGEN.
WIE GUT, DASS DU DEINEM PAPA ENDLICH ALLES ERZÄHLEN KANNST, WAS, HANA?
LU, WENN DU PENNST, SCHNAPP ICH MIR DEINE FRITTIERTEN GARNELEN.
HA?!
SCHWUPPS
HEY, ICH HAB MIR DAS BESTE EXTRA BIS ZUM SCHLUSS AUFGEHO-BEN!
ACH KOMM, GÖNN MIR MAL!
NÖ, DANN GIBST DU MIR DAS!
WAAH! NICHT MEIN GELEE!
PICK PICK
PISUKE

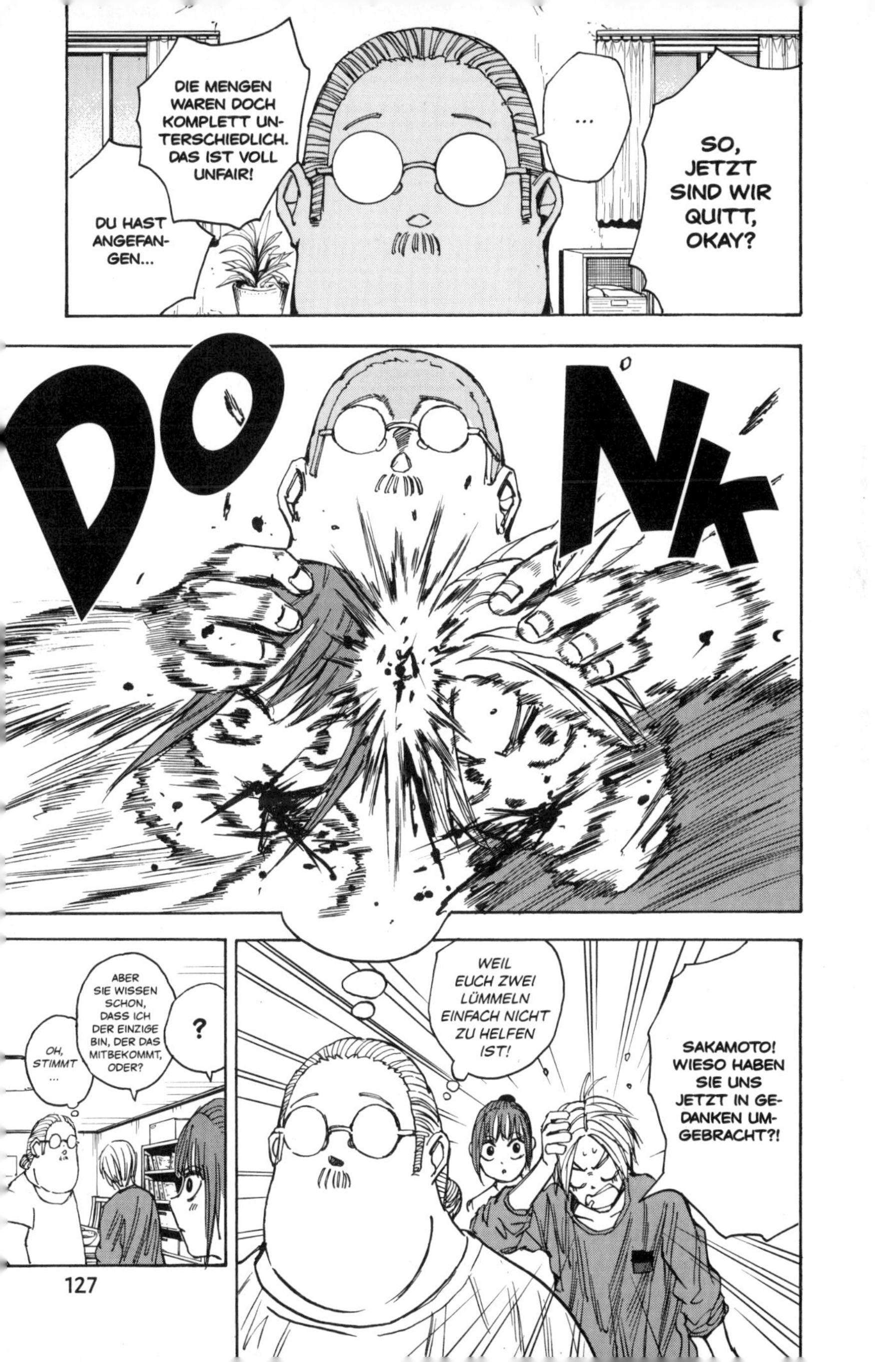

SO, JETZT SIND WIR QUITT, OKAY?
...
DIE MENGEN WAREN DOCH KOMPLETT UNTERSCHIEDLICH. DAS IST VOLL UNFAIR!
DU HAST ANGEFANGEN...
DONK
SAKAMOTO! WIESO HABEN SIE UNS JETZT IN GEDANKEN UMGEBRACHT?!
WEIL EUCH ZWEI LÜMMELN EINFACH NICHT ZU HELFEN IST!
?
ABER SIE WISSEN SCHON, DASS ICH DER EINZIGE BIN, DER DAS MITBEKOMMT, ODER?
OH, STIMMT ...

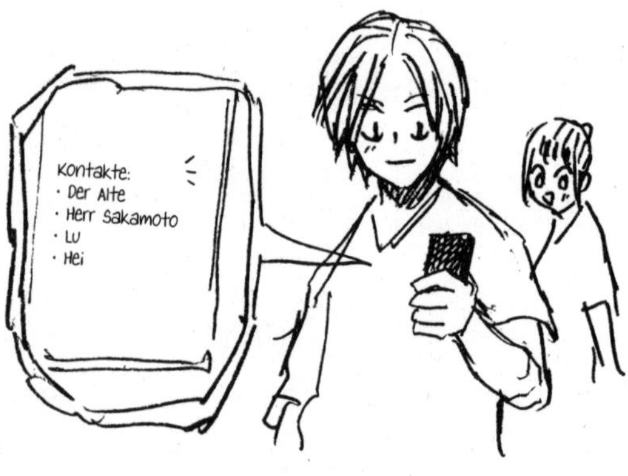
Kontakte:
· Der Alte
· Herr Sakamoto
· Lu
· Hei

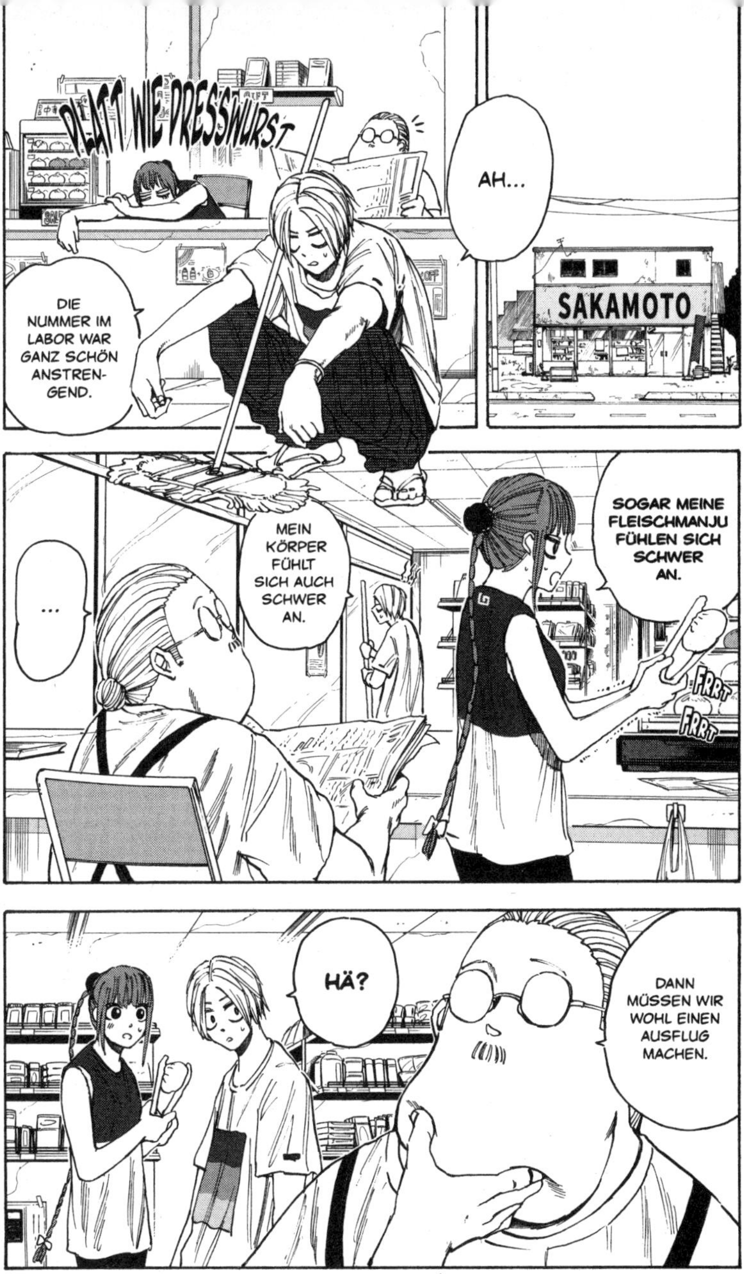

DAYS 32 In Badehausstimmung

DAYS 32 In Badehausstimmung

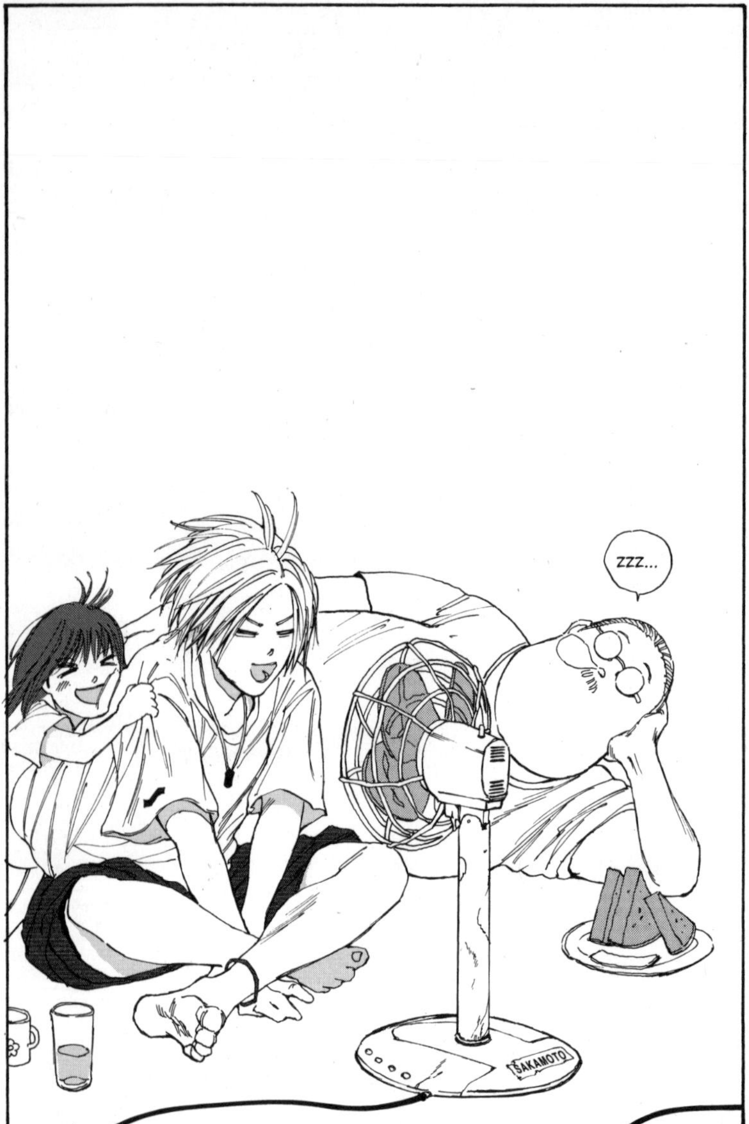

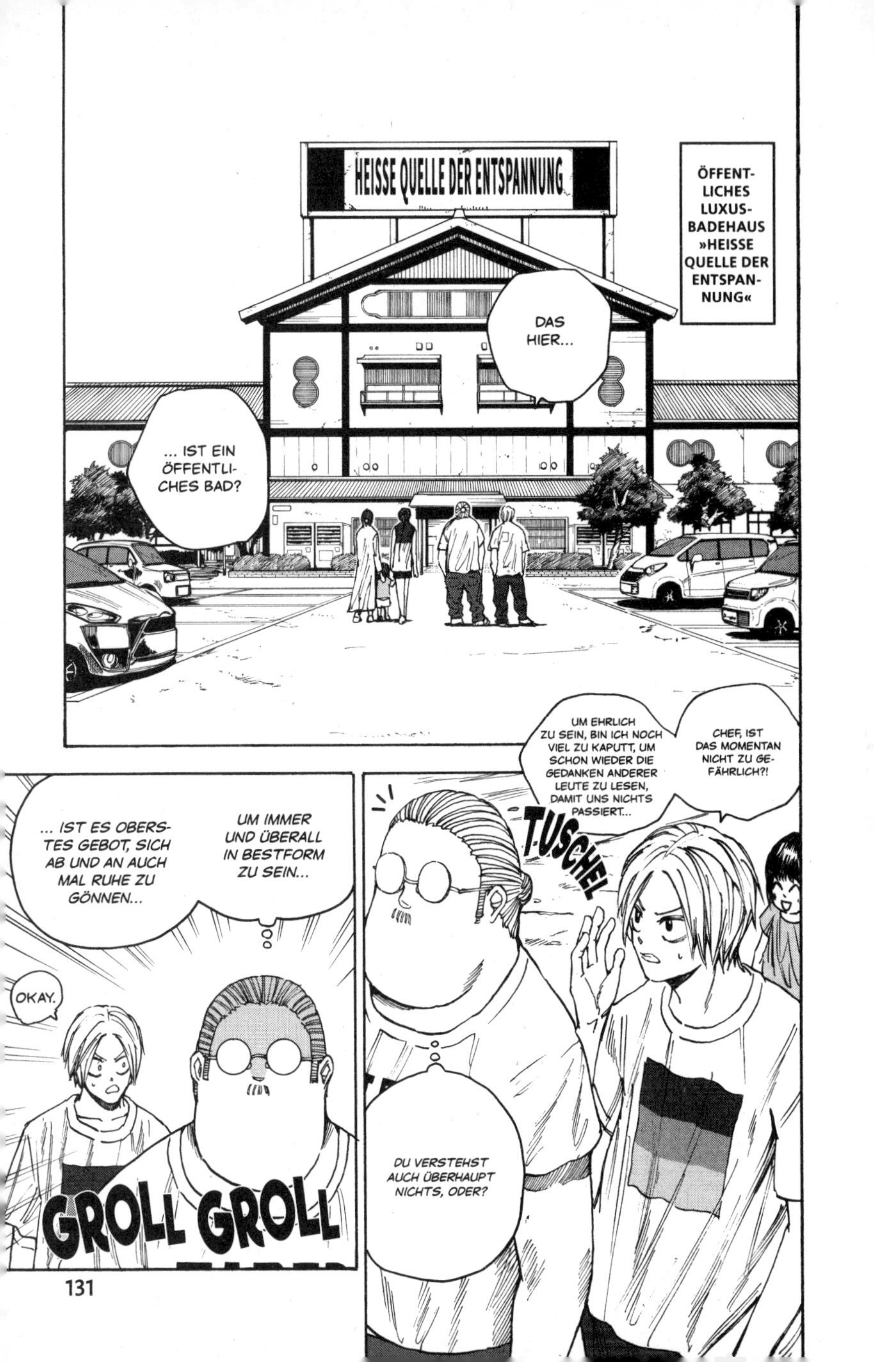
HEISSE QUELLE DER ENTSPANNUNG
ÖFFENTLICHES LUXUSBADEHAUS »HEISSE QUELLE DER ENTSPANNUNG«
DAS HIER...
... IST EIN ÖFFENTLICHES BAD?
CHEF, IST DAS MOMENTAN NICHT ZU GEFÄHRLICH?!
UM EHRLICH ZU SEIN, BIN ICH NOCH VIEL ZU KAPUTT, UM SCHON WIEDER DIE GEDANKEN ANDERER LEUTE ZU LESEN, DAMIT UNS NICHTS PASSIERT...
T-USCHEL
DU VERSTEHST AUCH ÜBERHAUPT NICHTS, ODER?
UM IMMER UND ÜBERALL IN BESTFORM ZU SEIN...
... IST ES OBERSTES GEBOT, SICH AB UND AN AUCH MAL RUHE ZU GÖNNEN...
OKAY.
GROLL GROLL

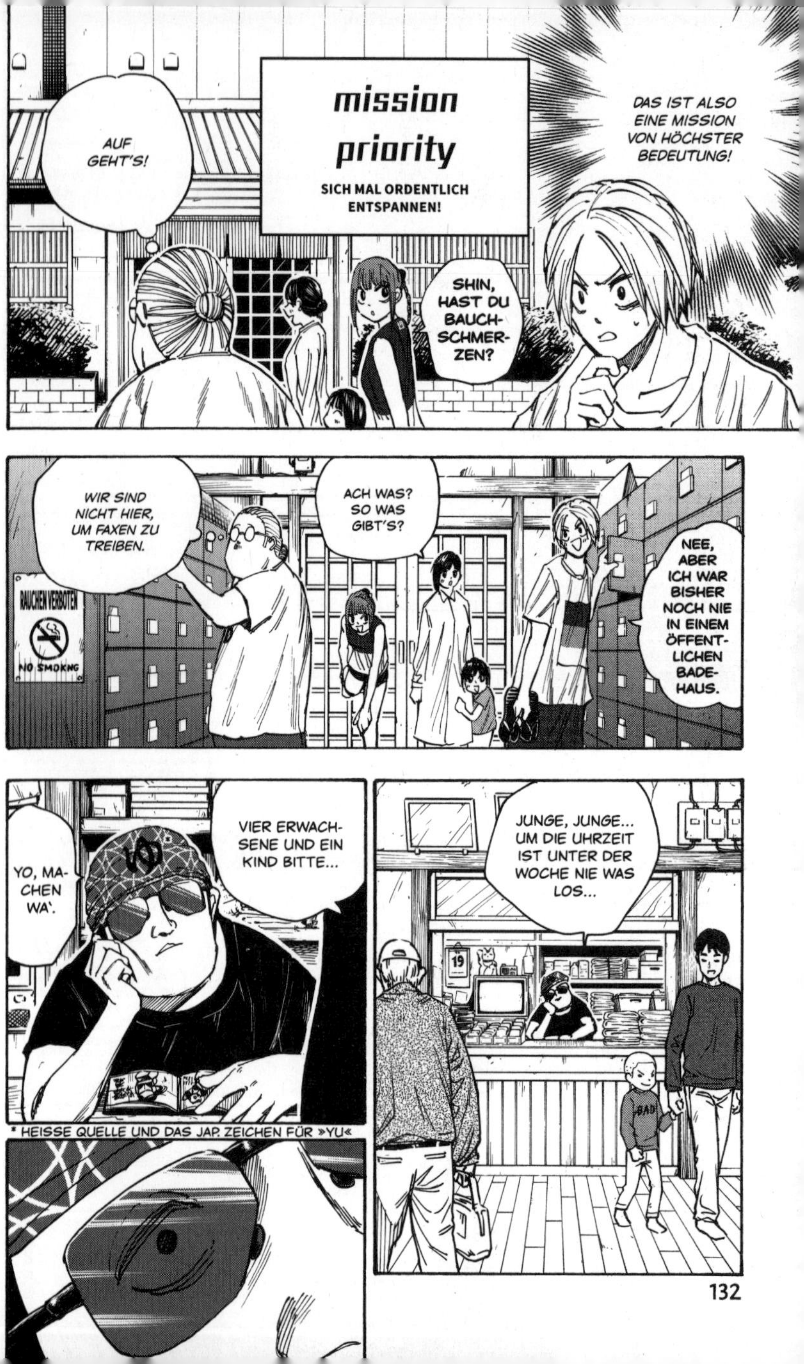

* HEISSE QUELLE UND DAS JAP. ZEICHEN FÜR »YU«

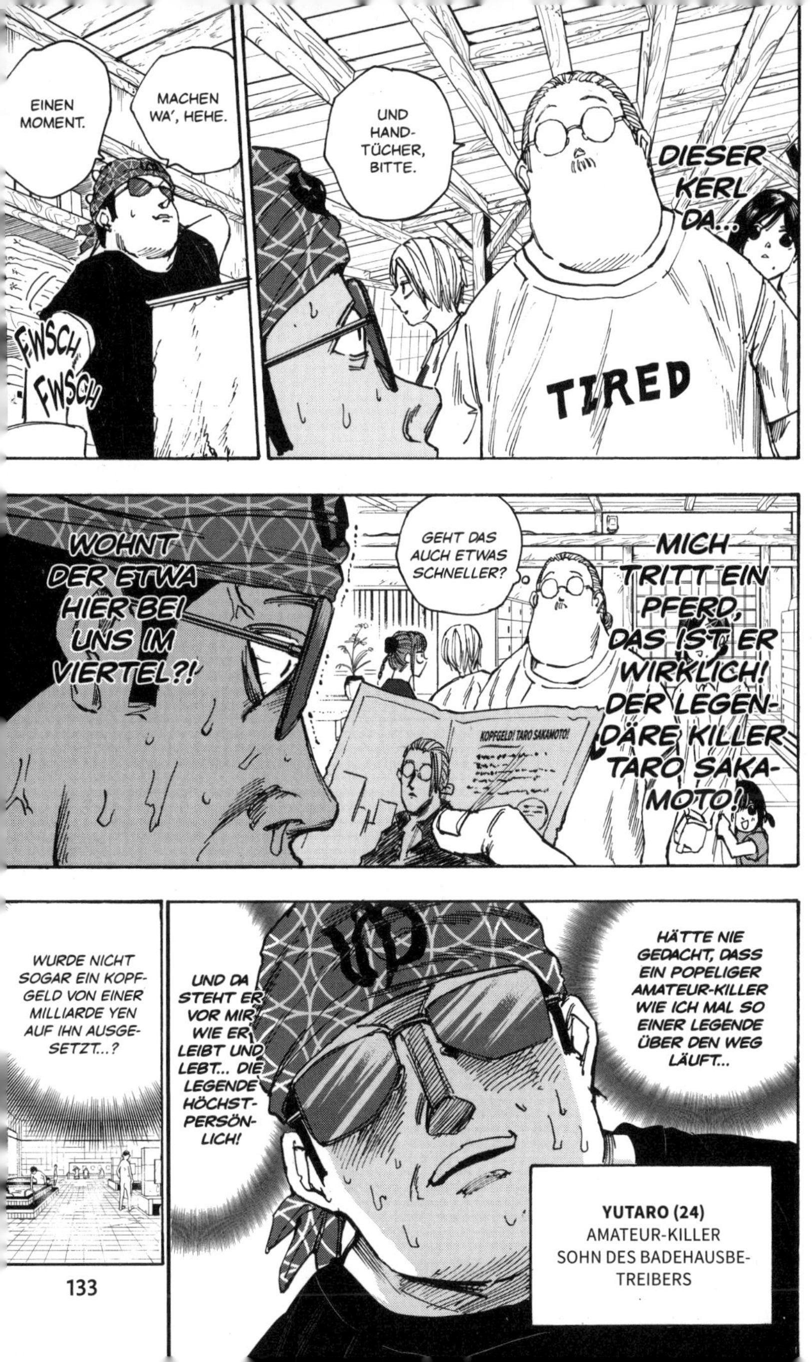
DIESER KERL DA…
UND HAND-TÜCHER, BITTE.
MACHEN WA', HEHE.
EINEN MOMENT.
FWSCH FWSCH
TIRED
MICH TRITT EIN PFERD, DAS IST ER WIRKLICH! DER LEGEN-DÄRE KILLER TARO SAKA-MOTO!
GEHT DAS AUCH ETWAS SCHNELLER?
KOPFGELD! TARO SAKAMOTO!
WOHNT DER ETWA HIER BEI UNS IM VIERTEL?!
HÄTTE NIE GEDACHT, DASS EIN POPELIGER AMATEUR-KILLER WIE ICH MAL SO EINER LEGENDE ÜBER DEN WEG LÄUFT…
YUTARO (24)
AMATEUR-KILLER
SOHN DES BADEHAUSBE-TREIBERS
UND DA STEHT ER VOR MIR, WIE ER LEIBT UND LEBT… DIE LEGENDE HÖCHST-PERSÖN-LICH!
WURDE NICHT SOGAR EIN KOPF-GELD VON EINER MILLIARDE YEN AUF IHN AUSGE-SETZT…?

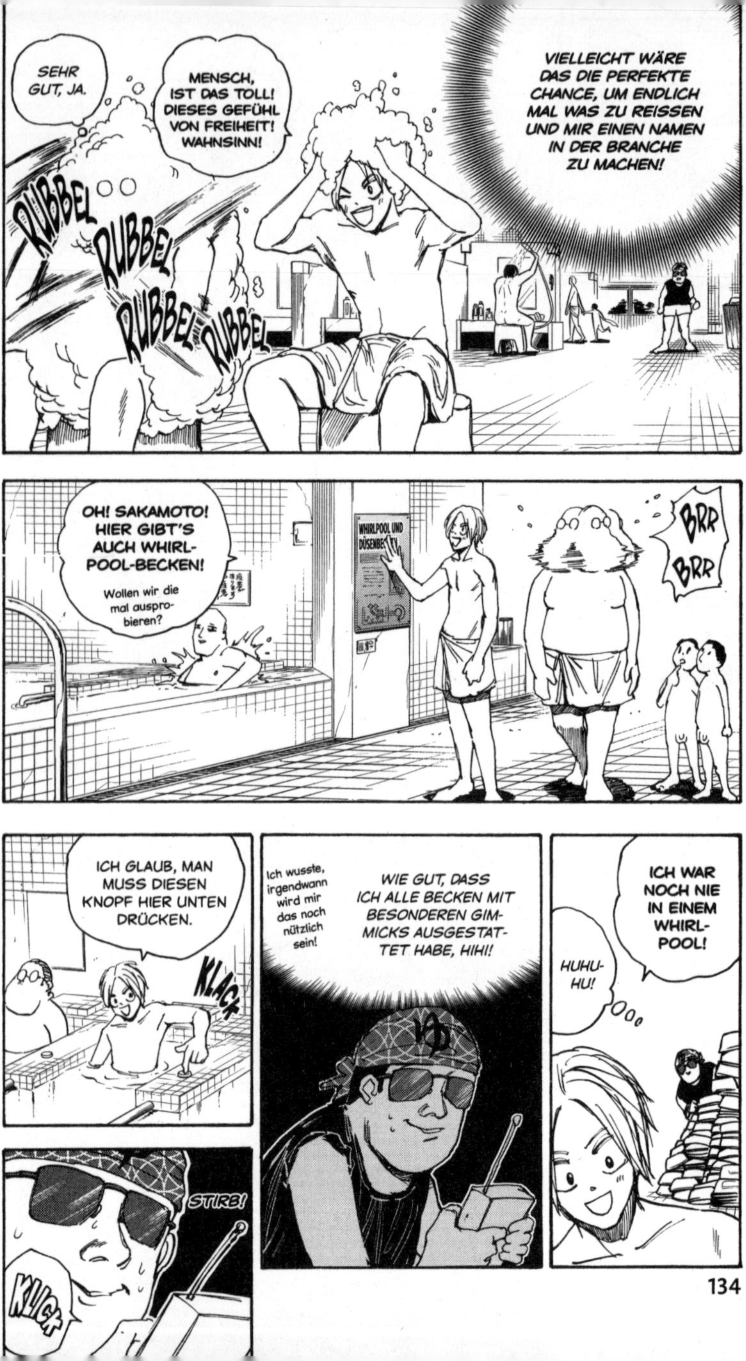
VIELLEICHT WÄRE DAS DIE PERFEKTE CHANCE, UM ENDLICH MAL WAS ZU REISSEN UND MIR EINEN NAMEN IN DER BRANCHE ZU MACHEN!
MENSCH, IST DAS TOLL! DIESES GEFÜHL VON FREIHEIT! WAHNSINN!
SEHR GUT, JA.
RUBBEL RUBBEL RUBBEL RUBBEL
BRR BRR
WHIRLPOOL UND DÜSENBE
OH! SAKAMOTO! HIER GIBT'S AUCH WHIRL-POOL-BECKEN!
Wollen wir die mal auspro-bieren?
ICH WAR NOCH NIE IN EINEM WHIRL-POOL!
HUHU-HU!
WIE GUT, DASS ICH ALLE BECKEN MIT BESONDEREN GIM-MICKS AUSGESTAT-TET HABE, HIHI!
Ich wusste, irgendwann wird mir das noch nützlich sein!
ICH GLAUB, MAN MUSS DIESEN KNOPF HIER UNTEN DRÜCKEN.
KLACK
STIRB!
KLICK

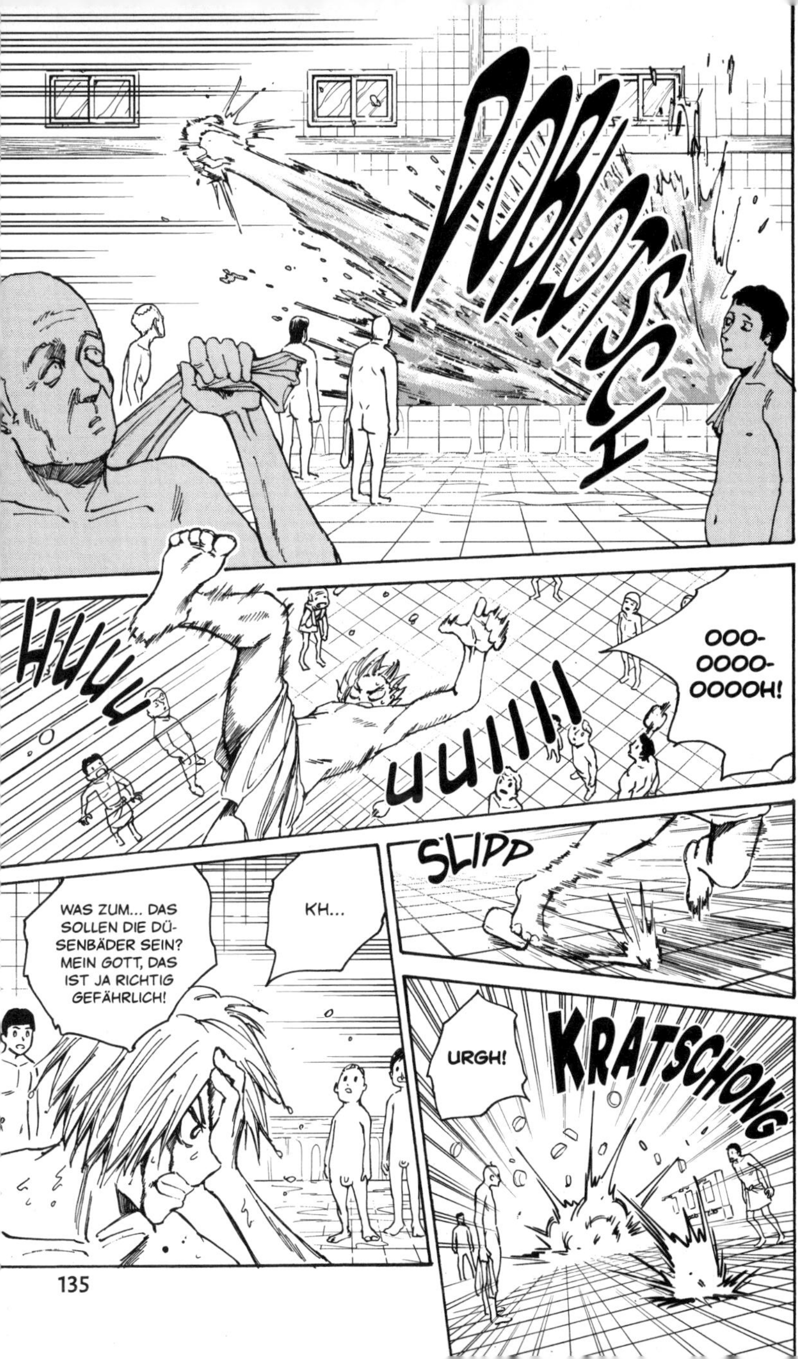

DOBOTSCH
OOO-OOOO-OOOOH!
HUUU
UUIIIII
SLIPP
URGH!
KRATSCHONG
KH...
WAS ZUM... DAS SOLLEN DIE DÜSENBÄDER SEIN? MEIN GOTT, DAS IST JA RICHTIG GEFÄHRLICH!

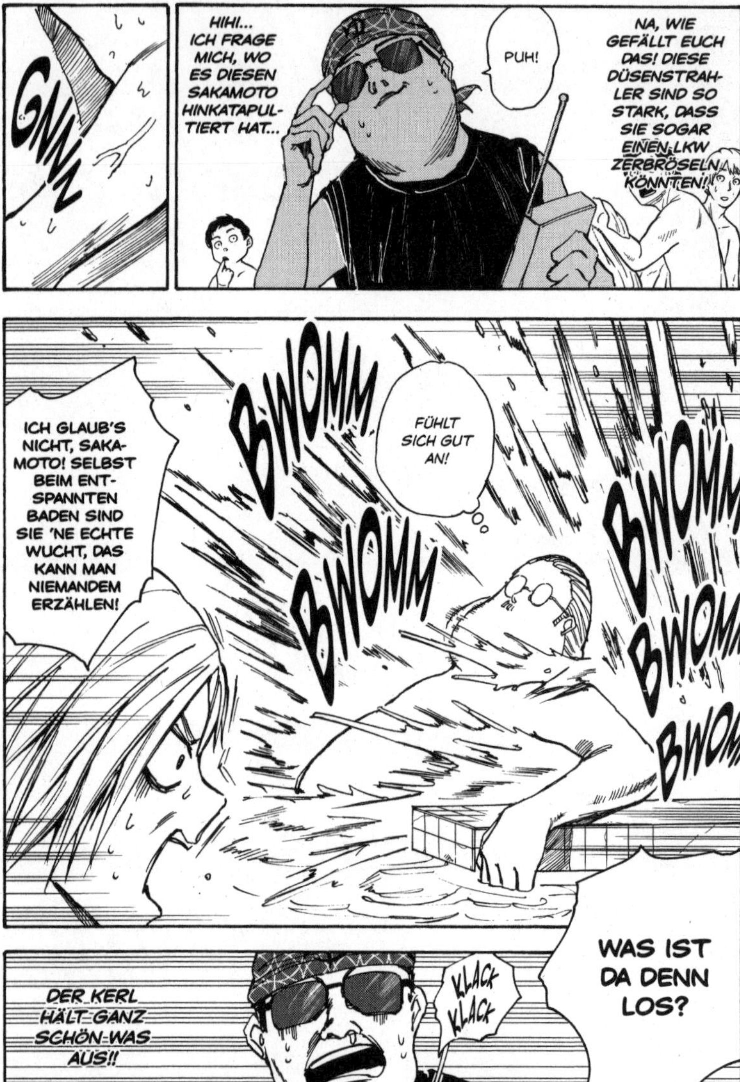
NA, WIE GEFÄLLT EUCH DAS! DIESE DÜSENSTRAHLER SIND SO STARK, DASS SIE SOGAR EINEN LKW ZERBRÖSELN KÖNNTEN!
PUH!
HIHI... ICH FRAGE MICH, WO ES DIESEN SAKAMOTO HINKATAPULTIERT HAT...
GNNN
BWOMM
BWOMM
BWOMM
BWOMM
BWOMM
FÜHLT SICH GUT AN!
ICH GLAUB'S NICHT, SAKAMOTO! SELBST BEIM ENTSPANNTEN BADEN SIND SIE 'NE ECHTE WUCHT, DAS KANN MAN NIEMANDEM ERZÄHLEN!
WAS IST DA DENN LOS?
KLACK KLACK
DER KERL HÄLT GANZ SCHÖN WAS AUS!!

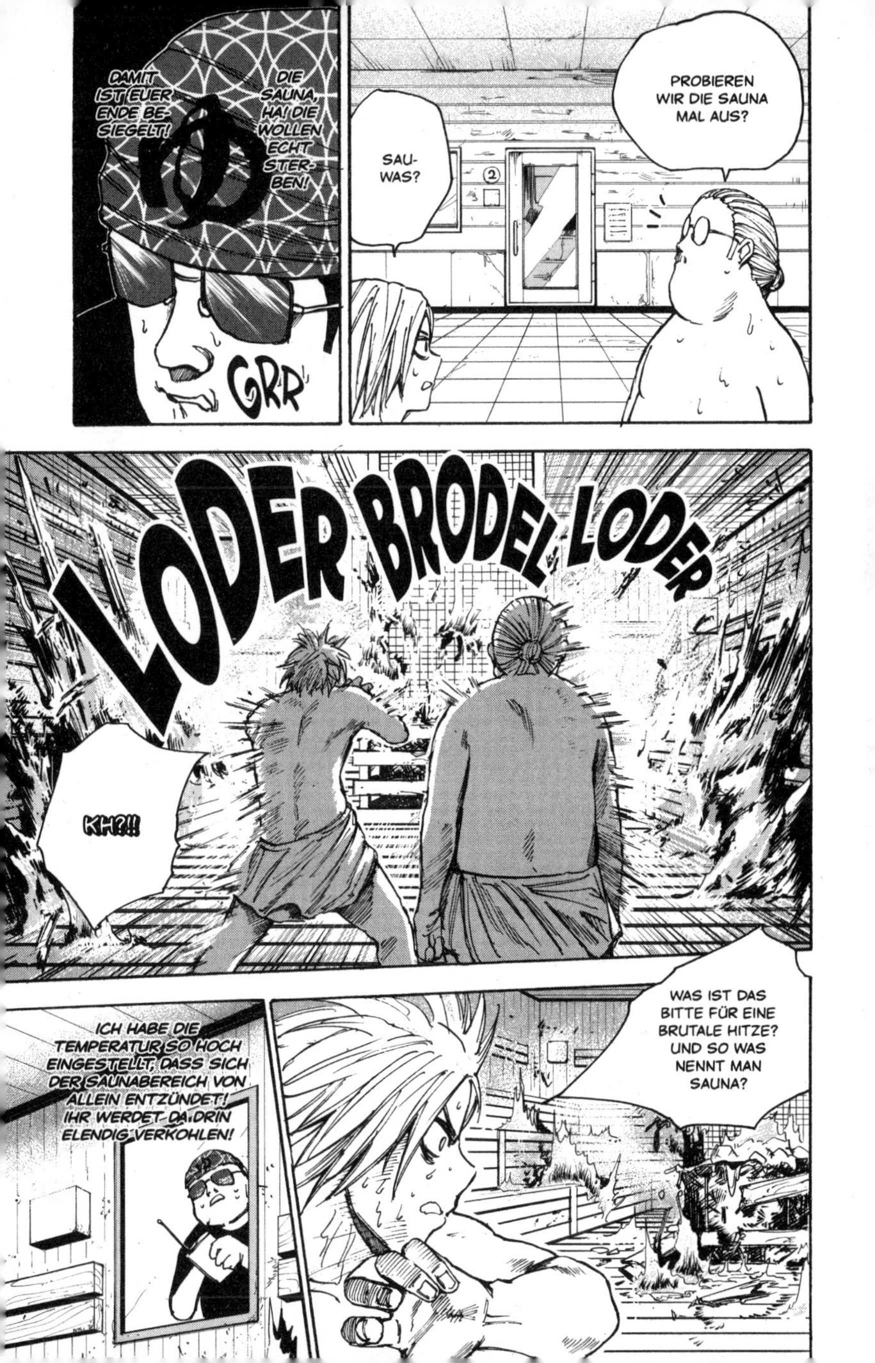

PROBIEREN WIR DIE SAUNA MAL AUS?
SAU-WAS?
DIE SAUNA, HA! DIE WOLLEN ECHT STER-BEN!
DAMIT IST EUER ENDE BE-SIEGELT!
GRR
LODER BRODEL LODER
KH?!!
WAS IST DAS BITTE FÜR EINE BRUTALE HITZE? UND SO WAS NENNT MAN SAUNA?
ICH HABE DIE TEMPERATUR SO HOCH EINGESTELLT, DASS SICH DER SAUNABEREICH VON ALLEIN ENTZÜNDET! IHR WERDET DA DRIN ELENDIG VERKOHLEN!

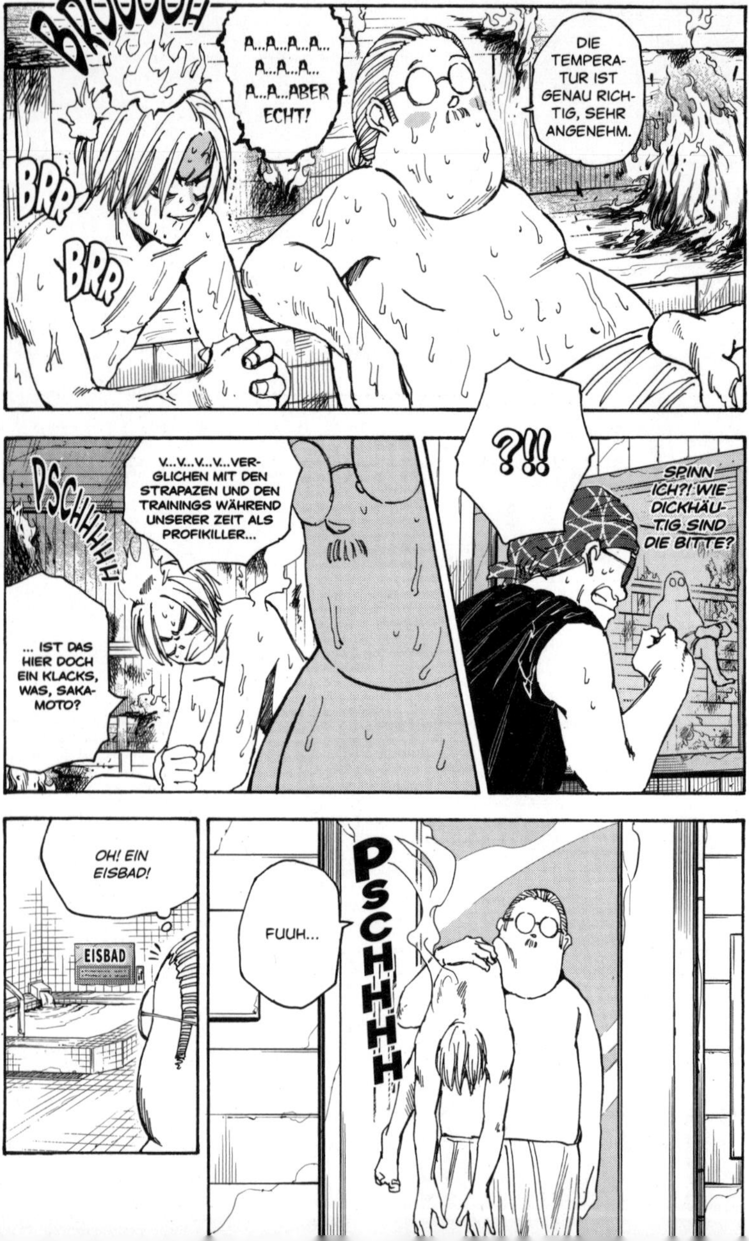
DIE TEMPERATUR IST GENAU RICHTIG, SEHR ANGENEHM.
A..A..A..A.. A..A..A.. A..A..ABER ECHT!
BROOOOH
BRR
BRR
?!!
SPINN ICH?! WIE DICKHÄUTIG SIND DIE BITTE?
V...V...V...V...VERGLICHEN MIT DEN STRAPAZEN UND DEN TRAININGS WÄHREND UNSERER ZEIT ALS PROFIKILLER...
... IST DAS HIER DOCH EIN KLACKS, WAS, SAKAMOTO?
PSCHHHHH
FUUH...
PSCHHHH
OH! EIN EISBAD!
EISBAD

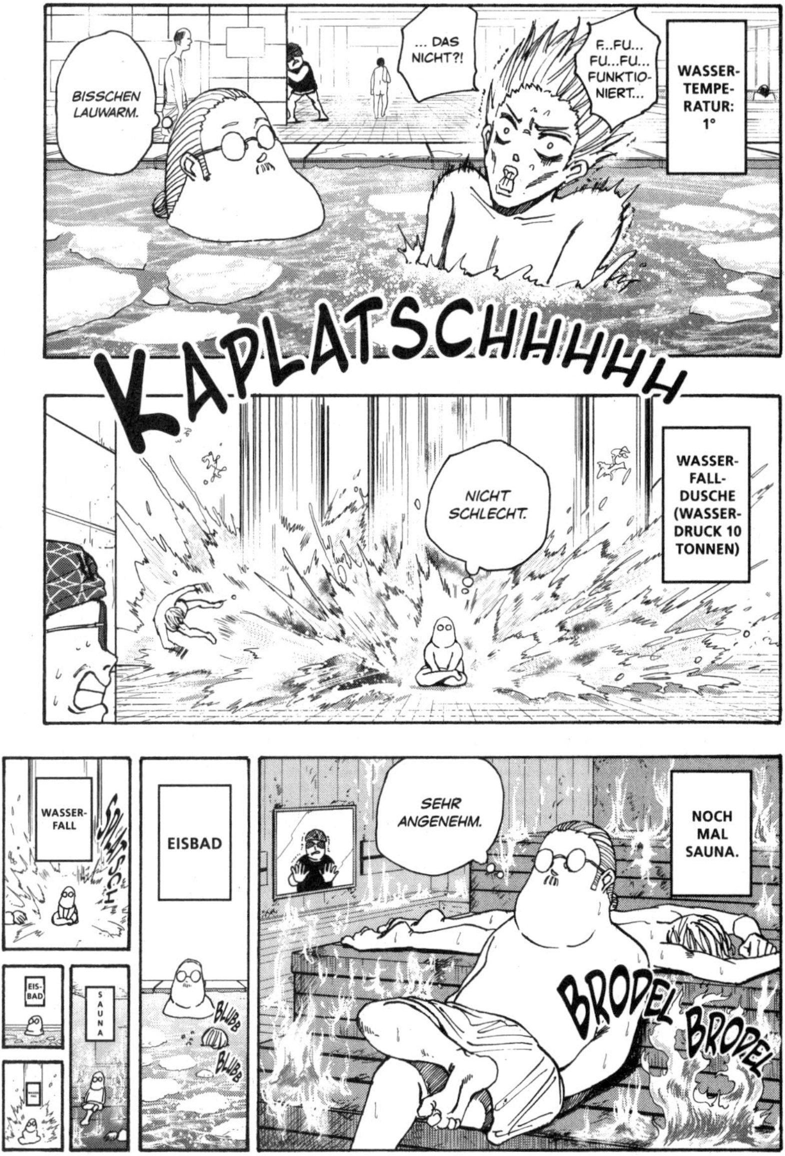
WASSER-TEMPE-RATUR: 1°
F...FU... FU...FU... FUNKTIO-NIERT...
... DAS NICHT?!
BISSCHEN LAUWARM.
KAPLATSCHHHHHH
WASSER-FALL-DUSCHE (WASSER-DRUCK 10 TONNEN)
NICHT SCHLECHT.
NOCH MAL SAUNA.
SEHR ANGENEHM.
BRODEL BRODEL
EISBAD
BLUBB
BLUBB
WASSER-FALL
EIS-BAD
SAUNA

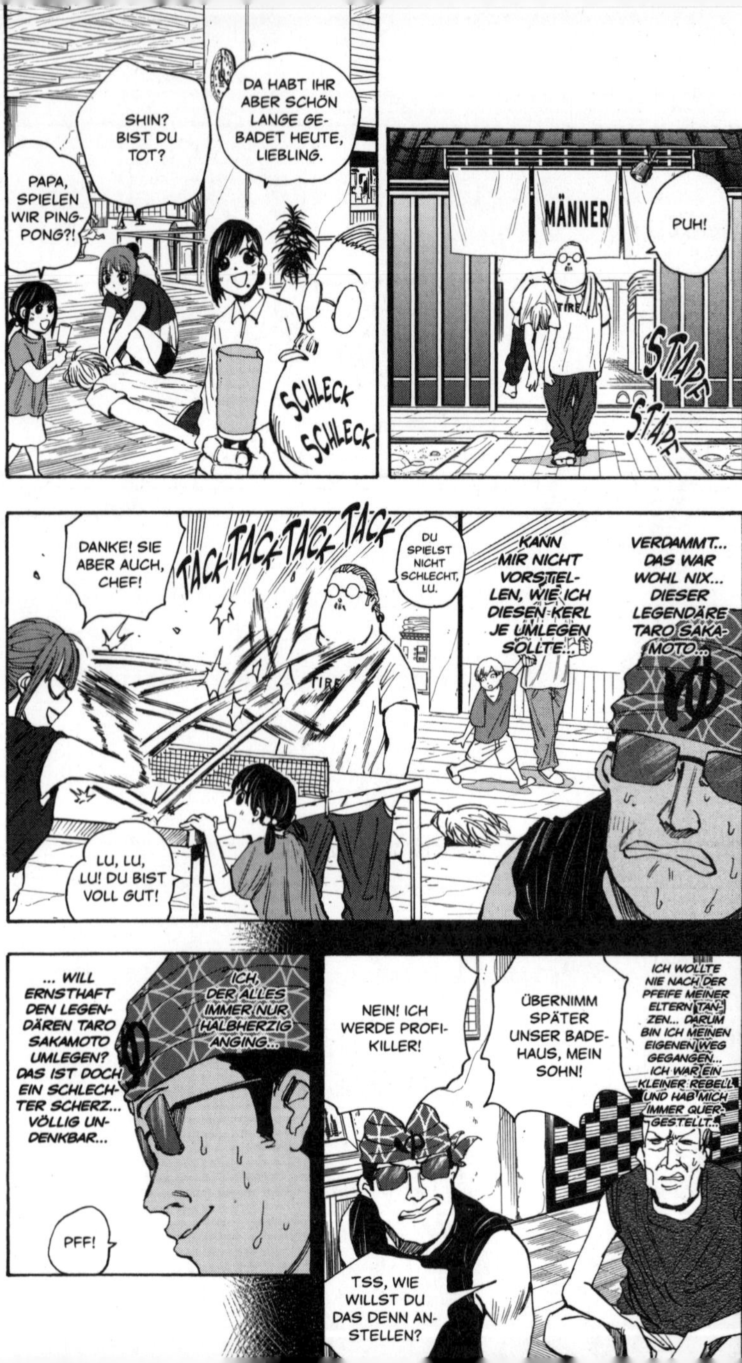
PUH!
MÄNNER
STAPF STAPF
DA HABT IHR ABER SCHÖN LANGE GEBADET HEUTE, LIEBLING.
SHIN? BIST DU TOT?
PAPA, SPIELEN WIR PING-PONG?!
SCHLECK SCHLECK
VERDAMMT... DAS WAR WOHL NIX... DIESER LEGENDÄRE TARO SAKAMOTO...
KANN MIR NICHT VORSTELLEN, WIE ICH DIESEN KERL JE UMLEGEN SOLLTE...
DU SPIELST NICHT SCHLECHT, LU.
TACK TACK TACK TACK
DANKE! SIE ABER AUCH, CHEF!
LU, LU, LU! DU BIST VOLL GUT!
ICH WOLLTE NIE NACH DER PFEIFE MEINER ELTERN TANZEN... DARUM BIN ICH MEINEN EIGENEN WEG GEGANGEN... ICH WAR EIN KLEINER REBELL UND HAB MICH IMMER QUERGESTELLT...
ÜBERNIMM SPÄTER UNSER BADEHAUS, MEIN SOHN!
NEIN! ICH WERDE PROFIKILLER!
TSS, WIE WILLST DU DAS DENN ANSTELLEN?
ICH, DER ALLES IMMER NUR HALBHERZIG ANGING...
... WILL ERNSTHAFT DEN LEGENDÄREN TARO SAKAMOTO UMLEGEN? DAS IST DOCH EIN SCHLECHTER SCHERZ... VÖLLIG UNDENKBAR...
PFF!

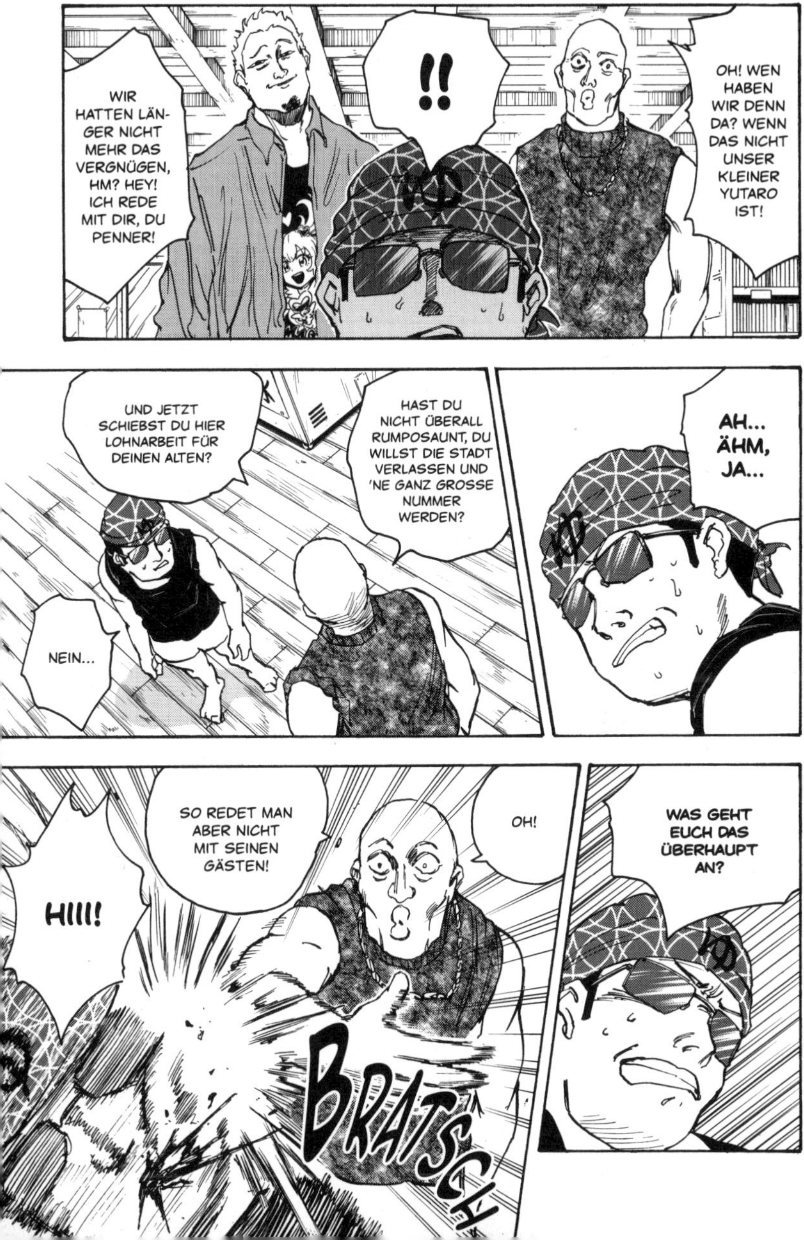
OH! WEN HABEN WIR DENN DA? WENN DAS NICHT UNSER KLEINER YUTARO IST!
!!
WIR HATTEN LÄNGER NICHT MEHR DAS VERGNÜGEN, HM? HEY! ICH REDE MIT DIR, DU PENNER!
AH... ÄHM, JA...
HAST DU NICHT ÜBERALL RUMPOSAUNT, DU WILLST DIE STADT VERLASSEN UND 'NE GANZ GROSSE NUMMER WERDEN?
UND JETZT SCHIEBST DU HIER LOHNARBEIT FÜR DEINEN ALTEN?
NEIN...
WAS GEHT EUCH DAS ÜBERHAUPT AN?
OH!
SO REDET MAN ABER NICHT MIT SEINEN GÄSTEN!
HIIII!
BRATSCH

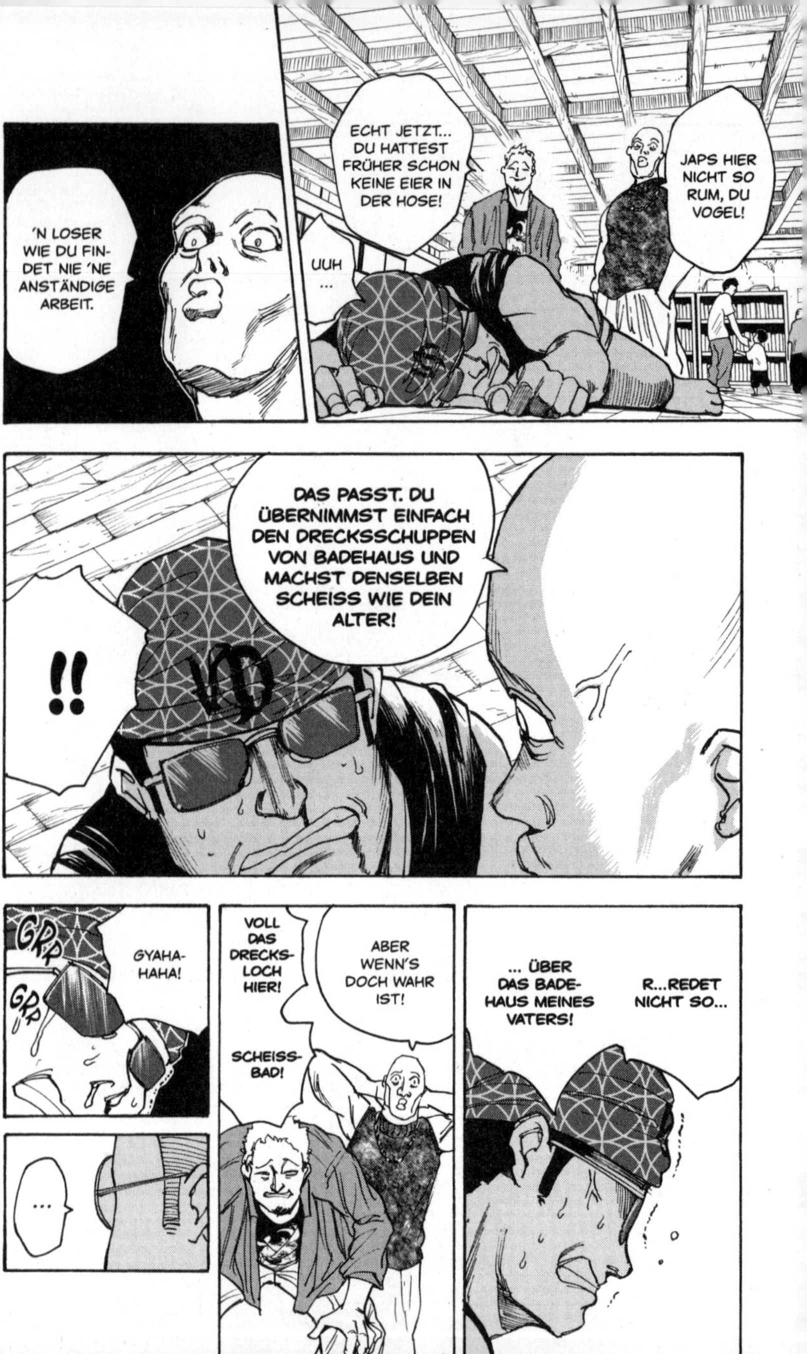
JAPS HIER NICHT SO RUM, DU VOGEL!
ECHT JETZT... DU HATTEST FRÜHER SCHON KEINE EIER IN DER HOSE!
UUH ...
'N LOSER WIE DU FIN-DET NIE 'NE ANSTÄNDIGE ARBEIT.
DAS PASST. DU ÜBERNIMMST EINFACH DEN DRECKSSCHUPPEN VON BADEHAUS UND MACHST DENSELBEN SCHEISS WIE DEIN ALTER!
!!
R...REDET NICHT SO...
... ÜBER DAS BADE-HAUS MEINES VATERS!
ABER WENN'S DOCH WAHR IST!
VOLL DAS DRECKS-LOCH HIER!
SCHEISS-BAD!
GYAHA-HAHA!
GRR
GRR
...

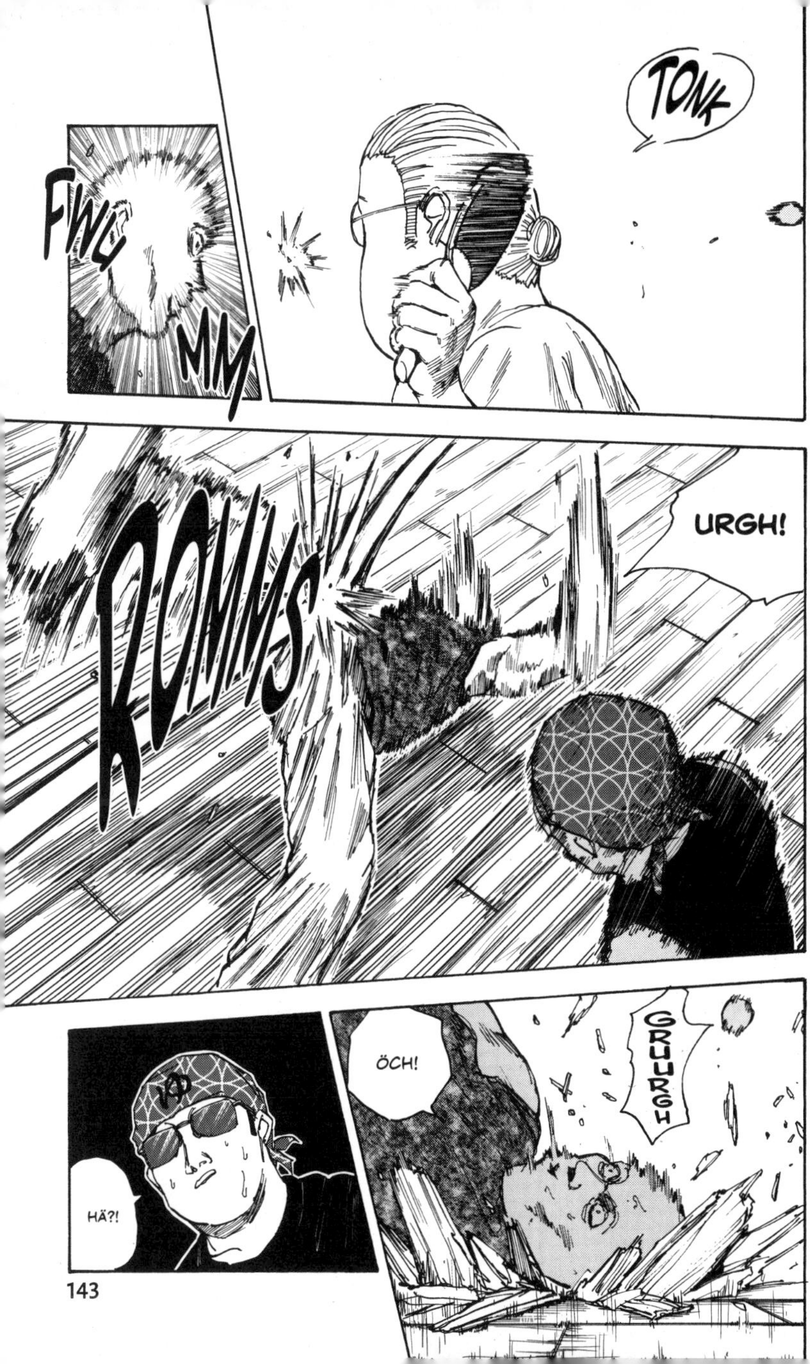
TONK
FWUMM
URGH!
ROMMS
GRUURGH
ÖCH!
HÄ?!

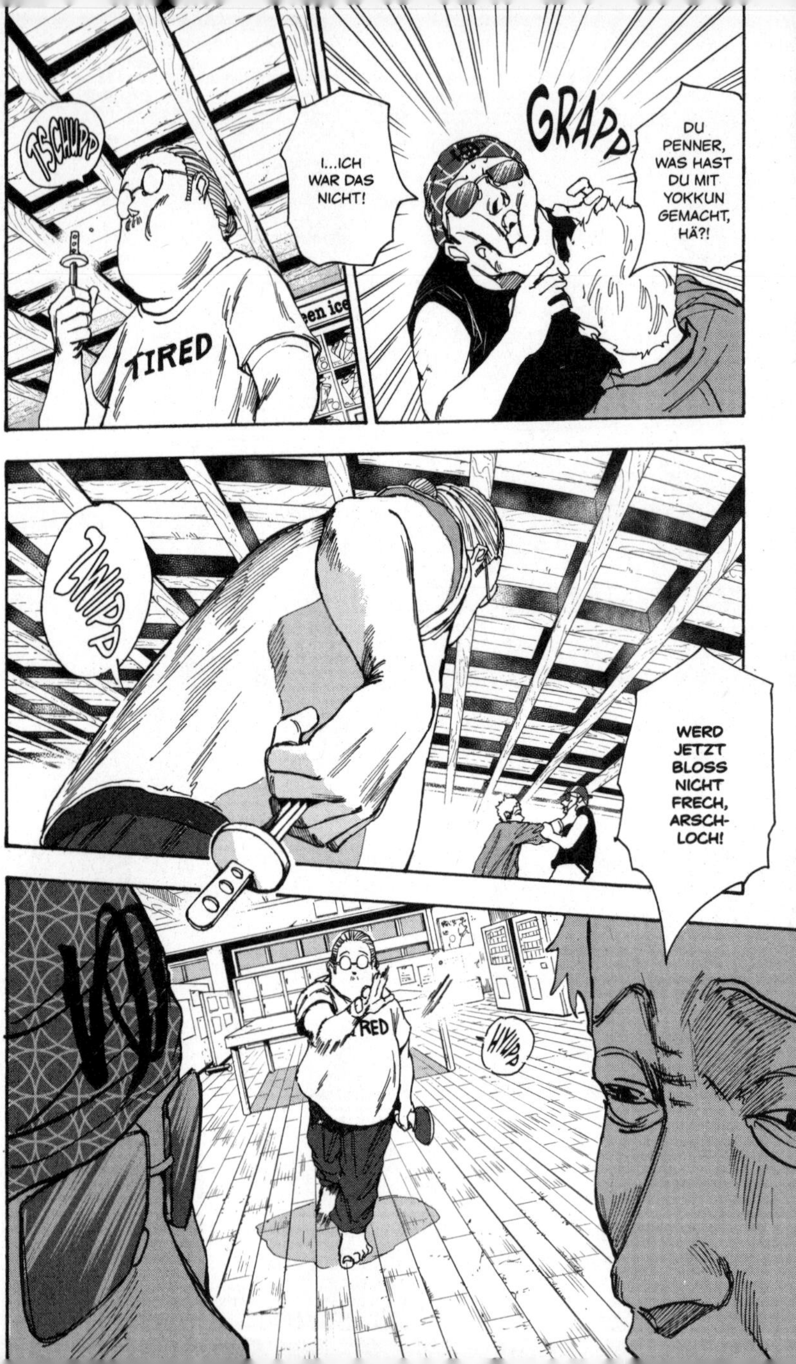
GRAPP
DU PENNER, WAS HAST DU MIT YOKKUN GEMACHT, HÄ?!
I...ICH WAR DAS NICHT!
TSCHUPP
TIRED
WERD JETZT BLOSS NICHT FRECH, ARSCH-LOCH!
ZWIPP
HYUPP
TIRED

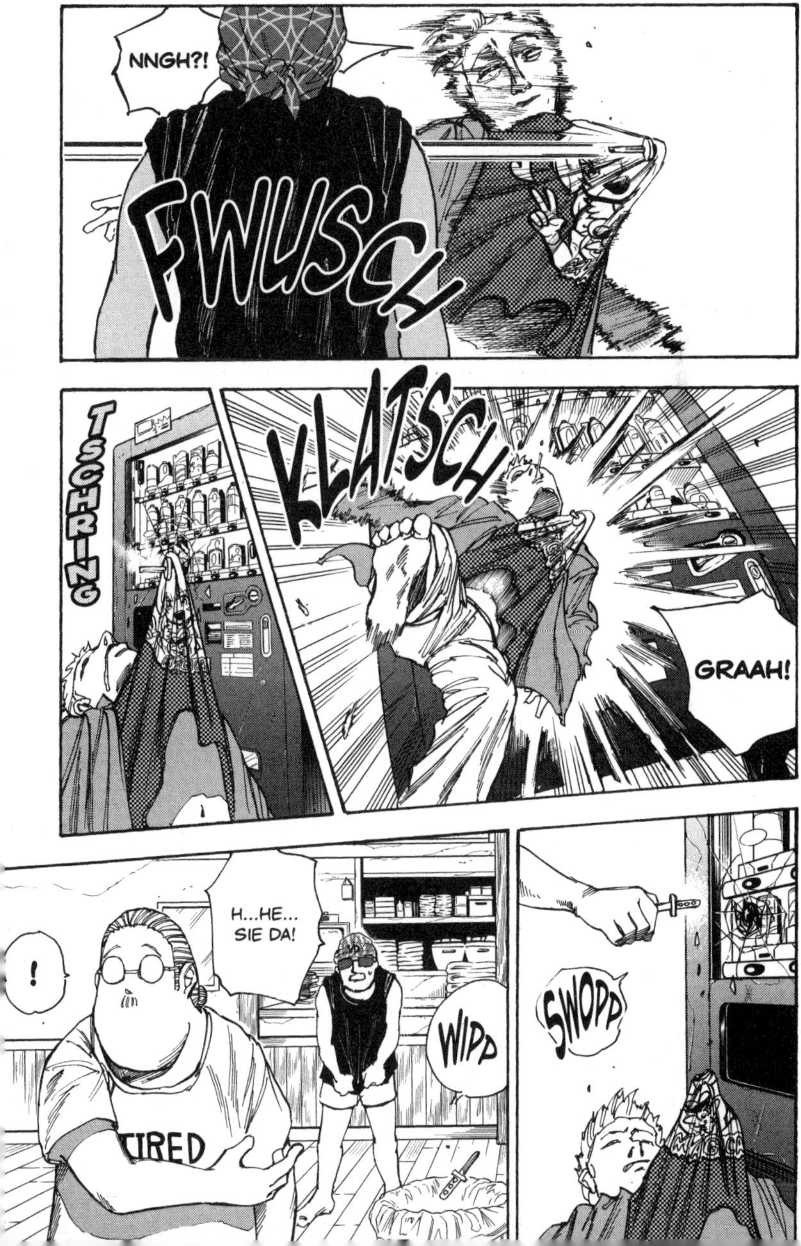
NNGH?!
FWUSCH
GRAAH!
KLATSCH
TSCHRING
SWOPP
WIPP
H...HE... SIE DA!
!
TIRED

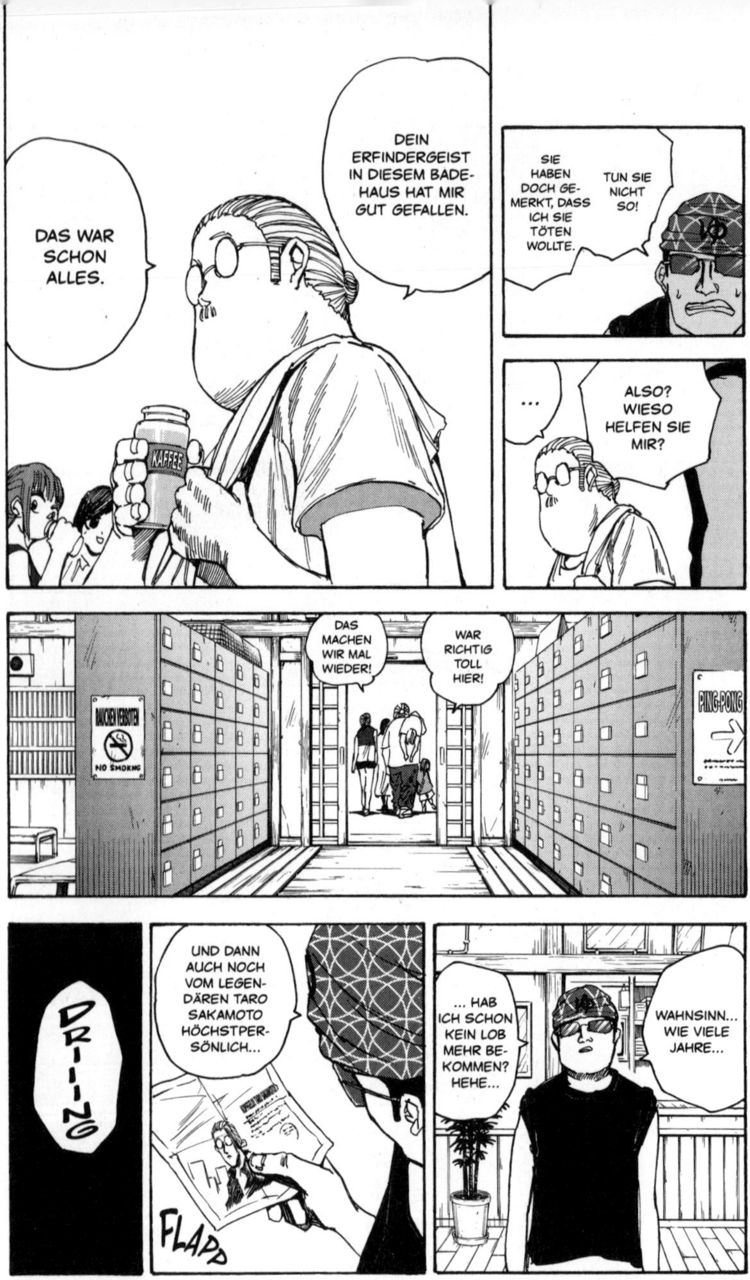
TUN SIE NICHT SO!
SIE HABEN DOCH GEMERKT, DASS ICH SIE TÖTEN WOLLTE.
ALSO? WIESO HELFEN SIE MIR?
...
DEIN ERFINDERGEIST IN DIESEM BADEHAUS HAT MIR GUT GEFALLEN.
DAS WAR SCHON ALLES.
KAFFEE
PING-PONG
WAR RICHTIG TOLL HIER!
DAS MACHEN WIR MAL WIEDER!
RAUCHEN VERBOTEN
NO SMOKING
WAHNSINN... WIE VIELE JAHRE...
... HAB ICH SCHON KEIN LOB MEHR BEKOMMEN? HEHE...
UND DANN AUCH NOCH VOM LEGENDÄREN TARO SAKAMOTO HÖCHSTPERSÖNLICH...
FLAPP
DRIIING

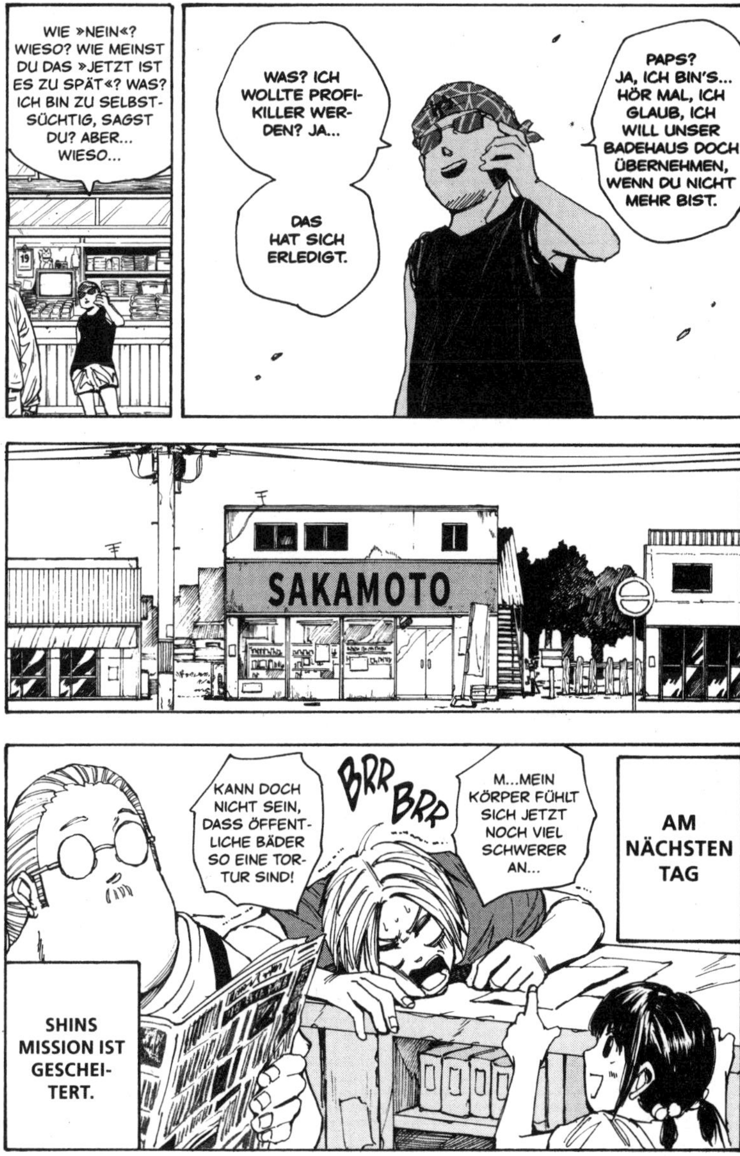
PAPS? JA, ICH BIN'S... HÖR MAL, ICH GLAUB, ICH WILL UNSER BADEHAUS DOCH ÜBERNEHMEN, WENN DU NICHT MEHR BIST.
WAS? ICH WOLLTE PROFI-KILLER WERDEN? JA...
DAS HAT SICH ERLEDIGT.
WIE »NEIN«? WIESO? WIE MEINST DU DAS »JETZT IST ES ZU SPÄT«? WAS? ICH BIN ZU SELBSTSÜCHTIG, SAGST DU? ABER... WIESO...
SAKAMOTO
AM NÄCHSTEN TAG
M...MEIN KÖRPER FÜHLT SICH JETZT NOCH VIEL SCHWERER AN...
BRR BRR
KANN DOCH NICHT SEIN, DASS ÖFFENTLICHE BÄDER SO EINE TORTUR SIND!
SHINS MISSION IST GESCHEITERT.

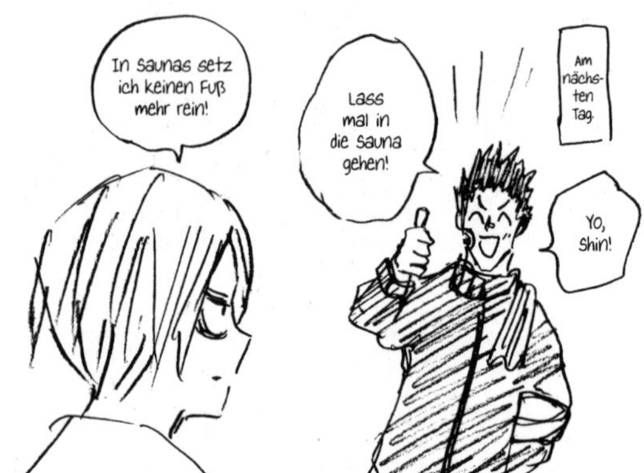
Am nächsten Tag.
Yo, Shin!
Lass mal in die Sauna gehen!
In Saunas setz ich keinen Fuß mehr rein!

DAYS 33 Surprise

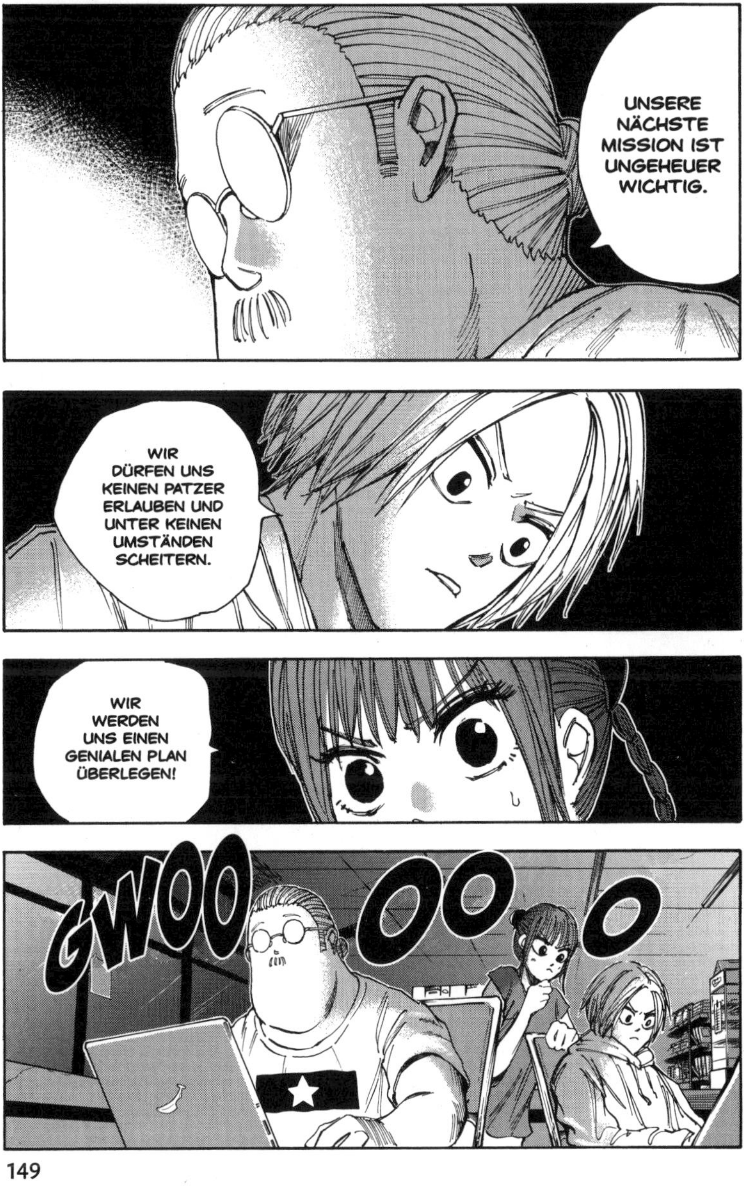

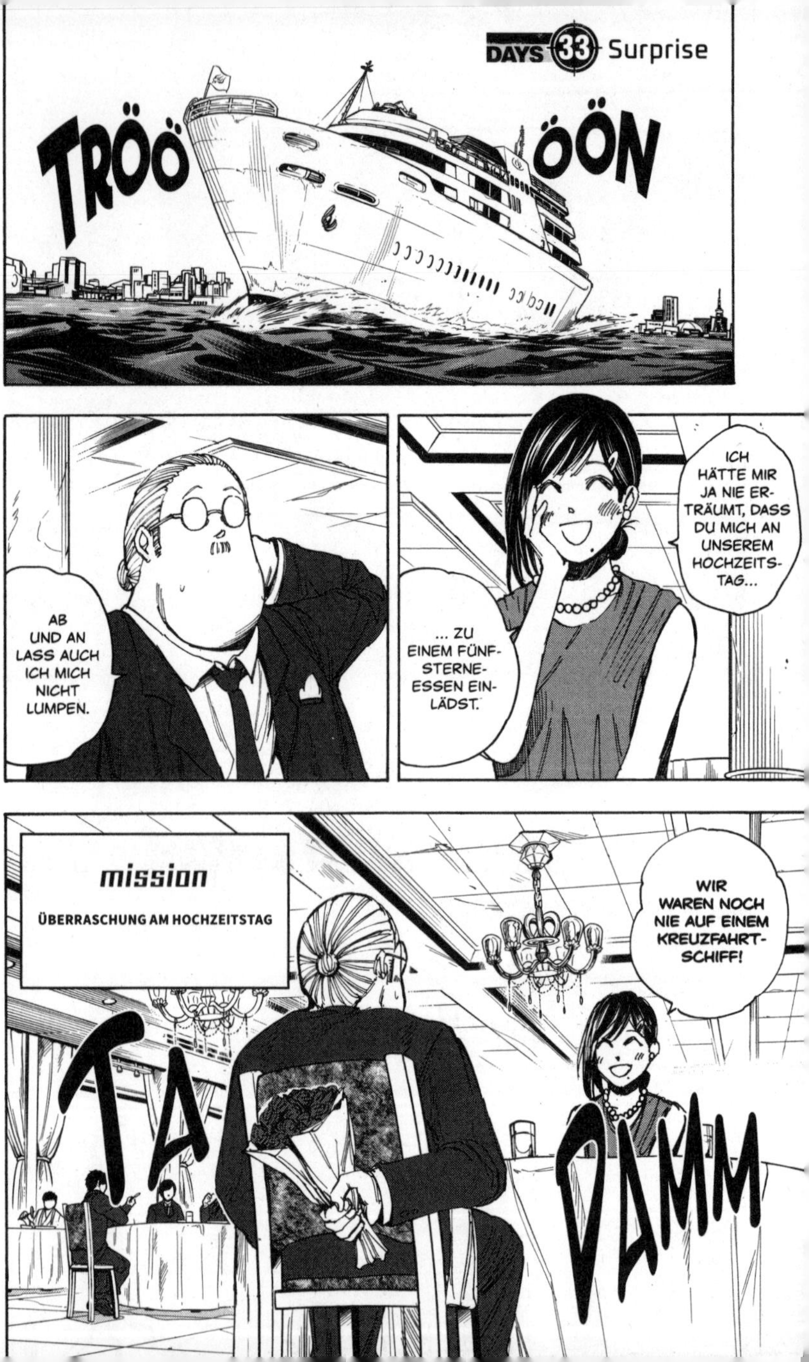
DAYS 33 Surprise
TRÖÖ ÖÖN
ICH HÄTTE MIR JA NIE ERTRÄUMT, DASS DU MICH AN UNSEREM HOCHZEITSTAG...
... ZU EINEM FÜNFSTERNE-ESSEN EINLÄDST.
AB UND AN LASS AUCH ICH MICH NICHT LUMPEN.
WIR WAREN NOCH NIE AUF EINEM KREUZFAHRTSCHIFF!
mission
ÜBERRASCHUNG AM HOCHZEITSTAG
TA DAMM

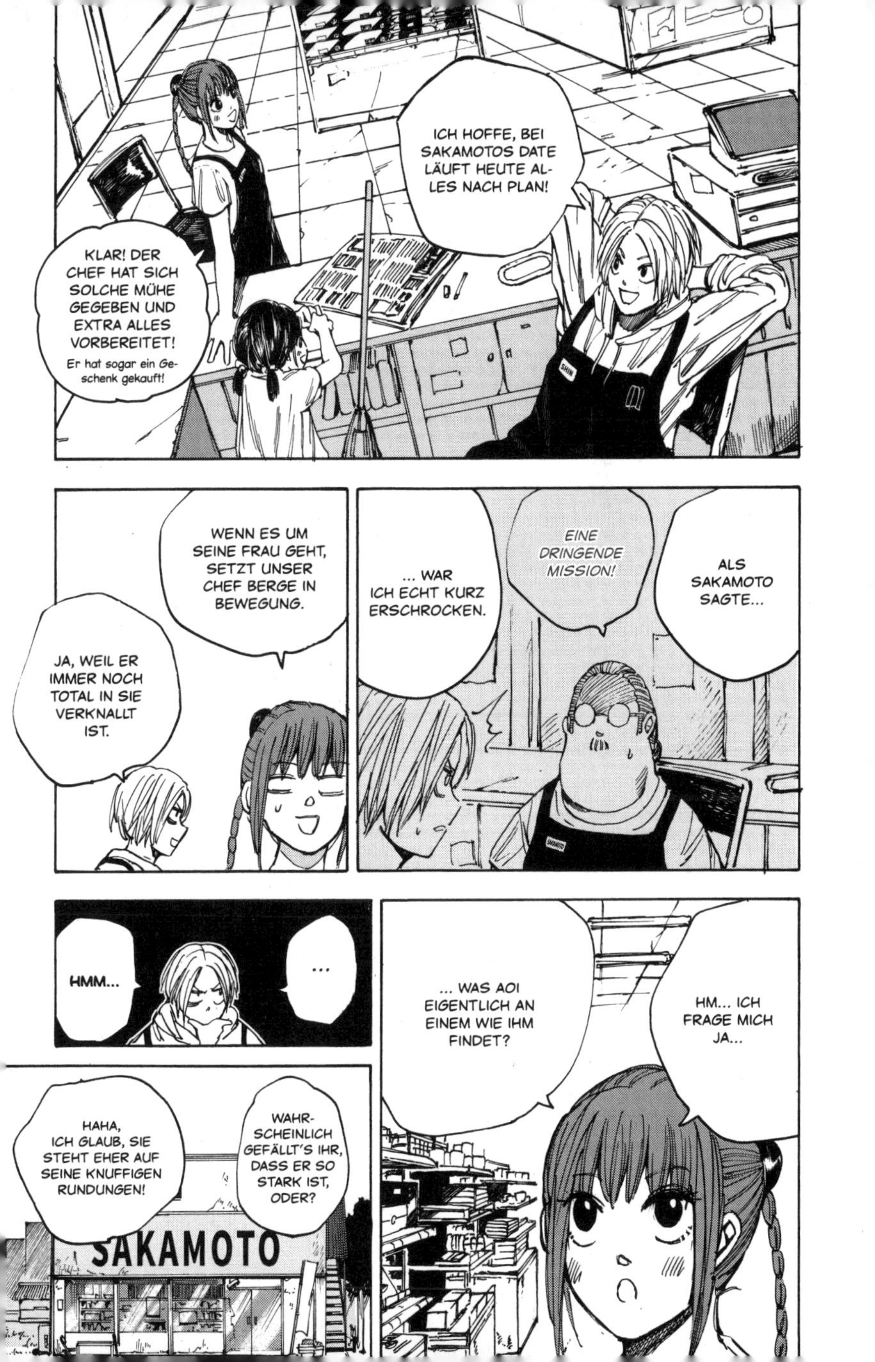
ICH HOFFE, BEI SAKAMOTOS DATE LÄUFT HEUTE ALLES NACH PLAN!
KLAR! DER CHEF HAT SICH SOLCHE MÜHE GEGEBEN UND EXTRA ALLES VORBEREITET!
Er hat sogar ein Geschenk gekauft!
ALS SAKAMOTO SAGTE...
EINE DRINGENDE MISSION!
... WAR ICH ECHT KURZ ERSCHROCKEN.
WENN ES UM SEINE FRAU GEHT, SETZT UNSER CHEF BERGE IN BEWEGUNG.
JA, WEIL ER IMMER NOCH TOTAL IN SIE VERKNALLT IST.
HM... ICH FRAGE MICH JA...
... WAS AOI EIGENTLICH AN EINEM WIE IHM FINDET?
...
HMM...
WAHRSCHEINLICH GEFÄLLT'S IHR, DASS ER SO STARK IST, ODER?
HAHA, ICH GLAUB, SIE STEHT EHER AUF SEINE KNUFFIGEN RUNDUNGEN!
SAKAMOTO

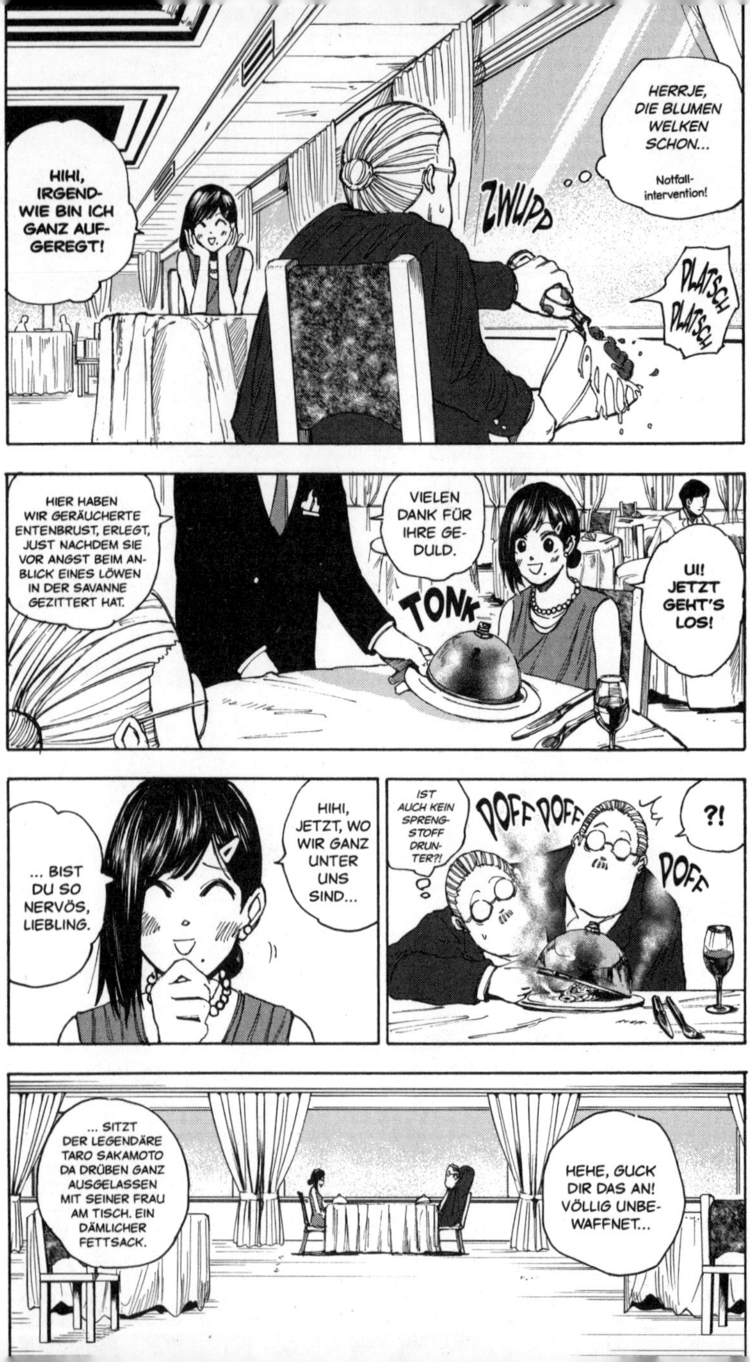
HERRJE, DIE BLUMEN WELKEN SCHON...
Notfall-intervention!
ZWUPP
PLATSCH PLATSCH
HIHI, IRGENDWIE BIN ICH GANZ AUFGEREGT!
UI! JETZT GEHT'S LOS!
VIELEN DANK FÜR IHRE GEDULD.
TONK
HIER HABEN WIR GERÄUCHERTE ENTENBRUST, ERLEGT, JUST NACHDEM SIE VOR ANGST BEIM ANBLICK EINES LÖWEN IN DER SAVANNE GEZITTERT HAT.
?!
DOFF DOFF
DOFF
IST AUCH KEIN SPRENGSTOFF DRUNTER?!
HIHI, JETZT, WO WIR GANZ UNTER UNS SIND...
... BIST DU SO NERVÖS, LIEBLING.
HEHE, GUCK DIR DAS AN! VÖLLIG UNBEWAFFNET...
... SITZT DER LEGENDÄRE TARO SAKAMOTO DA DRÜBEN GANZ AUSGELASSEN MIT SEINER FRAU AM TISCH. EIN DÄMLICHER FETTSACK.

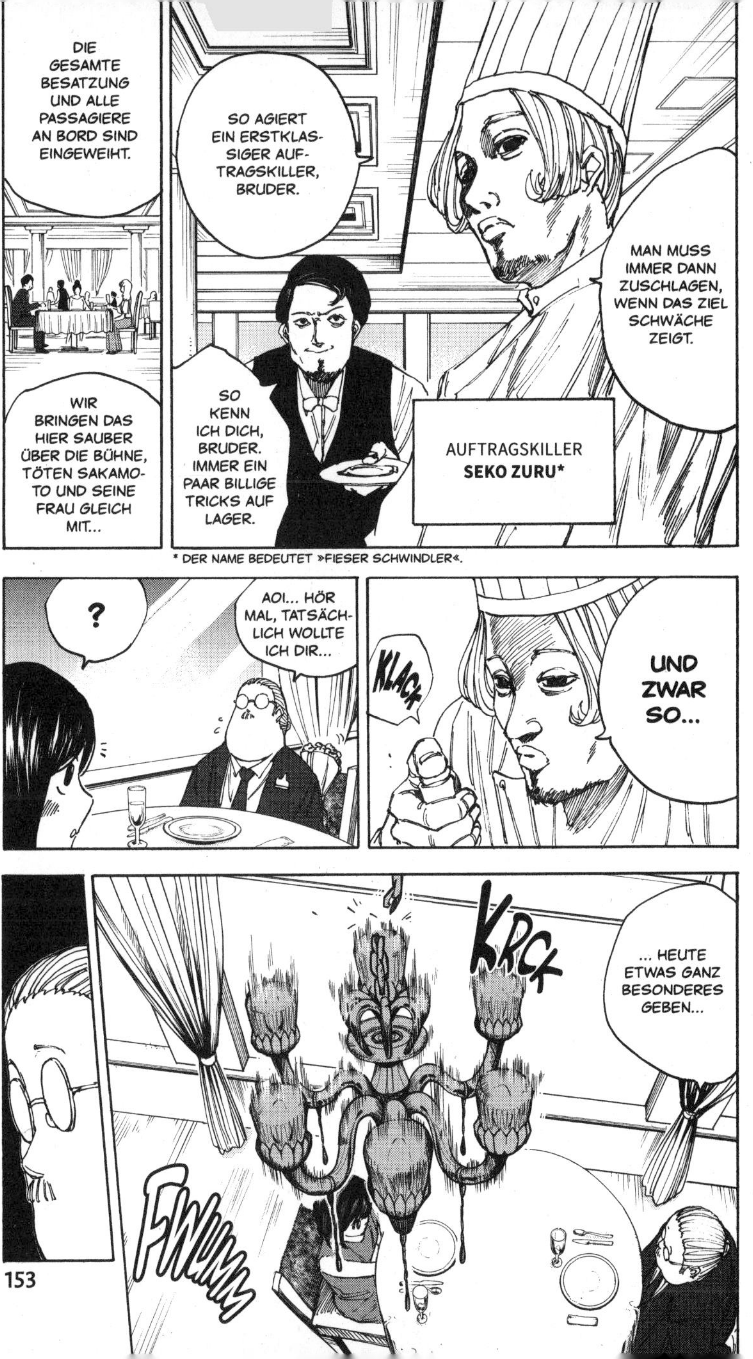

* DER NAME BEDEUTET »FIESER SCHWINDLER«.

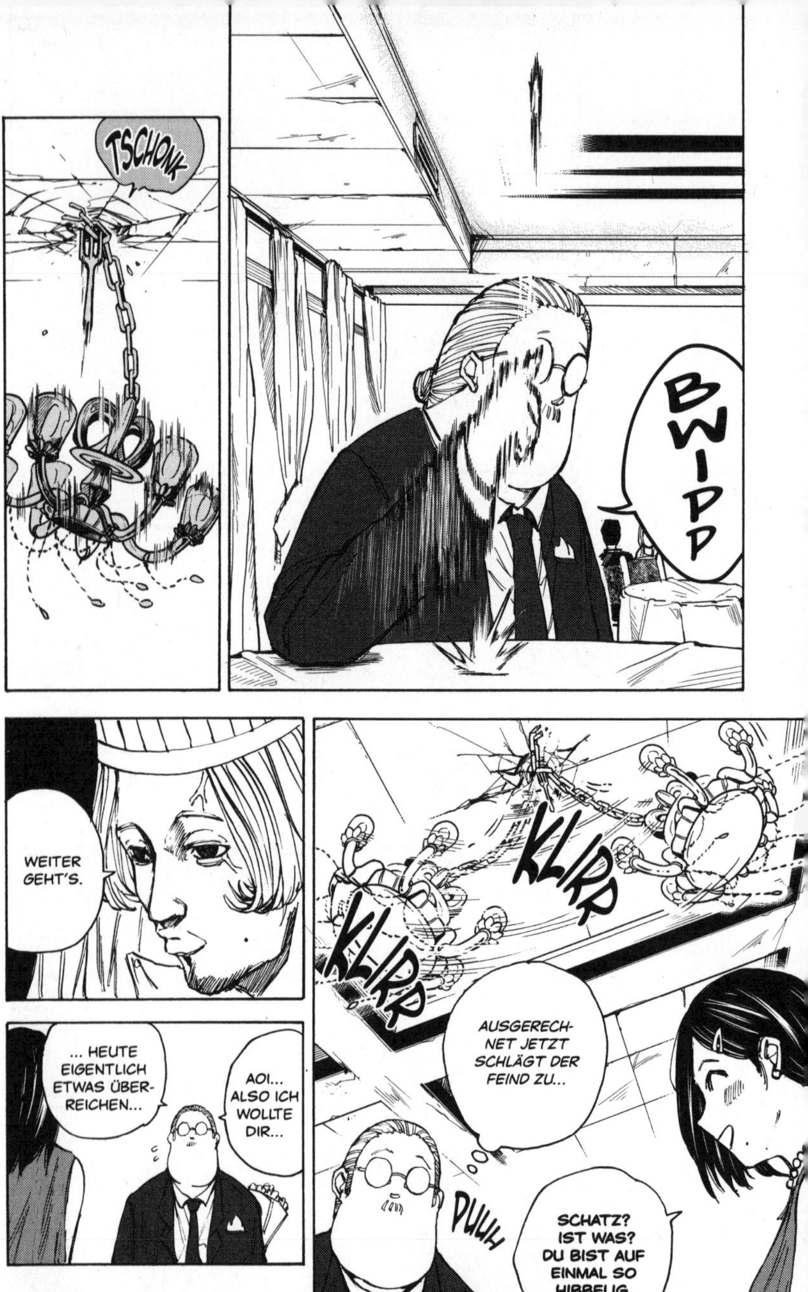
BWIPP
TSCHONK
KLIRR
KLIRR
WEITER GEHT'S.
SCHATZ? IST WAS? DU BIST AUF EINMAL SO HIBBELIG.
AUSGERECHNET JETZT SCHLÄGT DER FEIND ZU...
PUUH
AOI... ALSO ICH WOLLTE DIR...
... HEUTE EIGENTLICH ETWAS ÜBERREICHEN...

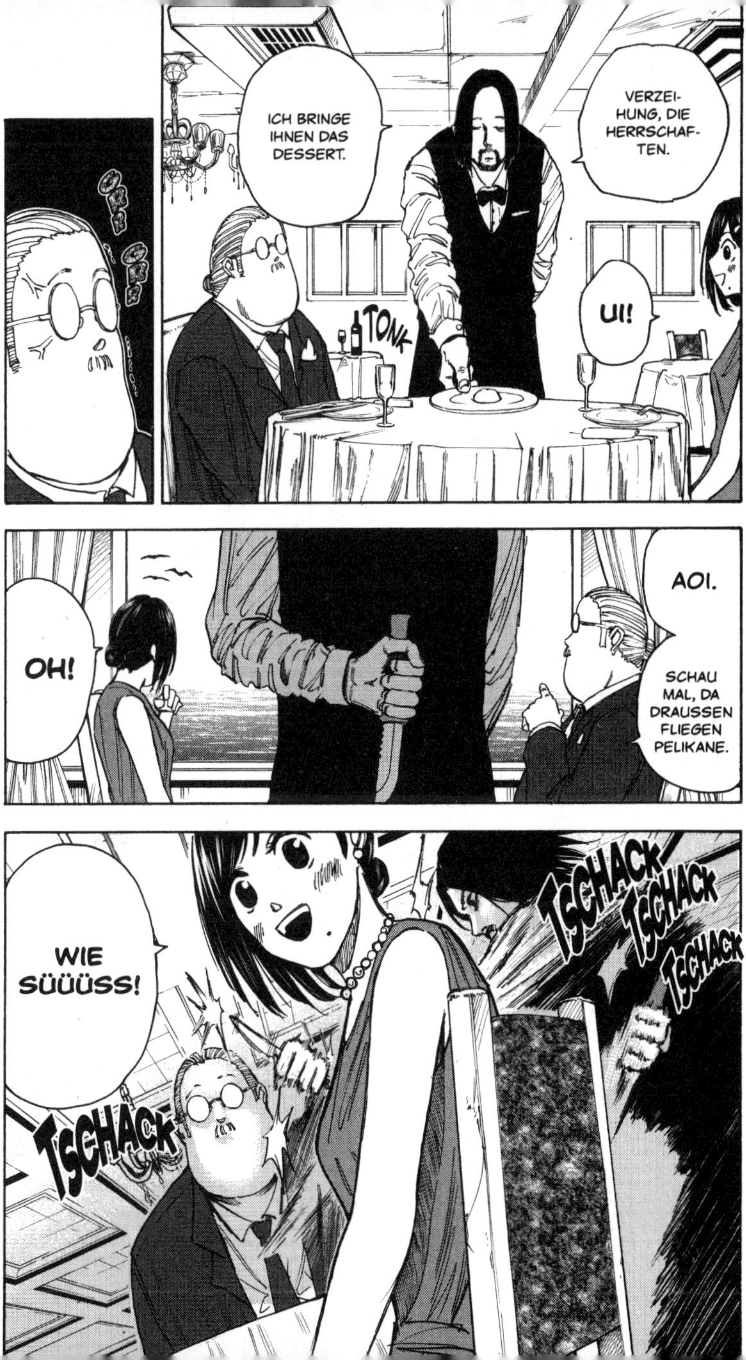

VERZEIHUNG, DIE HERRSCHAFTEN.
ICH BRINGE IHNEN DAS DESSERT.
UI!
TONK
AOI.
SCHAU MAL, DA DRAUSSEN FLIEGEN PELIKANE.
OH!
TSCHACK
TSCHACK
TSCHACK
WIE SÜÜÜSS!
TSCHACK

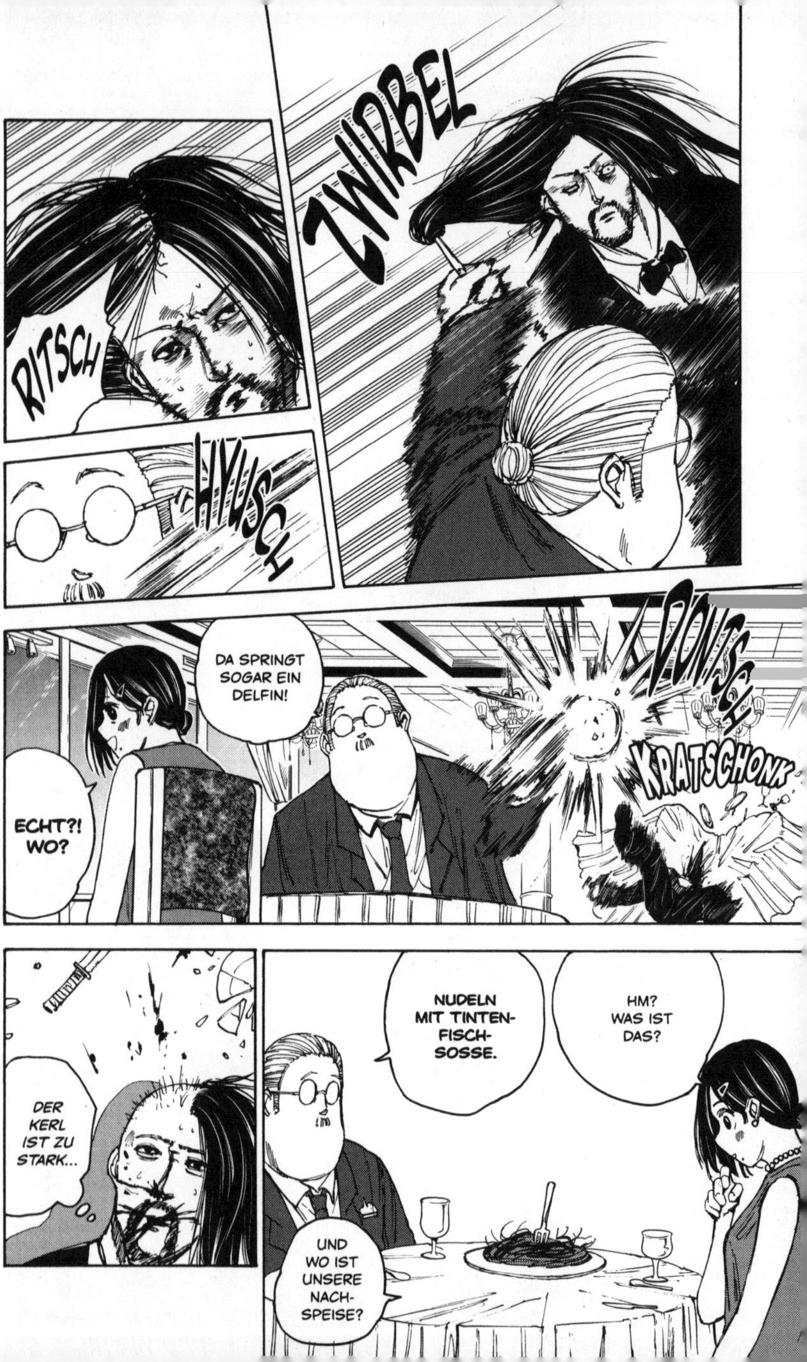

ZWIRBEL
RITSCH
HYUSCH
DONSCH
KRATSCHONK
DA SPRINGT SOGAR EIN DELFIN!
ECHT?! WO?
HM? WAS IST DAS?
NUDELN MIT TINTEN-FISCH-SOSSE.
UND WO IST UNSERE NACH-SPEISE?
DER KERL IST ZU STARK...

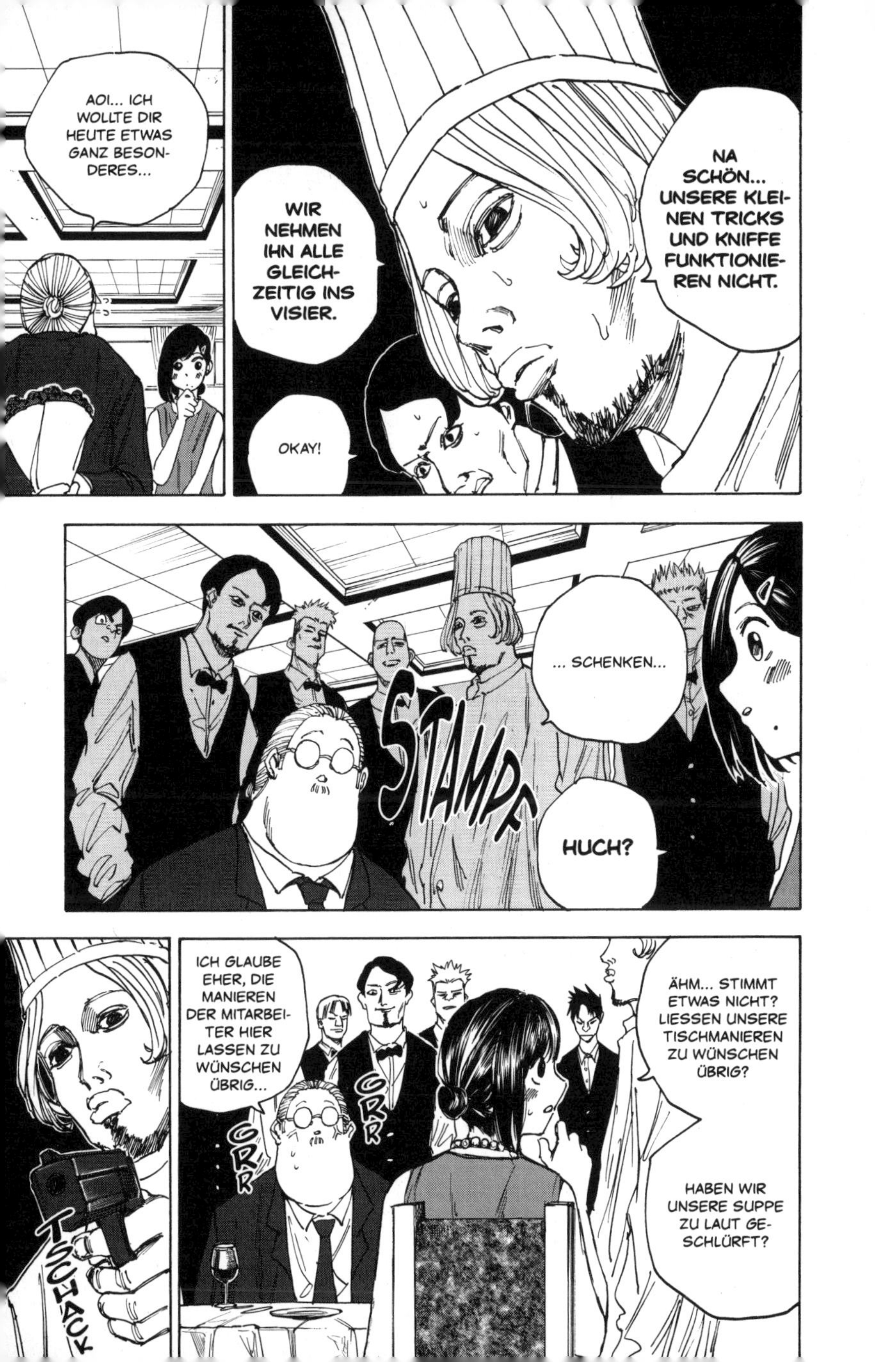
NA SCHÖN... UNSERE KLEINEN TRICKS UND KNIFFE FUNKTIONIEREN NICHT.
WIR NEHMEN IHN ALLE GLEICHZEITIG INS VISIER.
OKAY!
AOI... ICH WOLLTE DIR HEUTE ETWAS GANZ BESONDERES...
... SCHENKEN...
STAMPF
HUCH?
ÄHM... STIMMT ETWAS NICHT? LIESSEN UNSERE TISCHMANIEREN ZU WÜNSCHEN ÜBRIG?
HABEN WIR UNSERE SUPPE ZU LAUT GESCHLÜRFT?
ICH GLAUBE EHER, DIE MANIEREN DER MITARBEITER HIER LASSEN ZU WÜNSCHEN ÜBRIG...
GRR
GRR
TSCHACK

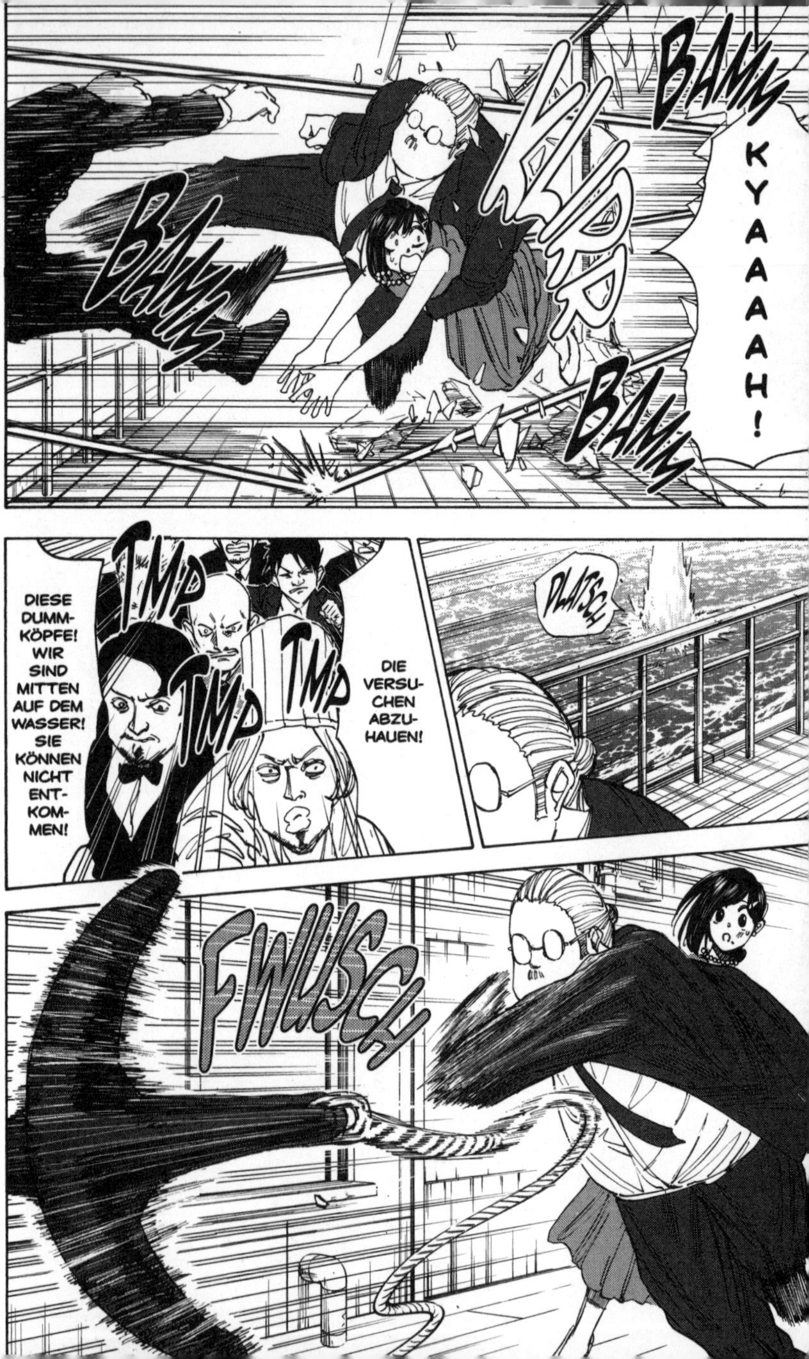

KYAAAAAH!
BAMM
BAMM
BAMM
PLATSCH
DIE VERSUCHEN ABZUHAUEN!
TMP
TMP
TMP
DIESE DUMMKÖPFE! WIR SIND MITTEN AUF DEM WASSER! SIE KÖNNEN NICHT ENTKOMMEN!
FWUSCH

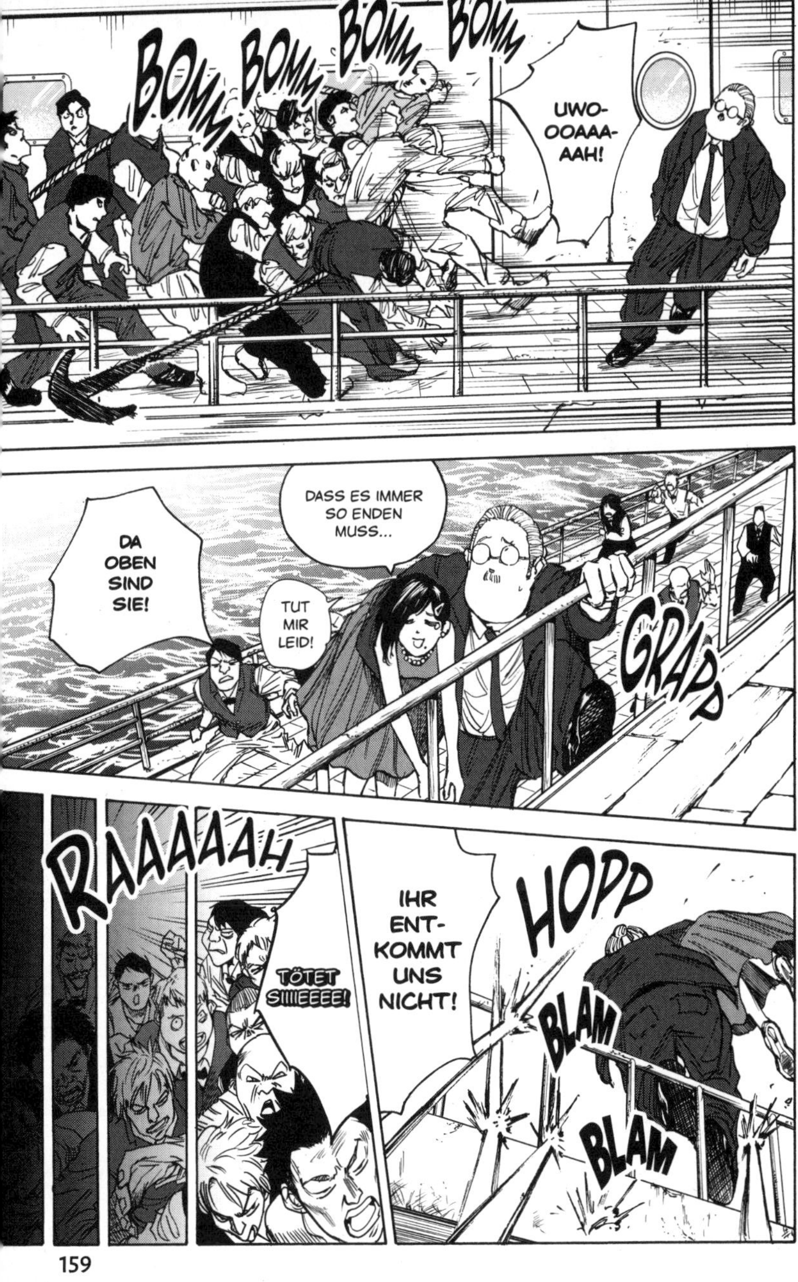
UWO-OOAAAA-AAH!
BOMM BOMM BOMM BOMM
GRAPP
DASS ES IMMER SO ENDEN MUSS...
TUT MIR LEID!
DA OBEN SIND SIE!
HOPP
BLAM
BLAM
IHR ENT-KOMMT UNS NICHT!
TÖTET SIIIEEEEE!
RAAAAAH

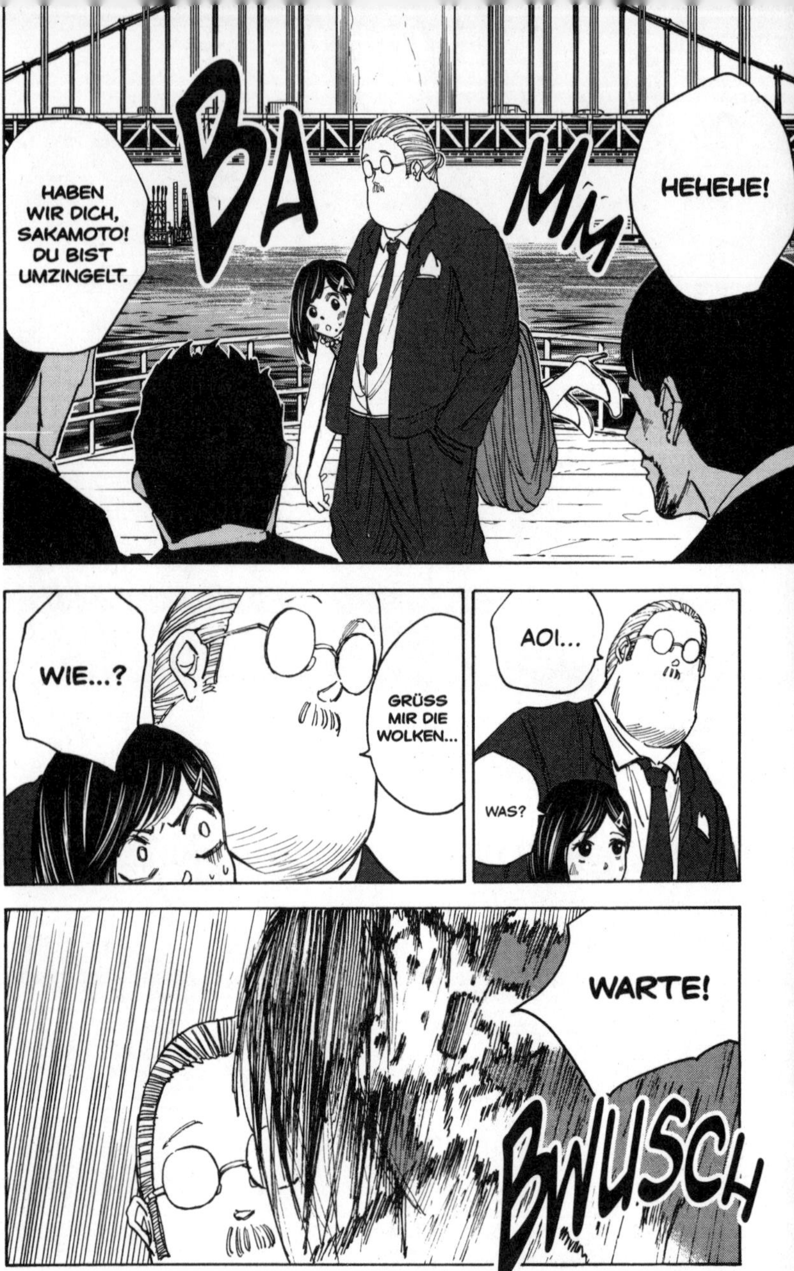
HEHEHE!
HABEN WIR DICH, SAKAMOTO! DU BIST UMZINGELT.
BAMM
AOI...
WAS?
GRÜSS MIR DIE WOLKEN...
WIE...?
WARTE!
BWUSCH

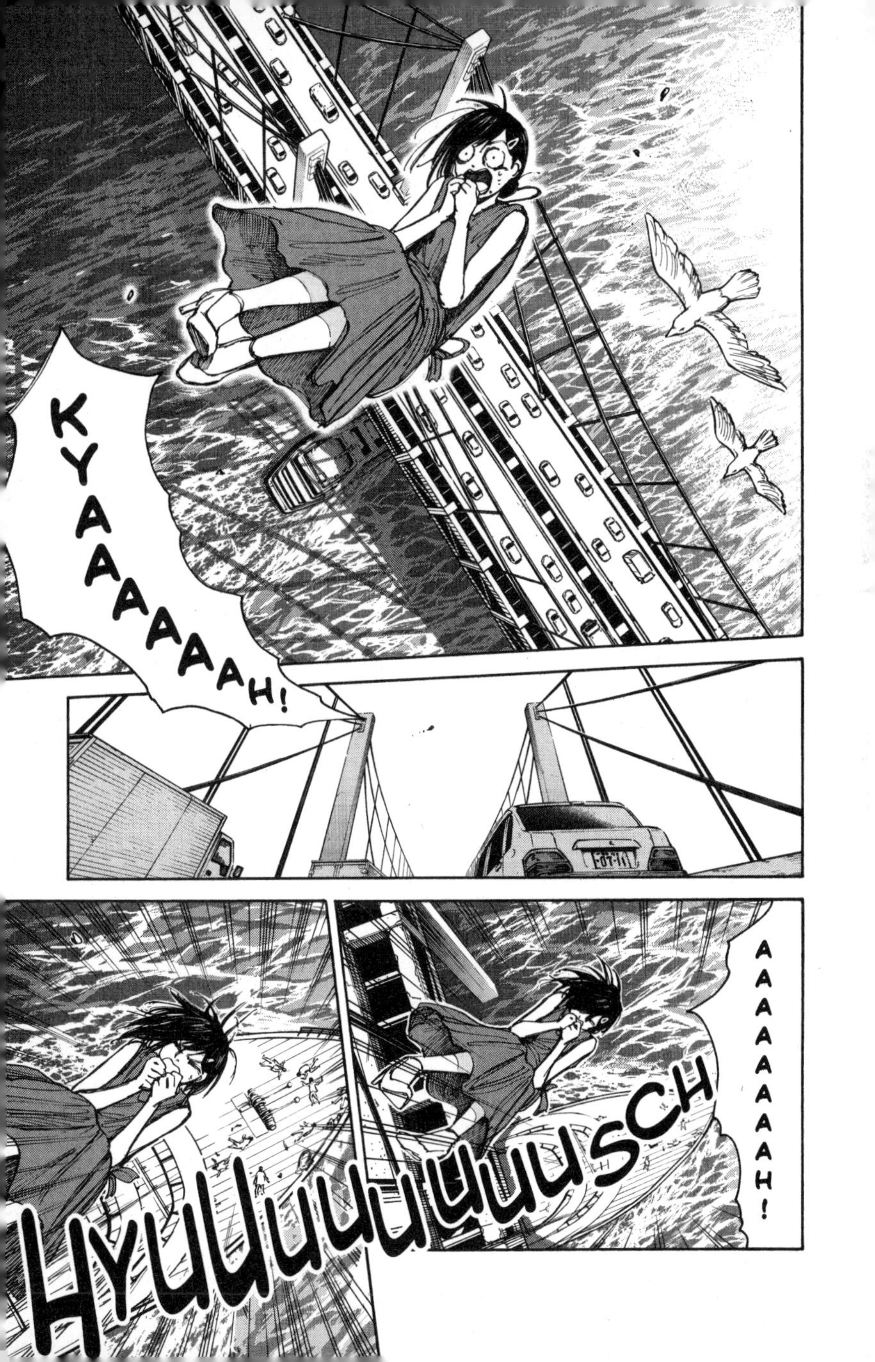
KYAAAAAAAH!
HYUUUUUUUSCH
AAAAAAAAAAAH!

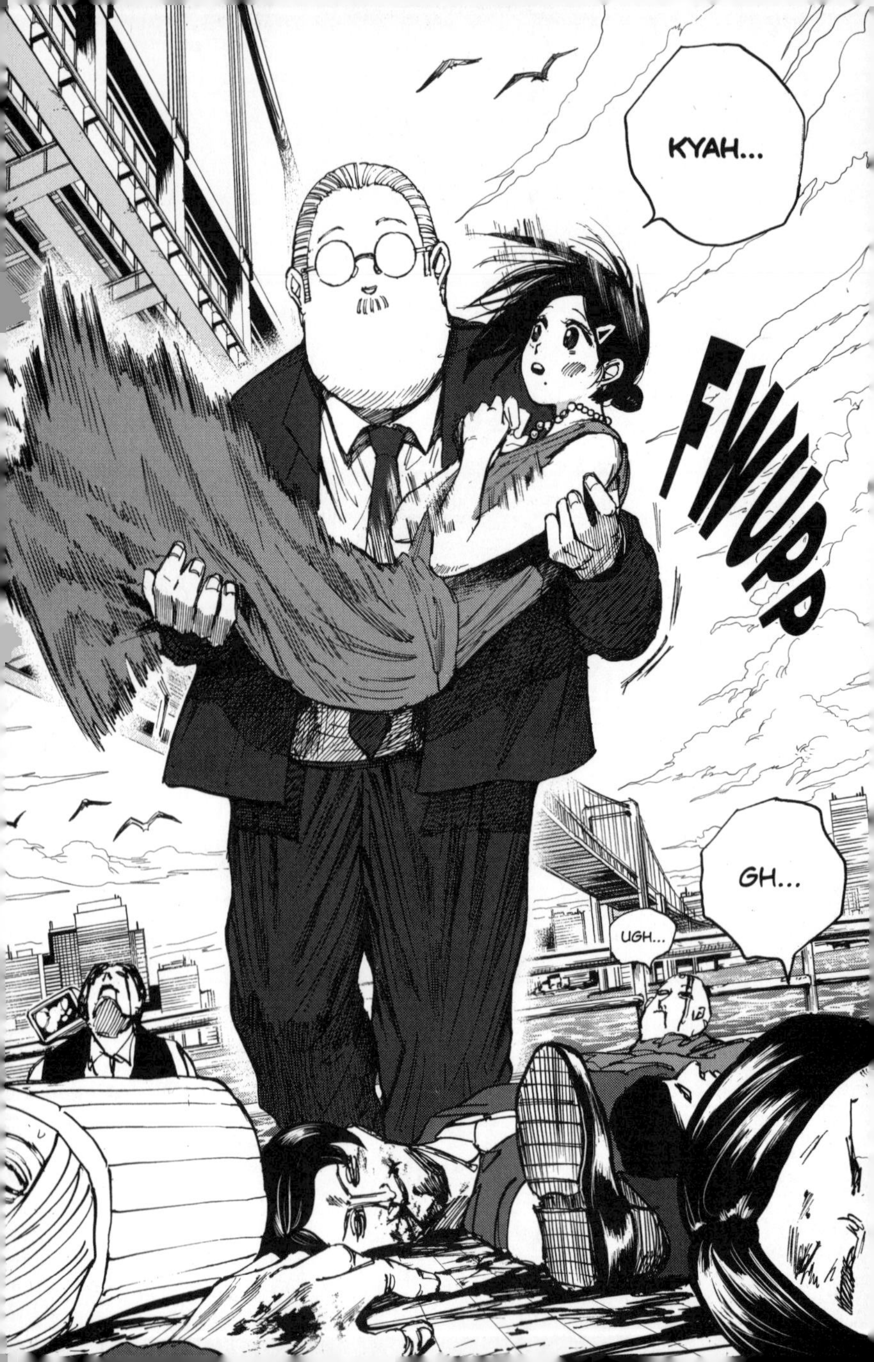
KYAH...
FWUPP
GH...
UGH...

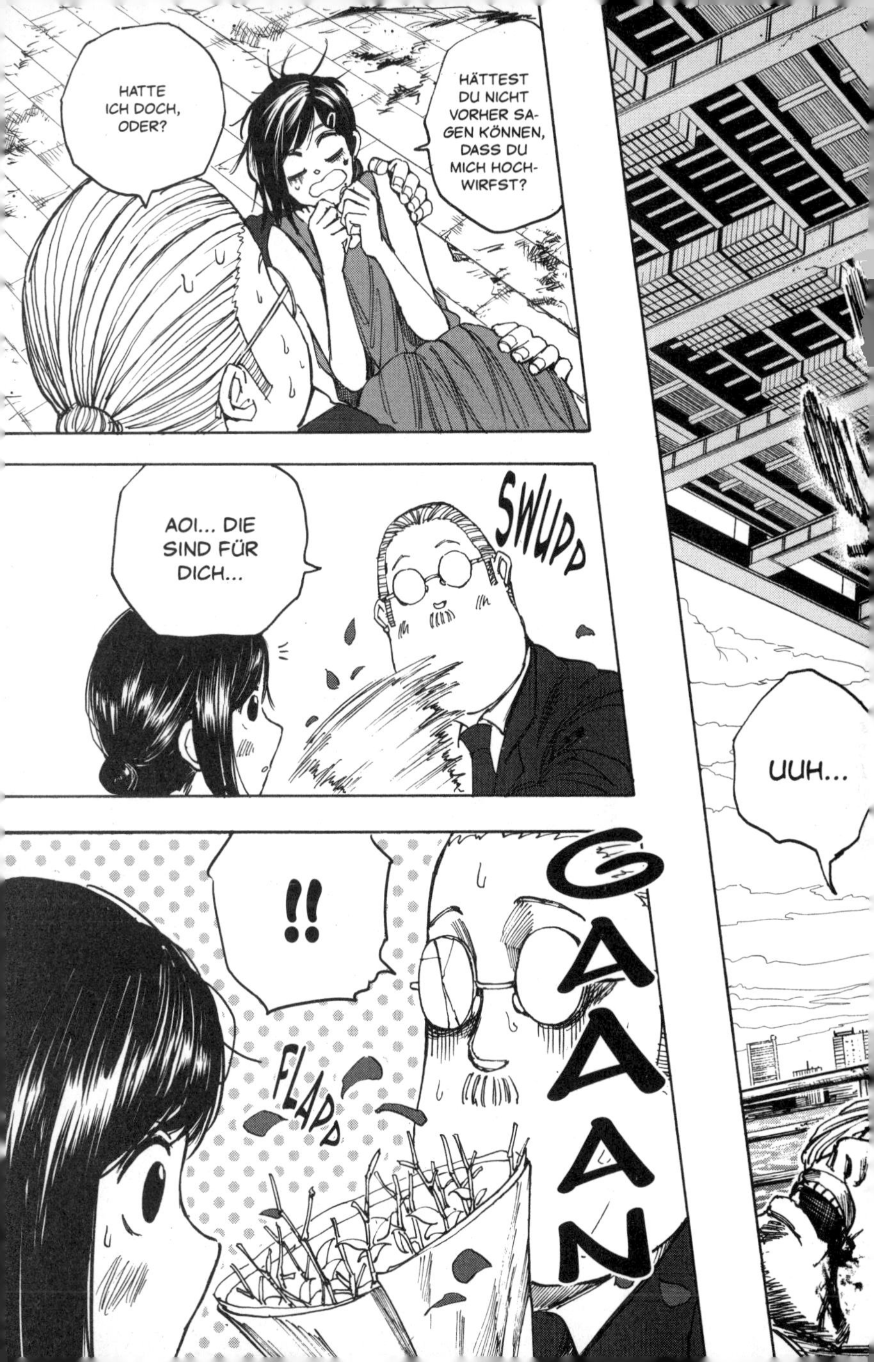

HÄTTEST DU NICHT VORHER SAGEN KÖNNEN, DASS DU MICH HOCHWIRFST?
HATTE ICH DOCH, ODER?
UUH...
SWUPP
AOI... DIE SIND FÜR DICH...
GAAAN
!!
FLAPP

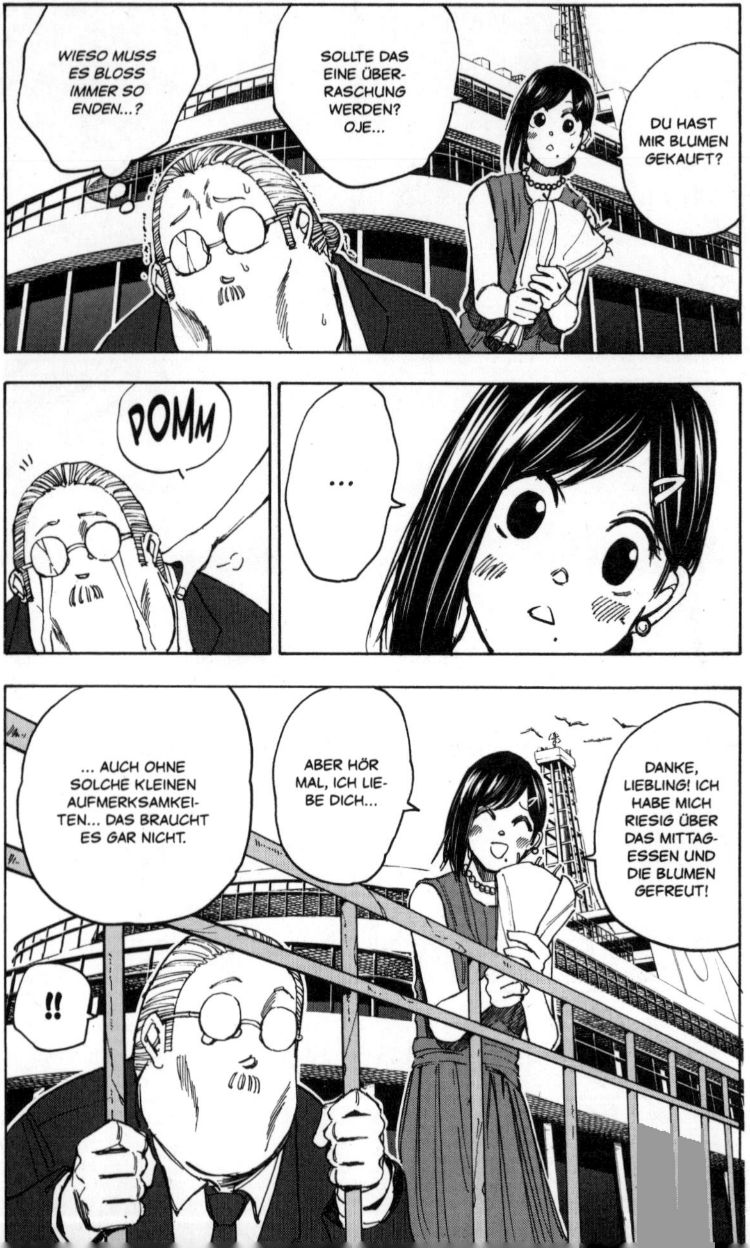
WIESO MUSS ES BLOSS IMMER SO ENDEN...?
SOLLTE DAS EINE ÜBER-RASCHUNG WERDEN? OJE...
DU HAST MIR BLUMEN GEKAUFT?
POMM
...
... AUCH OHNE SOLCHE KLEINEN AUFMERKSAMKEI-TEN... DAS BRAUCHT ES GAR NICHT.
ABER HÖR MAL, ICH LIE-BE DICH...
DANKE, LIEBLING! ICH HABE MICH RIESIG ÜBER DAS MITTAG-ESSEN UND DIE BLUMEN GEFREUT!
!!

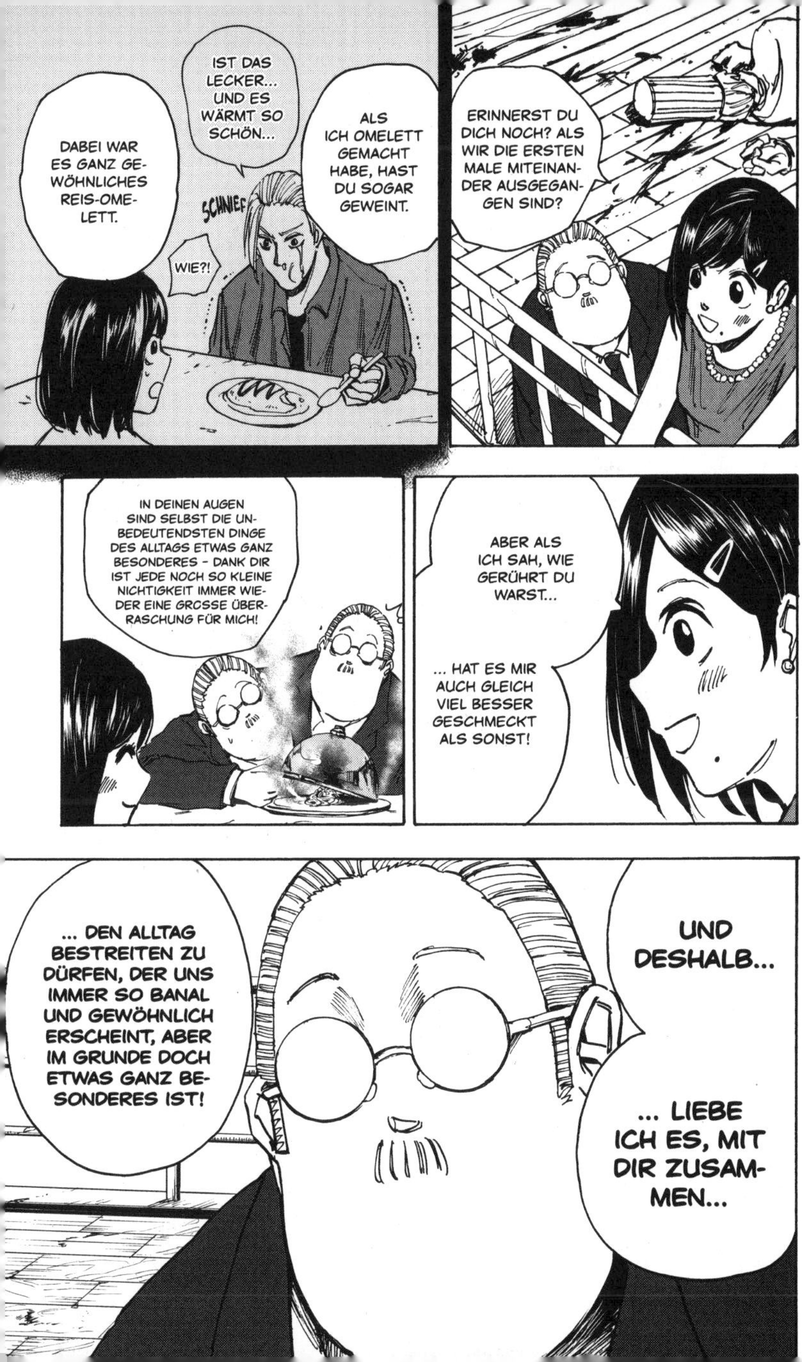
ERINNERST DU DICH NOCH? ALS WIR DIE ERSTEN MALE MITEINANDER AUSGEGANGEN SIND?
ALS ICH OMELETT GEMACHT HABE, HAST DU SOGAR GEWEINT.
IST DAS LECKER... UND ES WÄRMT SO SCHÖN...
SCHNIEF
WIE?!
DABEI WAR ES GANZ GEWÖHNLICHES REIS-OMELETT.
ABER ALS ICH SAH, WIE GERÜHRT DU WARST...
... HAT ES MIR AUCH GLEICH VIEL BESSER GESCHMECKT ALS SONST!
IN DEINEN AUGEN SIND SELBST DIE UNBEDEUTENDSTEN DINGE DES ALLTAGS ETWAS GANZ BESONDERES – DANK DIR IST JEDE NOCH SO KLEINE NICHTIGKEIT IMMER WIEDER EINE GROSSE ÜBERRASCHUNG FÜR MICH!
UND DESHALB...
... LIEBE ICH ES, MIT DIR ZUSAMMEN...
... DEN ALLTAG BESTREITEN ZU DÜRFEN, DER UNS IMMER SO BANAL UND GEWÖHNLICH ERSCHEINT, ABER IM GRUNDE DOCH ETWAS GANZ BESONDERES IST!

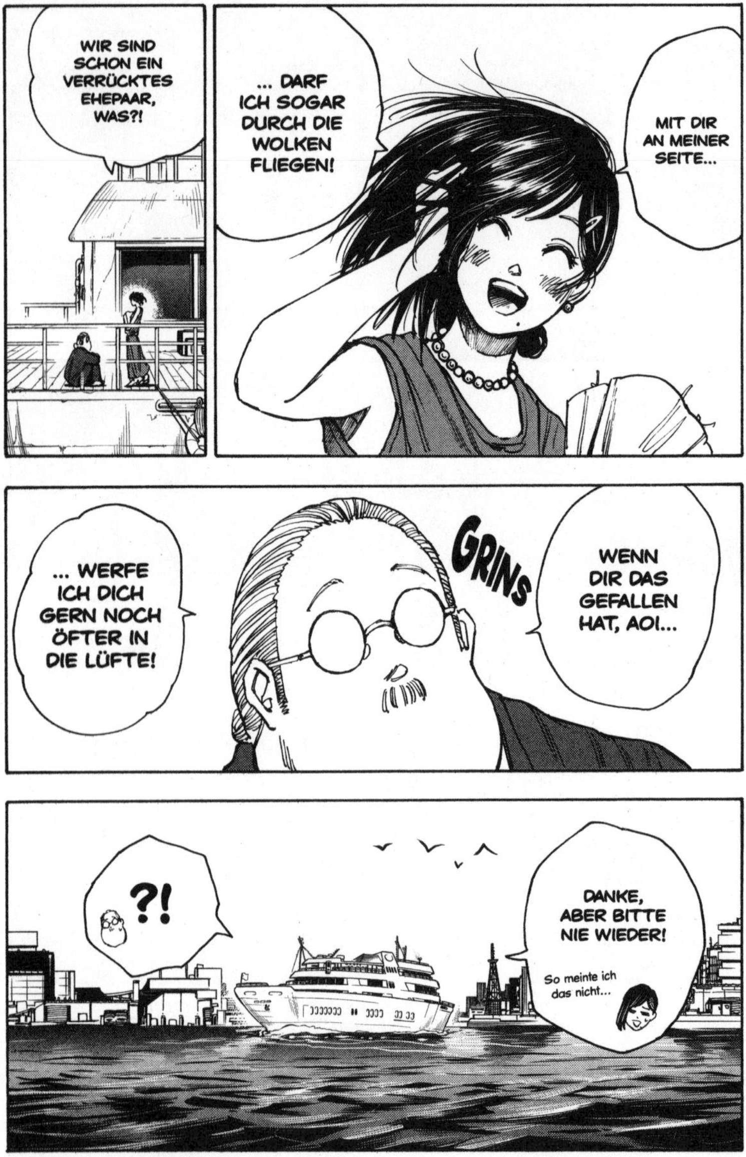
MIT DIR AN MEINER SEITE...
... DARF ICH SOGAR DURCH DIE WOLKEN FLIEGEN!
WIR SIND SCHON EIN VERRÜCKTES EHEPAAR, WAS?!
WENN DIR DAS GEFALLEN HAT, AOI...
GRINS
... WERFE ICH DICH GERN NOCH ÖFTER IN DIE LÜFTE!
DANKE, ABER BITTE NIE WIEDER!
So meinte ich das nicht...
?!

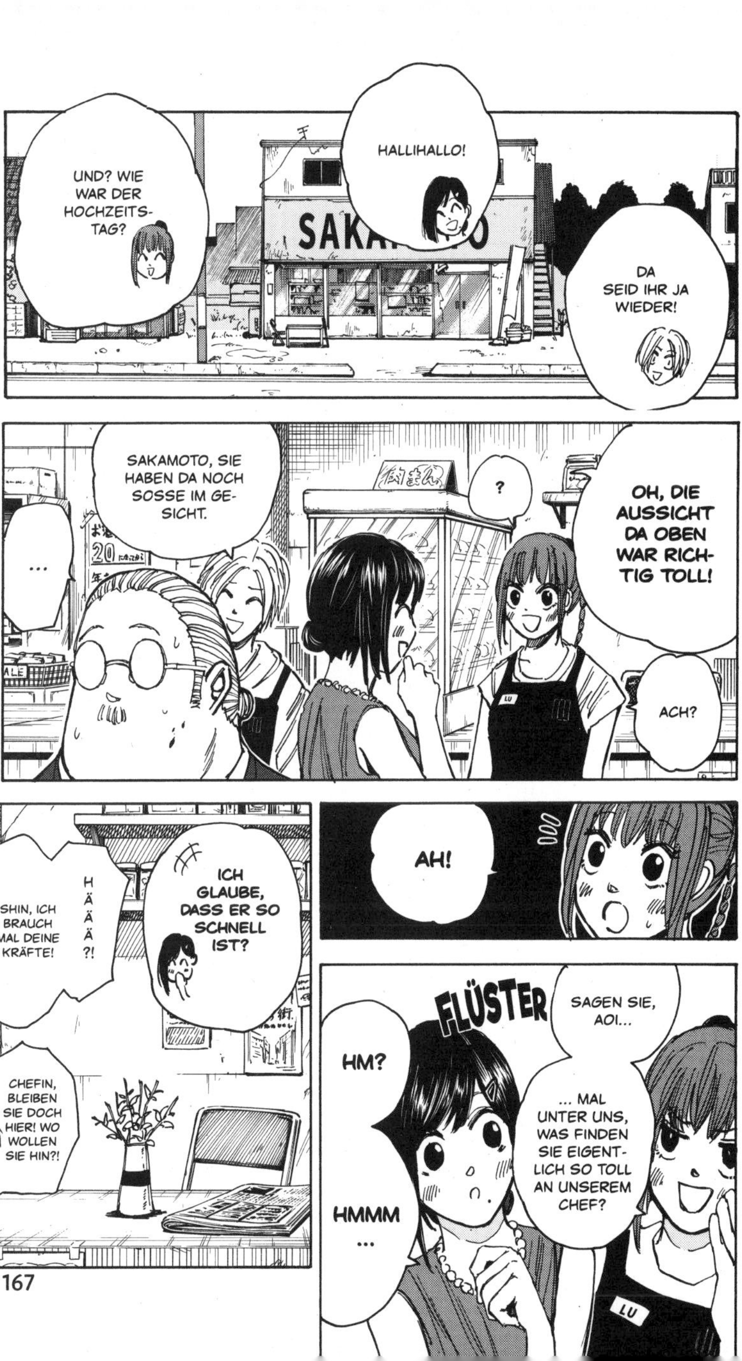
DA SEID IHR JA WIEDER!
HALLIHALLO!
SAKAMO[TO]
UND? WIE WAR DER HOCHZEITS-TAG?
OH, DIE AUSSICHT DA OBEN WAR RICH-TIG TOLL!
ACH?
?
SAKAMOTO, SIE HABEN DA NOCH SOSSE IM GE-SICHT.
...
AH!
SAGEN SIE, AOI...
... MAL UNTER UNS, WAS FINDEN SIE EIGENT-LICH SO TOLL AN UNSEREM CHEF?
FLÜSTER
HM?
HMMM ...
ICH GLAUBE, DASS ER SO SCHNELL IST?
HÄÄÄ?!
SHIN, ICH BRAUCH MAL DEINE KRÄFTE!
CHEFIN, BLEIBEN SIE DOCH HIER! WO WOLLEN SIE HIN?!

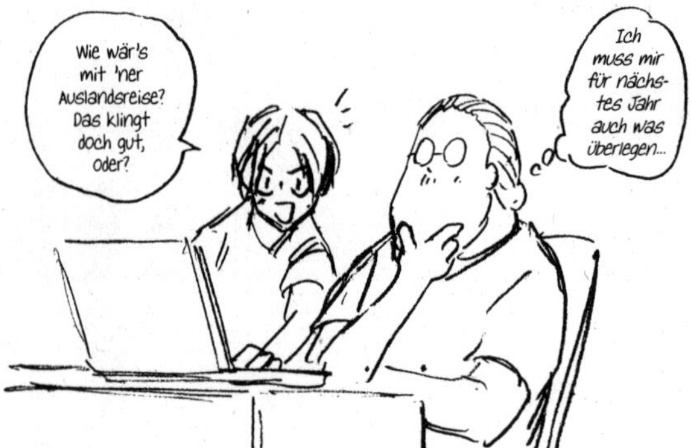
Wie wär's mit 'ner Auslandsreise? Das klingt doch gut, oder?
Ich muss mir für nächstes Jahr auch was überlegen...

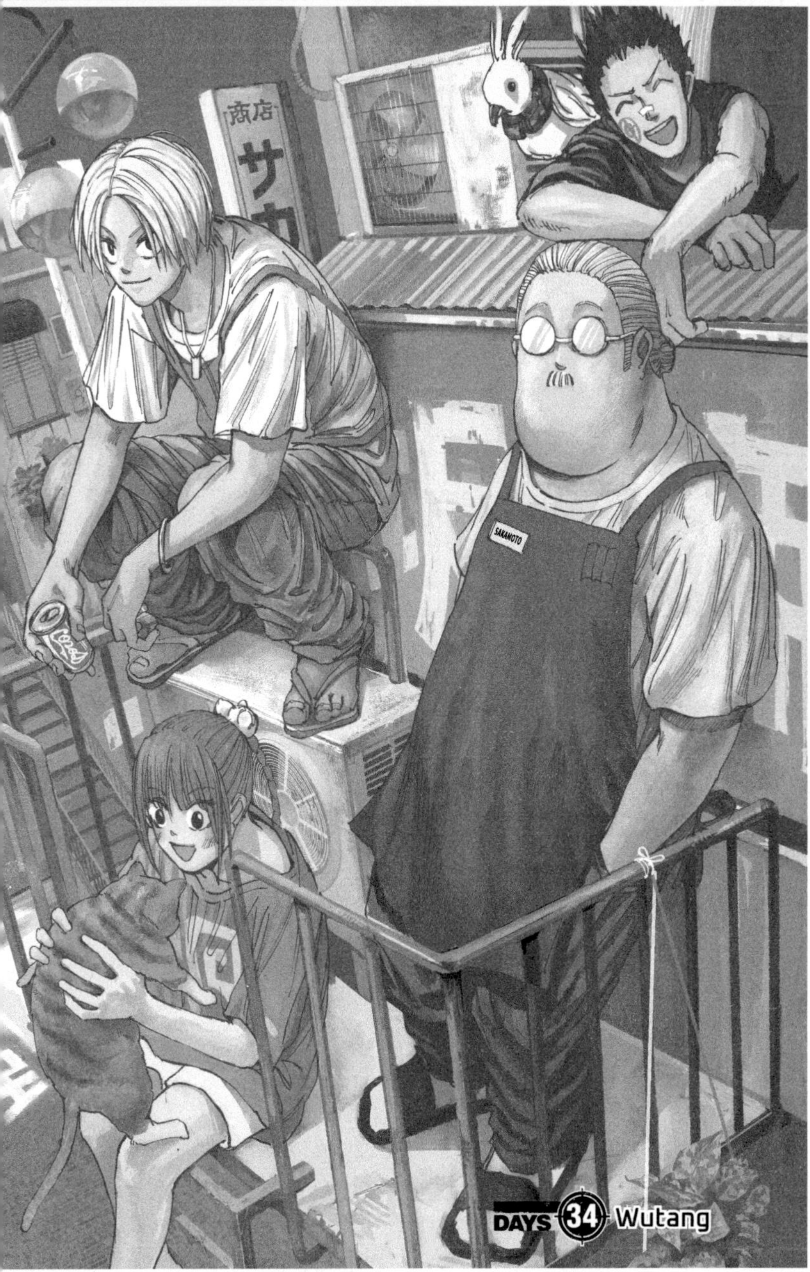
商店
サカ
SAKAMOTO
DAYS 34 Wutang

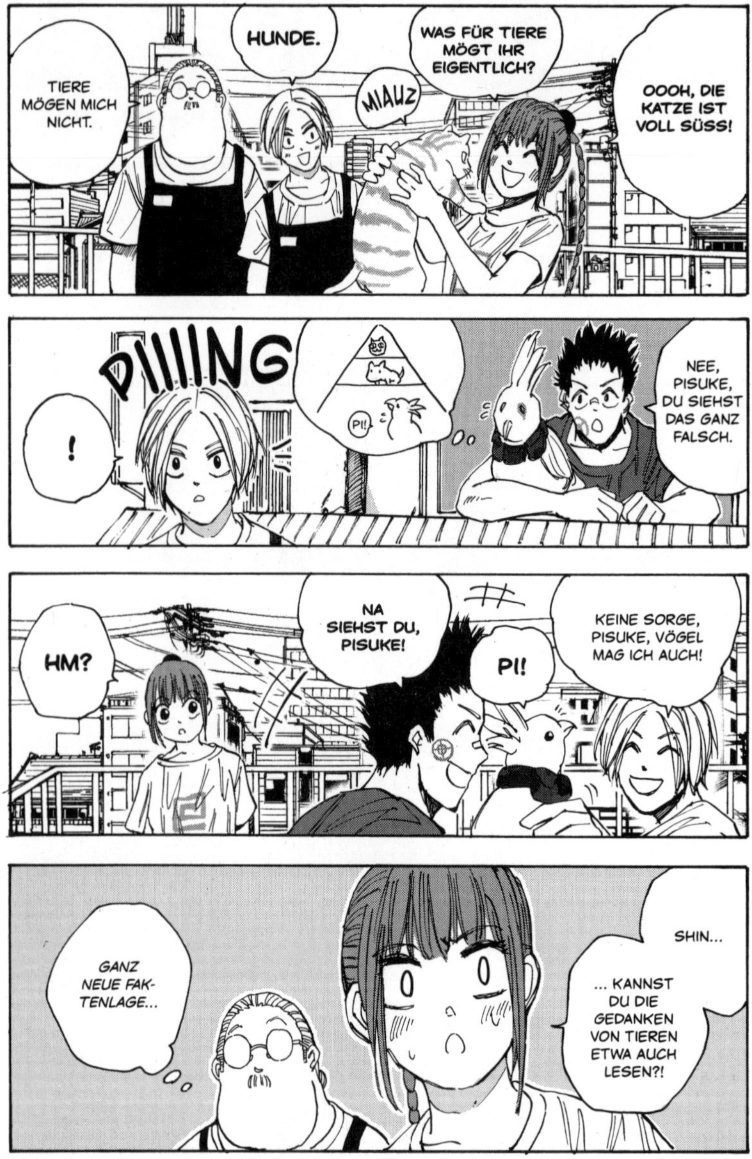
OOOH, DIE KATZE IST VOLL SÜSS!
WAS FÜR TIERE MÖGT IHR EIGENTLICH?
MIAUZ
HUNDE.
TIERE MÖGEN MICH NICHT.
NEE, PISUKE, DU SIEHST DAS GANZ FALSCH.
PI!
PIIIING
!
KEINE SORGE, PISUKE, VÖGEL MAG ICH AUCH!
PI!
NA SIEHST DU, PISUKE!
HM?
SHIN...
... KANNST DU DIE GEDANKEN VON TIEREN ETWA AUCH LESEN?!
GANZ NEUE FAKTENLAGE...

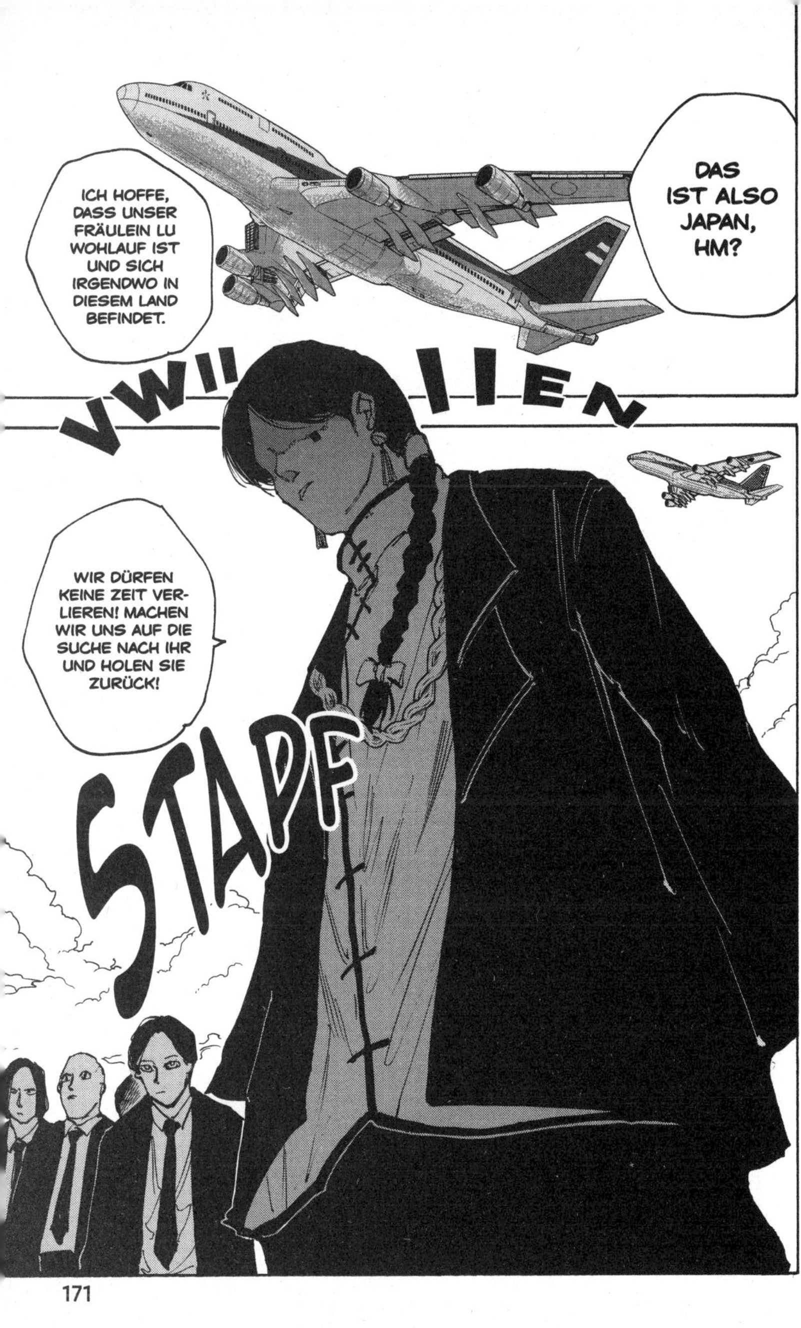
DAS IST ALSO JAPAN, HM?
ICH HOFFE, DASS UNSER FRÄULEIN LU WOHLAUF IST UND SICH IRGENDWO IN DIESEM LAND BEFINDET.
VWIIIIEN
WIR DÜRFEN KEINE ZEIT VERLIEREN! MACHEN WIR UNS AUF DIE SUCHE NACH IHR UND HOLEN SIE ZURÜCK!
STAPF

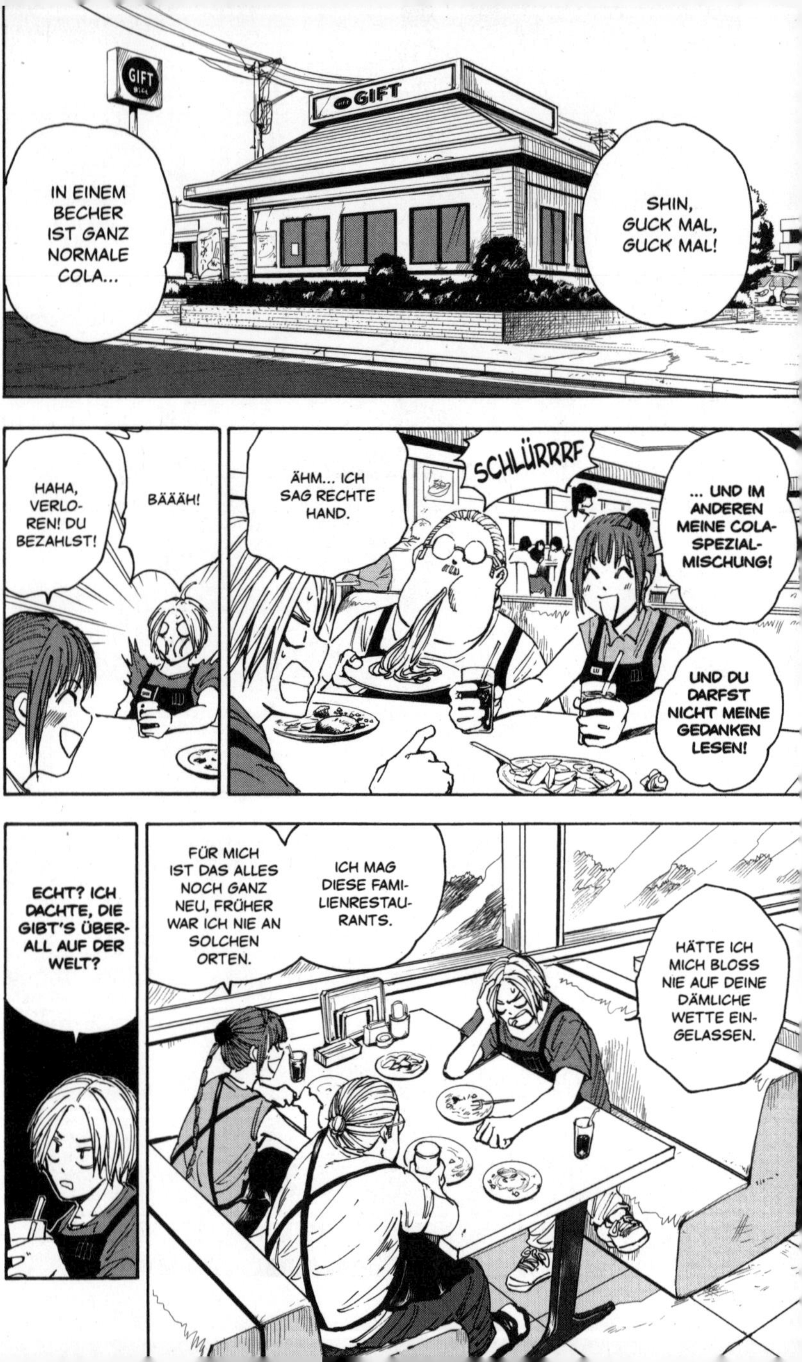
GIFT
SHIN, GUCK MAL, GUCK MAL!
IN EINEM BECHER IST GANZ NORMALE COLA...
... UND IM ANDEREN MEINE COLA-SPEZIAL-MISCHUNG!
UND DU DARFST NICHT MEINE GEDANKEN LESEN!
SCHLÜRRRF
ÄHM... ICH SAG RECHTE HAND.
BÄÄÄH!
HAHA, VERLOREN! DU BEZAHLST!
HÄTTE ICH MICH BLOSS NIE AUF DEINE DÄMLICHE WETTE EINGELASSEN.
ICH MAG DIESE FAMILIENRESTAURANTS.
FÜR MICH IST DAS ALLES NOCH GANZ NEU, FRÜHER WAR ICH NIE AN SOLCHEN ORTEN.
ECHT? ICH DACHTE, DIE GIBT'S ÜBERALL AUF DER WELT?

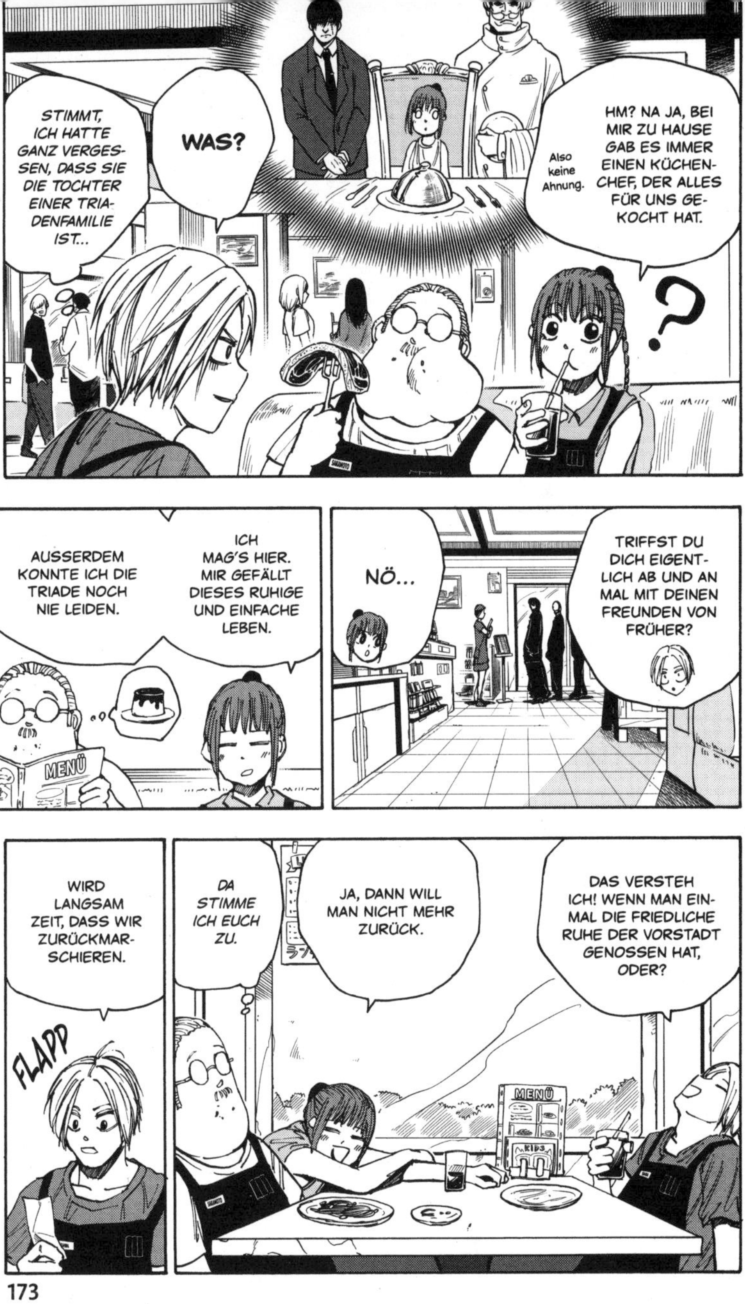
HM? NA JA, BEI MIR ZU HAUSE GAB ES IMMER EINEN KÜCHENCHEF, DER ALLES FÜR UNS GEKOCHT HAT.
Also keine Ahnung.
WAS?
STIMMT, ICH HATTE GANZ VERGESSEN, DASS SIE DIE TOCHTER EINER TRIADENFAMILIE IST...
TRIFFST DU DICH EIGENTLICH AB UND AN MAL MIT DEINEN FREUNDEN VON FRÜHER?
NÖ...
ICH MAG'S HIER. MIR GEFÄLLT DIESES RUHIGE UND EINFACHE LEBEN.
AUSSERDEM KONNTE ICH DIE TRIADE NOCH NIE LEIDEN.
MITTAGSANGEBOT
MENÜ
DAS VERSTEH ICH! WENN MAN EINMAL DIE FRIEDLICHE RUHE DER VORSTADT GENOSSEN HAT, ODER?
JA, DANN WILL MAN NICHT MEHR ZURÜCK.
DA STIMME ICH EUCH ZU.
MENÜ
KIDS
WIRD LANGSAM ZEIT, DASS WIR ZURÜCKMARSCHIEREN.
FLAPP

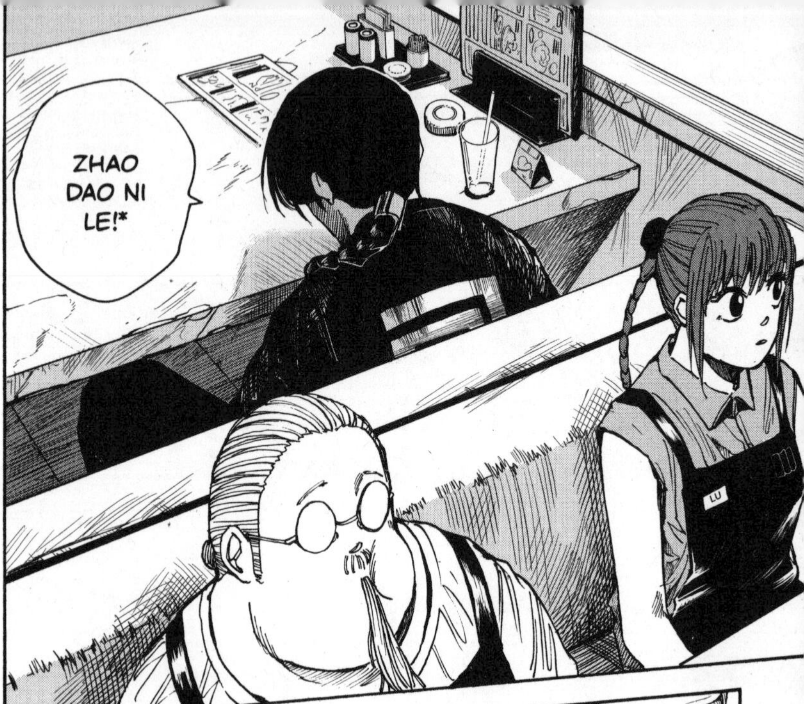

* HABE ICH EUCH GEFUNDEN!

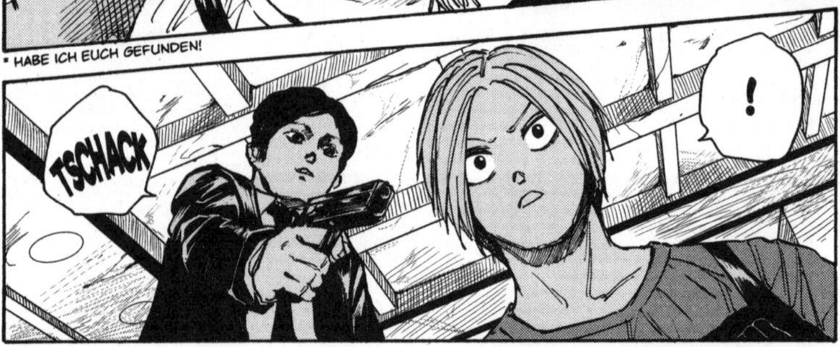

* STIRB!

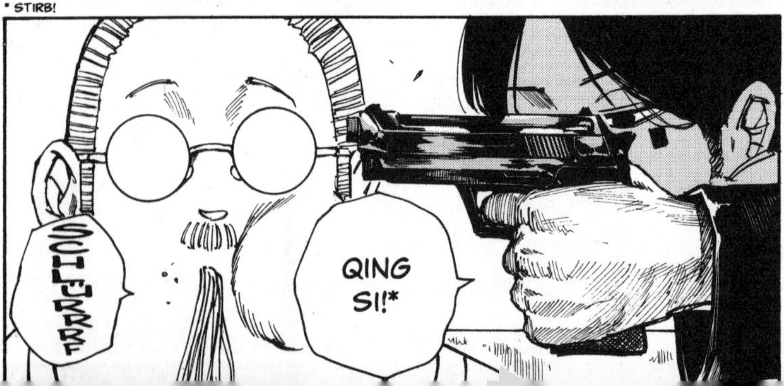

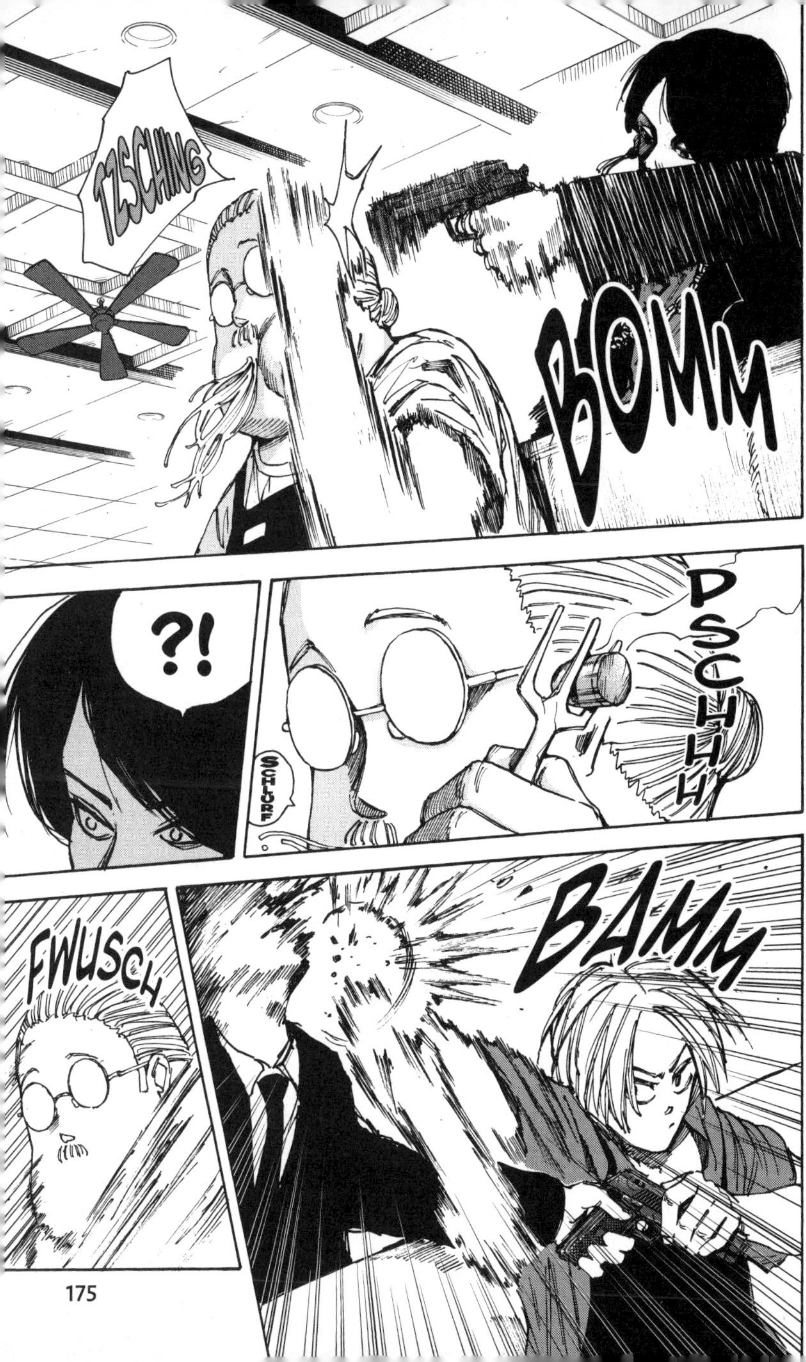
BOMM
TZSCHING
PSCHHHH
SCHLURF
?!
BAMM
FWUSCH

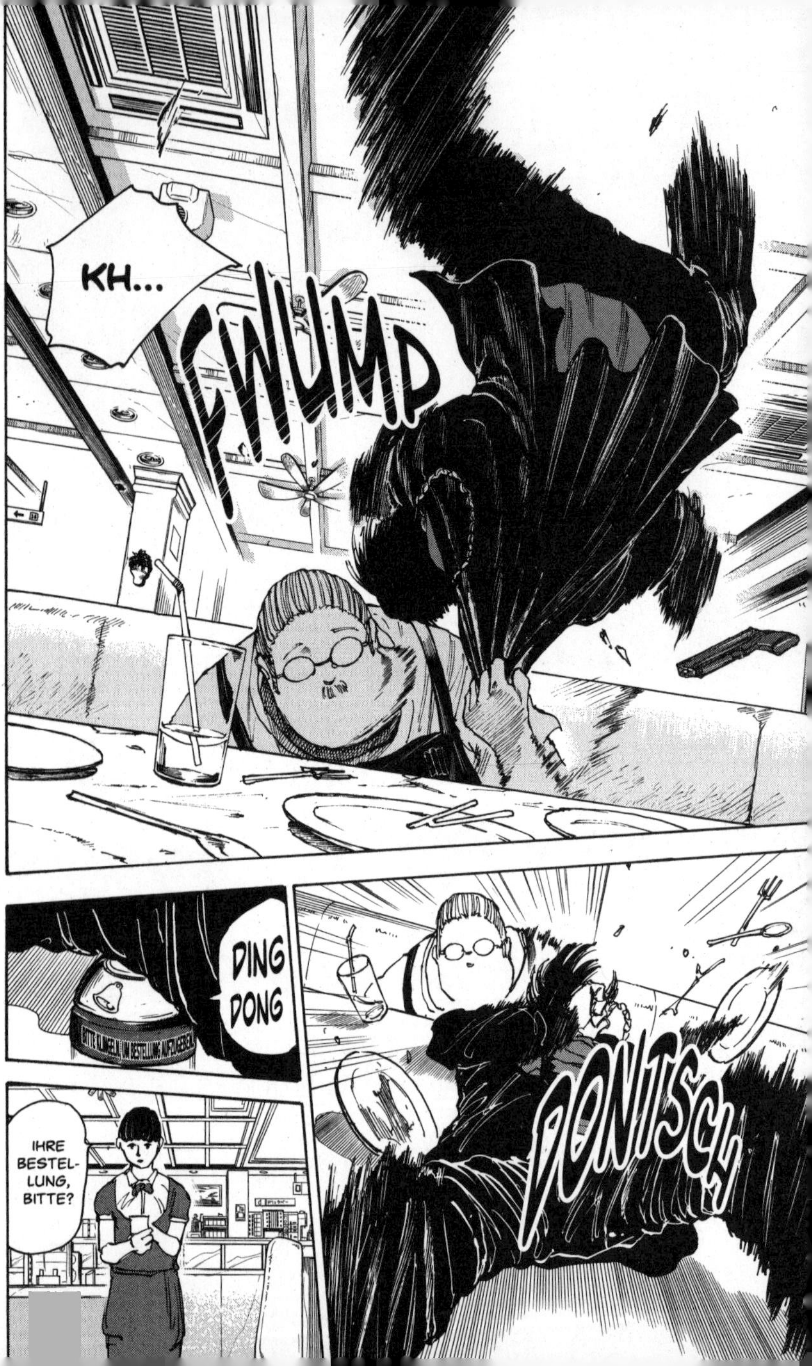
KH...
FWUMP
DONTSCH
DING DONG
BITTE KLINGELN, UM BESTELLUNG AUFZUGEBEN
IHRE BESTEL-LUNG, BITTE?

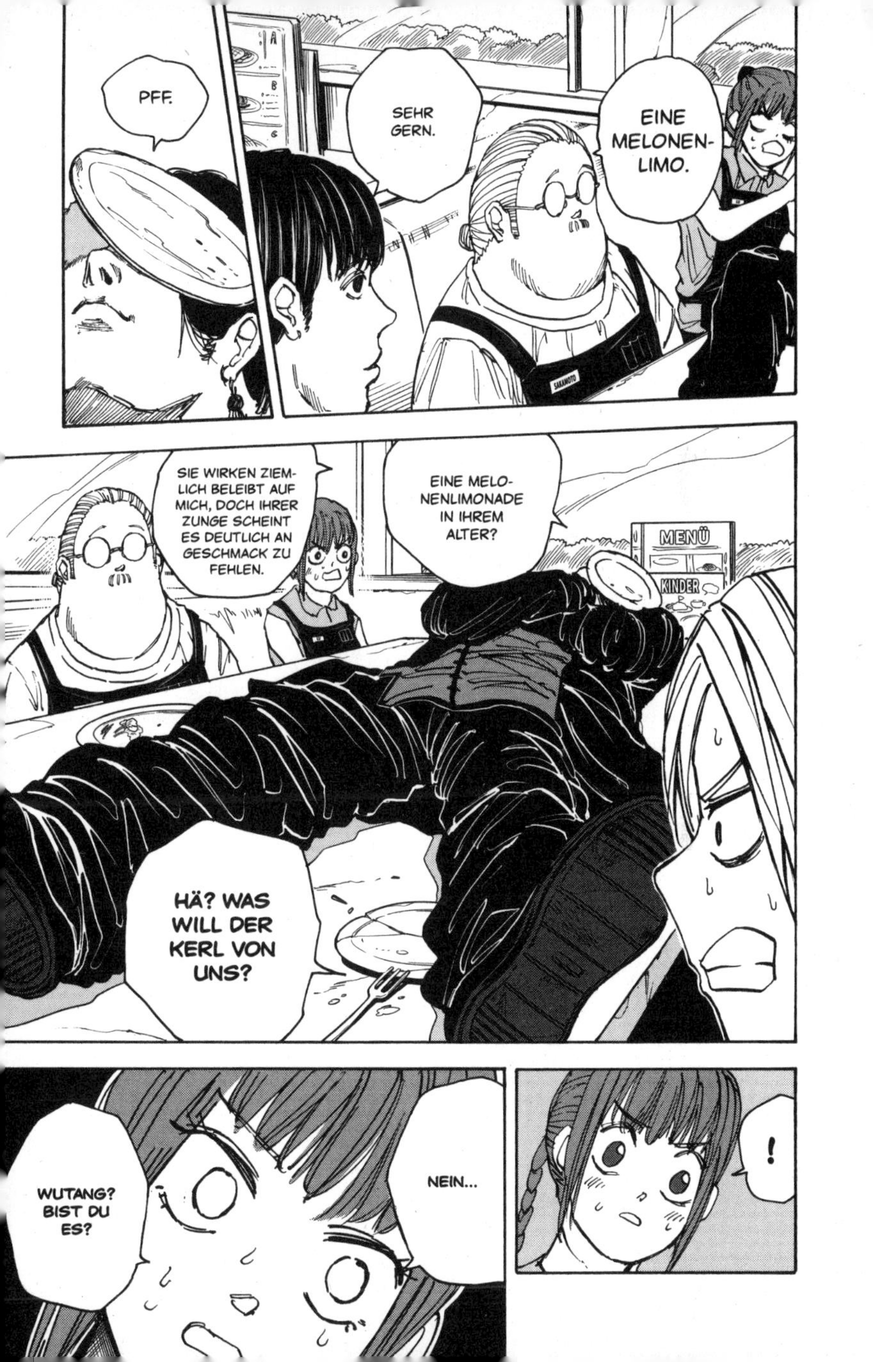

EINE MELONEN-LIMO.
SEHR GERN.
PFF.
EINE MELO-NENLIMONADE IN IHREM ALTER?
SIE WIRKEN ZIEM-LICH BELEIBT AUF MICH, DOCH IHRER ZUNGE SCHEINT ES DEUTLICH AN GESCHMACK ZU FEHLEN.
MENÜ
KINDER
HÄ? WAS WILL DER KERL VON UNS?
!
NEIN...
WUTANG? BIST DU ES?

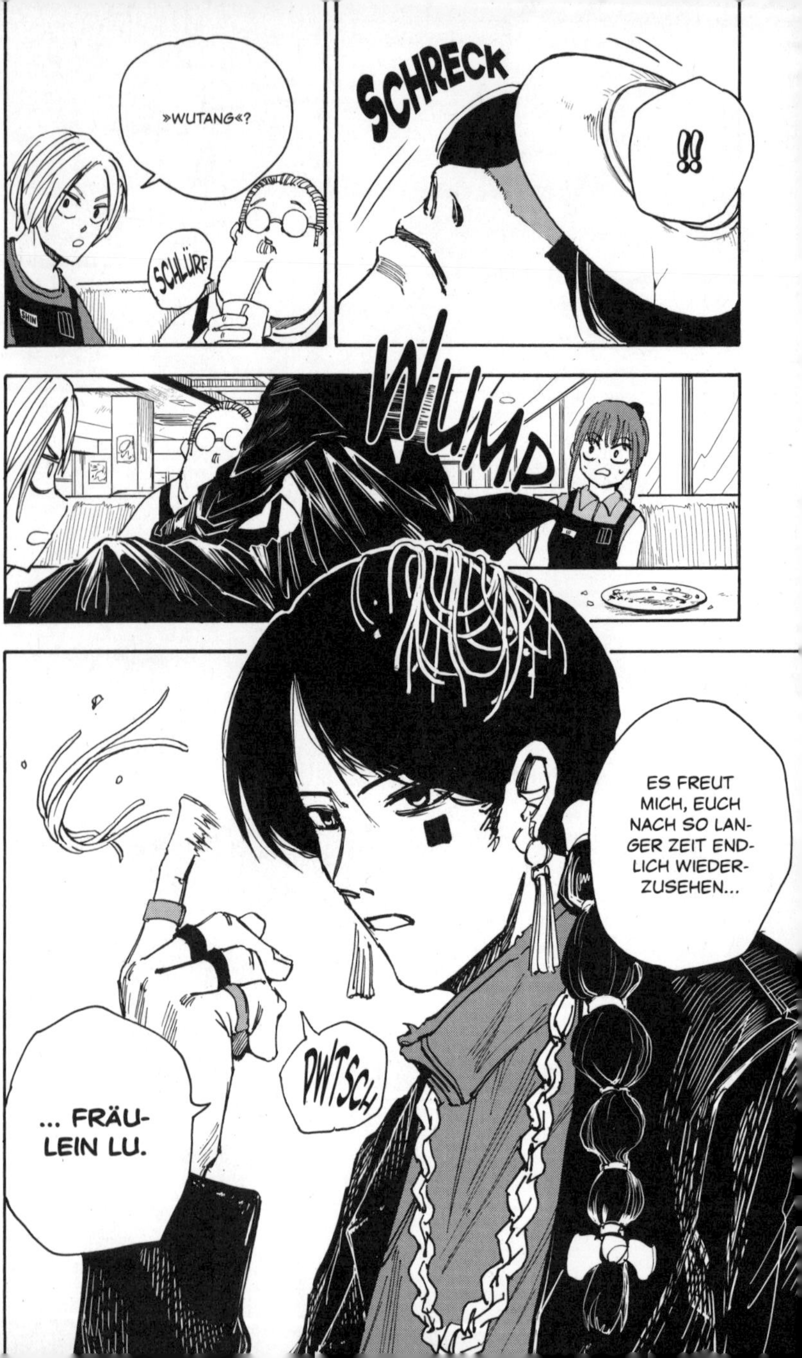
SCHRECK
!!
»WUTANG«?
SCHLÜRF
WUMP
ES FREUT MICH, EUCH NACH SO LANGER ZEIT ENDLICH WIEDERZUSEHEN...
DWTSCH
... FRÄULEIN LU.

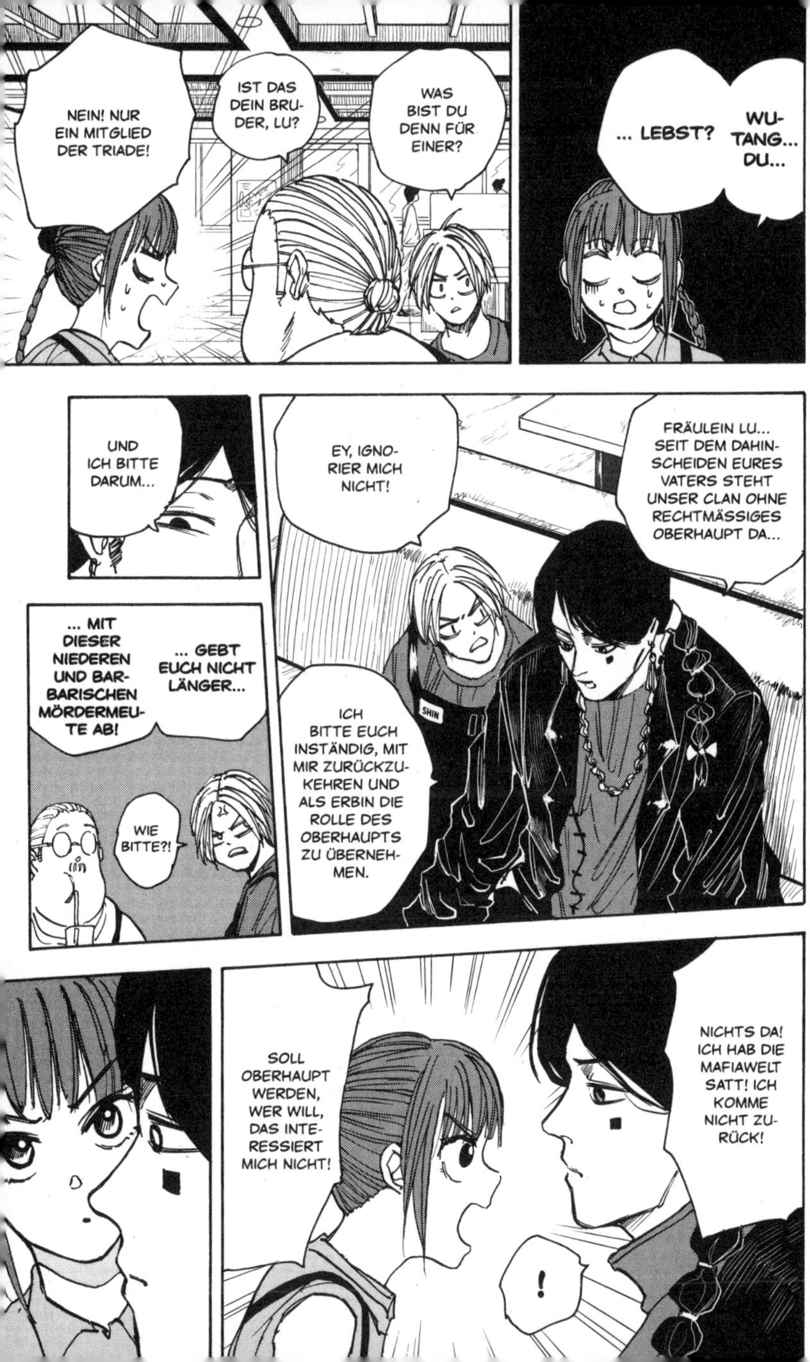

WU-TANG... DU...
... LEBST?
WAS BIST DU DENN FÜR EINER?
IST DAS DEIN BRUDER, LU?
NEIN! NUR EIN MITGLIED DER TRIADE!
FRÄULEIN LU... SEIT DEM DAHINSCHEIDEN EURES VATERS STEHT UNSER CLAN OHNE RECHTMÄSSIGES OBERHAUPT DA...
EY, IGNORIER MICH NICHT!
ICH BITTE EUCH INSTÄNDIG, MIT MIR ZURÜCKZUKEHREN UND ALS ERBIN DIE ROLLE DES OBERHAUPTS ZU ÜBERNEHMEN.
UND ICH BITTE DARUM...
... GEBT EUCH NICHT LÄNGER...
... MIT DIESER NIEDEREN UND BARBARISCHEN MÖRDERMEUTE AB!
WIE BITTE?!
NICHTS DA! ICH HAB DIE MAFIAWELT SATT! ICH KOMME NICHT ZURÜCK!
!
SOLL OBERHAUPT WERDEN, WER WILL, DAS INTERESSIERT MICH NICHT!

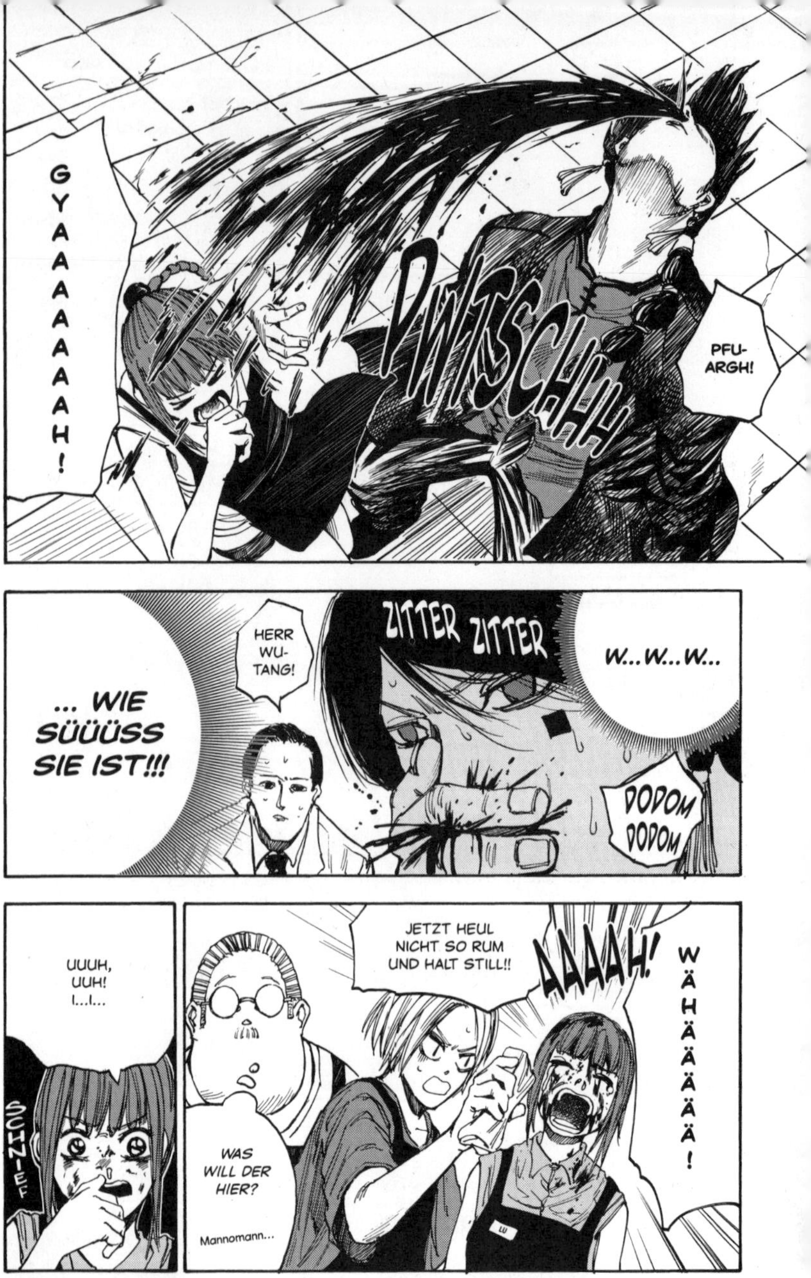
PFU-ARGH!
DWITSCHHH
GYAAAAAAAH!
W...W...W...
ZITTER ZITTER
DODOM DODOM
HERR WU-TANG!
... WIE SÜÜÜSS SIE IST!!!
WÄHÄÄÄÄÄ!
AAAAH!
JETZT HEUL NICHT SO RUM UND HALT STILL!!
WAS WILL DER HIER?
Mannomann...
UUUH, UUH! I...I...
SCHNIEF

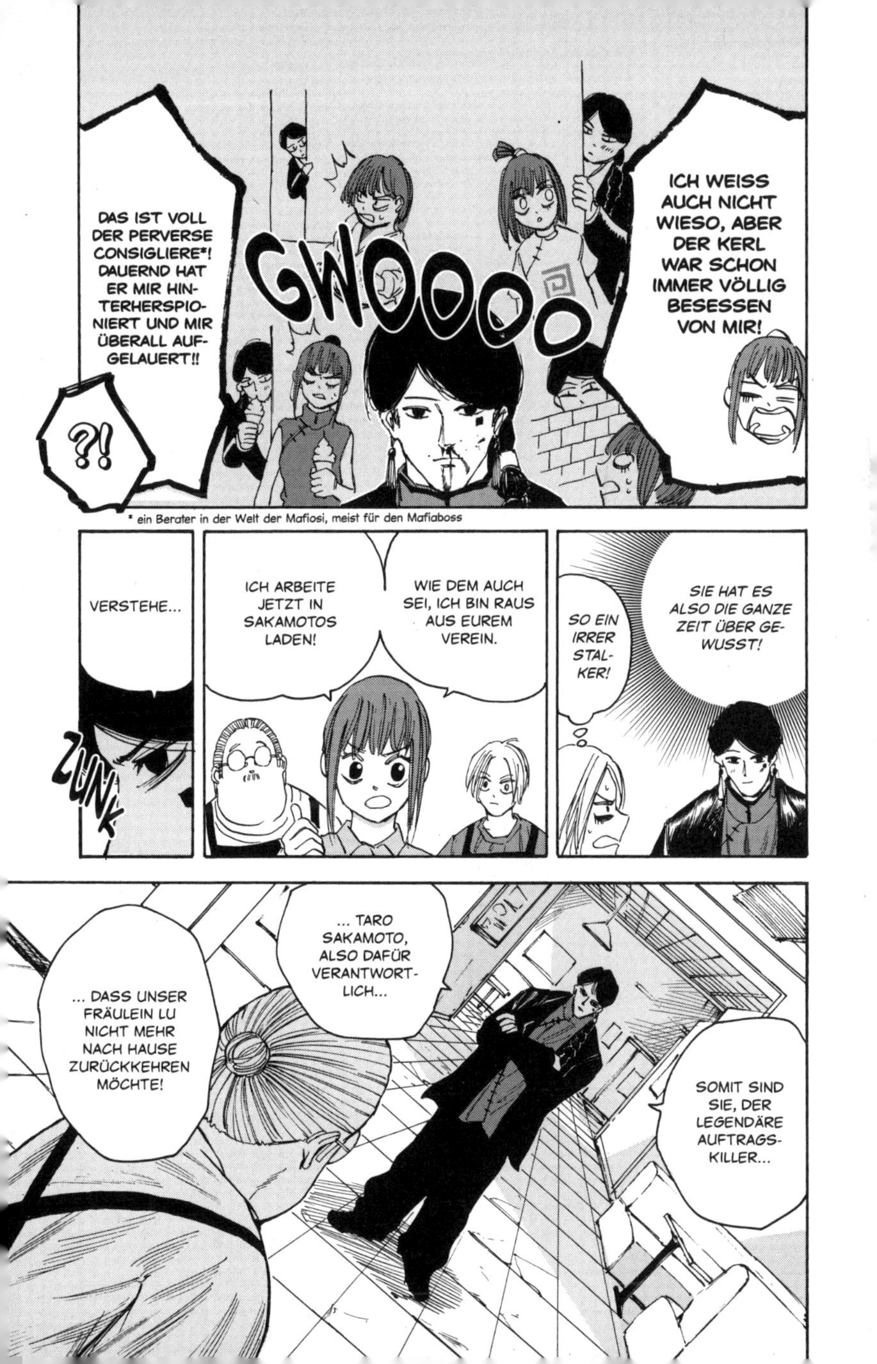

* ein Berater in der Welt der Mafiosi, meist für den Mafiaboss

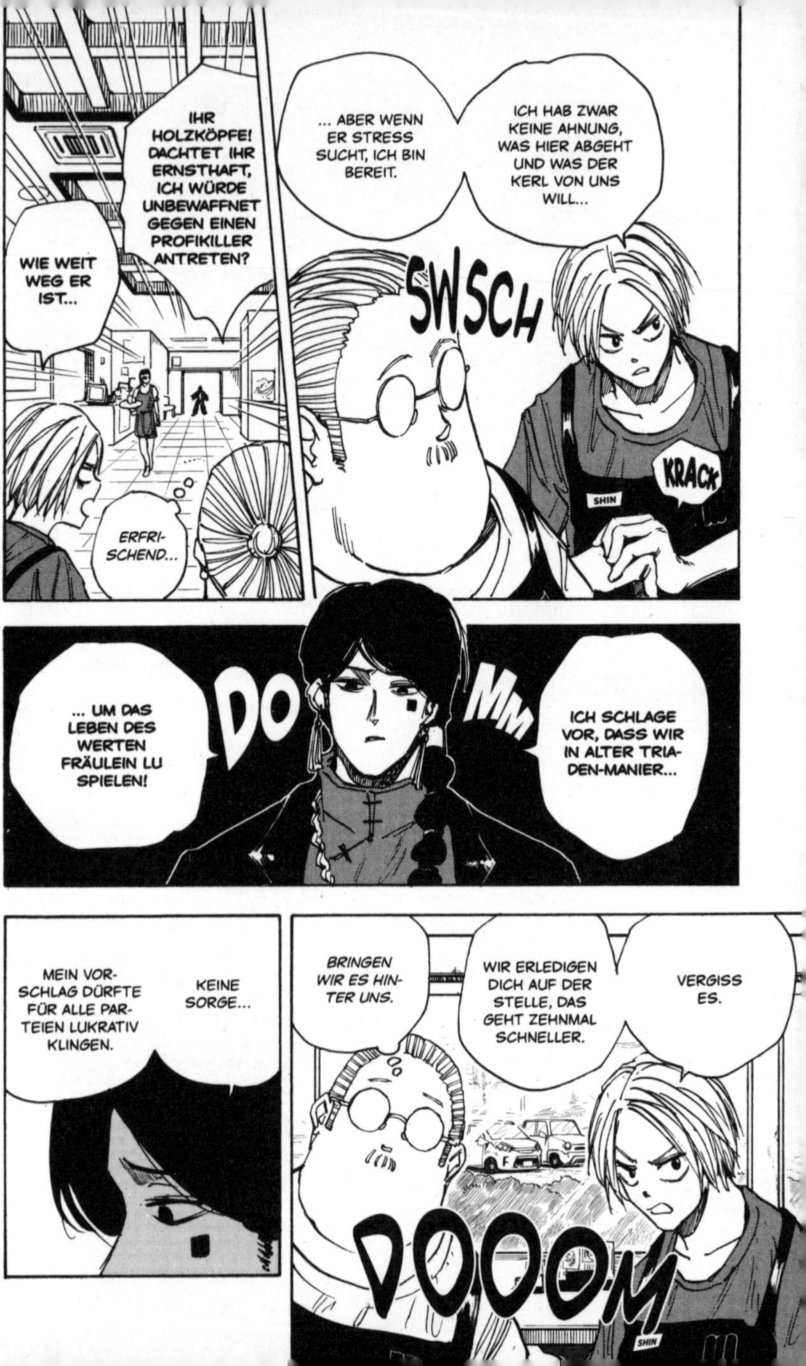
ICH HAB ZWAR KEINE AHNUNG, WAS HIER ABGEHT UND WAS DER KERL VON UNS WILL...
... ABER WENN ER STRESS SUCHT, ICH BIN BEREIT.
SWSCH
KRACK
SHIN
IHR HOLZKÖPFE! DACHTET IHR ERNSTHAFT, ICH WÜRDE UNBEWAFFNET GEGEN EINEN PROFIKILLER ANTRETEN?
WIE WEIT WEG ER IST...
ERFRISCHEND...
ICH SCHLAGE VOR, DASS WIR IN ALTER TRIADEN-MANIER...
DOMM
... UM DAS LEBEN DES WERTEN FRÄULEIN LU SPIELEN!
VERGISS ES.
WIR ERLEDIGEN DICH AUF DER STELLE, DAS GEHT ZEHNMAL SCHNELLER.
BRINGEN WIR ES HINTER UNS.
DOOOM
SHIN
KEINE SORGE...
MEIN VORSCHLAG DÜRFTE FÜR ALLE PARTEIEN LUKRATIV KLINGEN.

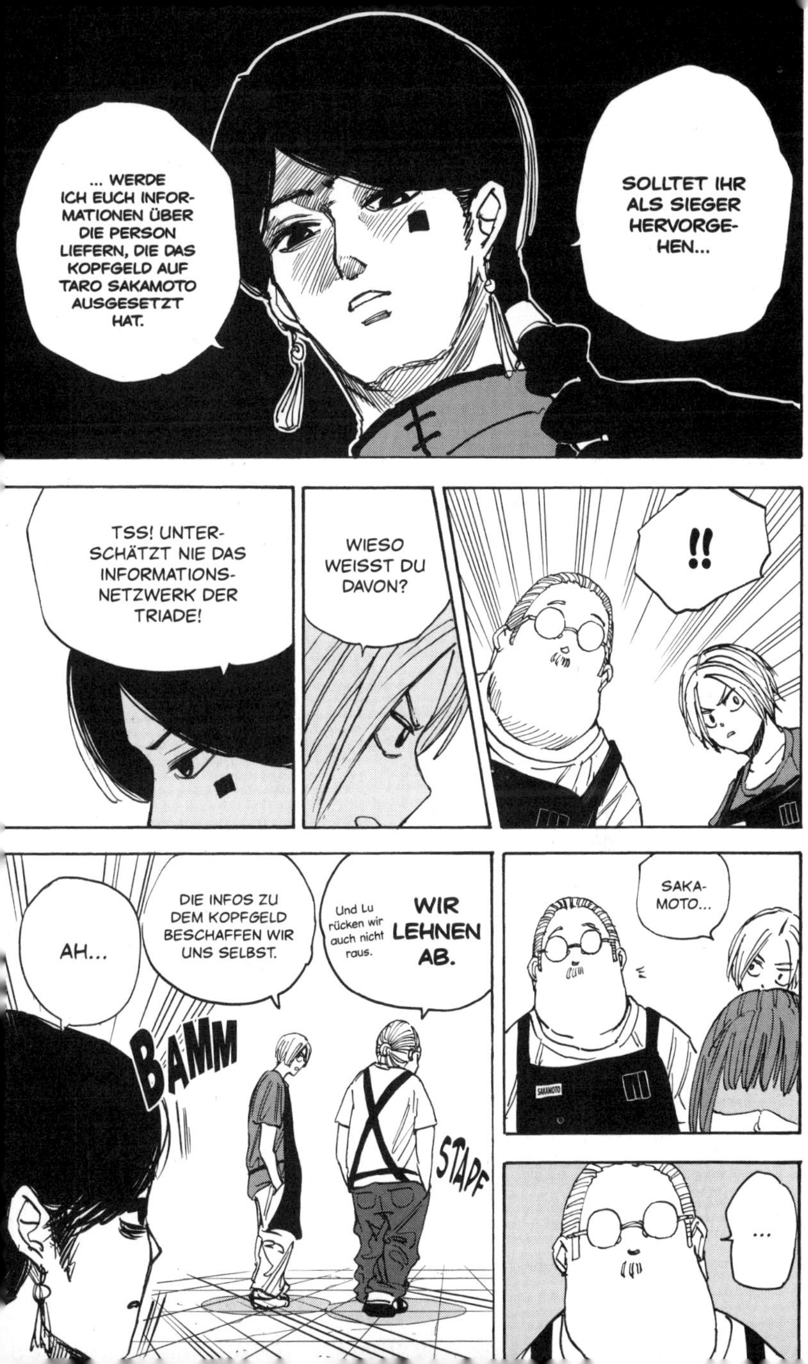
SOLLTET IHR ALS SIEGER HERVORGEHEN...
... WERDE ICH EUCH INFORMATIONEN ÜBER DIE PERSON LIEFERN, DIE DAS KOPFGELD AUF TARO SAKAMOTO AUSGESETZT HAT.
!!
WIESO WEISST DU DAVON?
TSS! UNTERSCHÄTZT NIE DAS INFORMATIONSNETZWERK DER TRIADE!
SAKAMOTO...
SAKAMOTO
...
WIR LEHNEN AB.
Und Lu rücken wir auch nicht raus.
DIE INFOS ZU DEM KOPFGELD BESCHAFFEN WIR UNS SELBST.
AH...
BAMM
STAPF

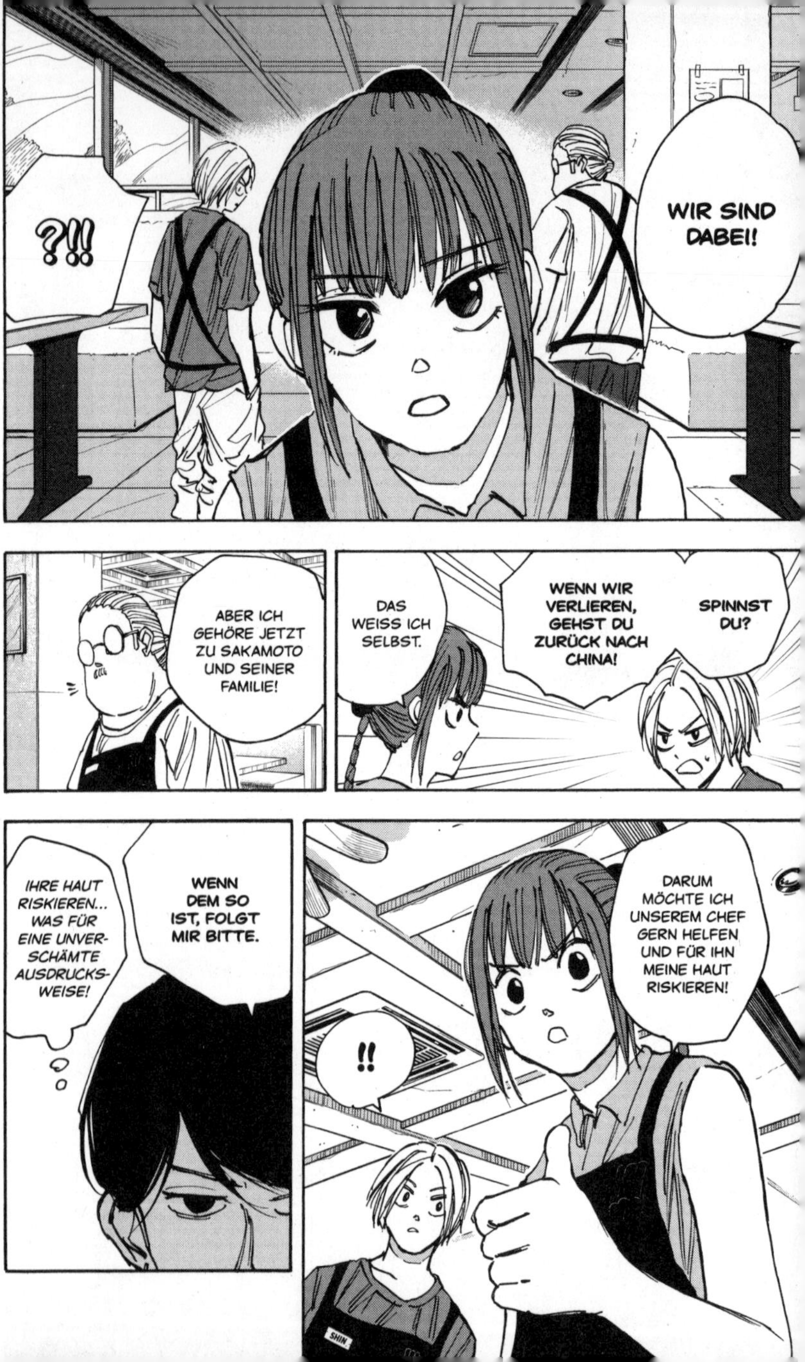
WIR SIND DABEI!
?!!
SPINNST DU?
WENN WIR VERLIEREN, GEHST DU ZURÜCK NACH CHINA!
DAS WEISS ICH SELBST.
ABER ICH GEHÖRE JETZT ZU SAKAMOTO UND SEINER FAMILIE!
DARUM MÖCHTE ICH UNSEREM CHEF GERN HELFEN UND FÜR IHN MEINE HAUT RISKIEREN!
!!
SHIN
WENN DEM SO IST, FOLGT MIR BITTE.
IHRE HAUT RISKIEREN… WAS FÜR EINE UNVER-SCHÄMTE AUSDRUCKS-WEISE!

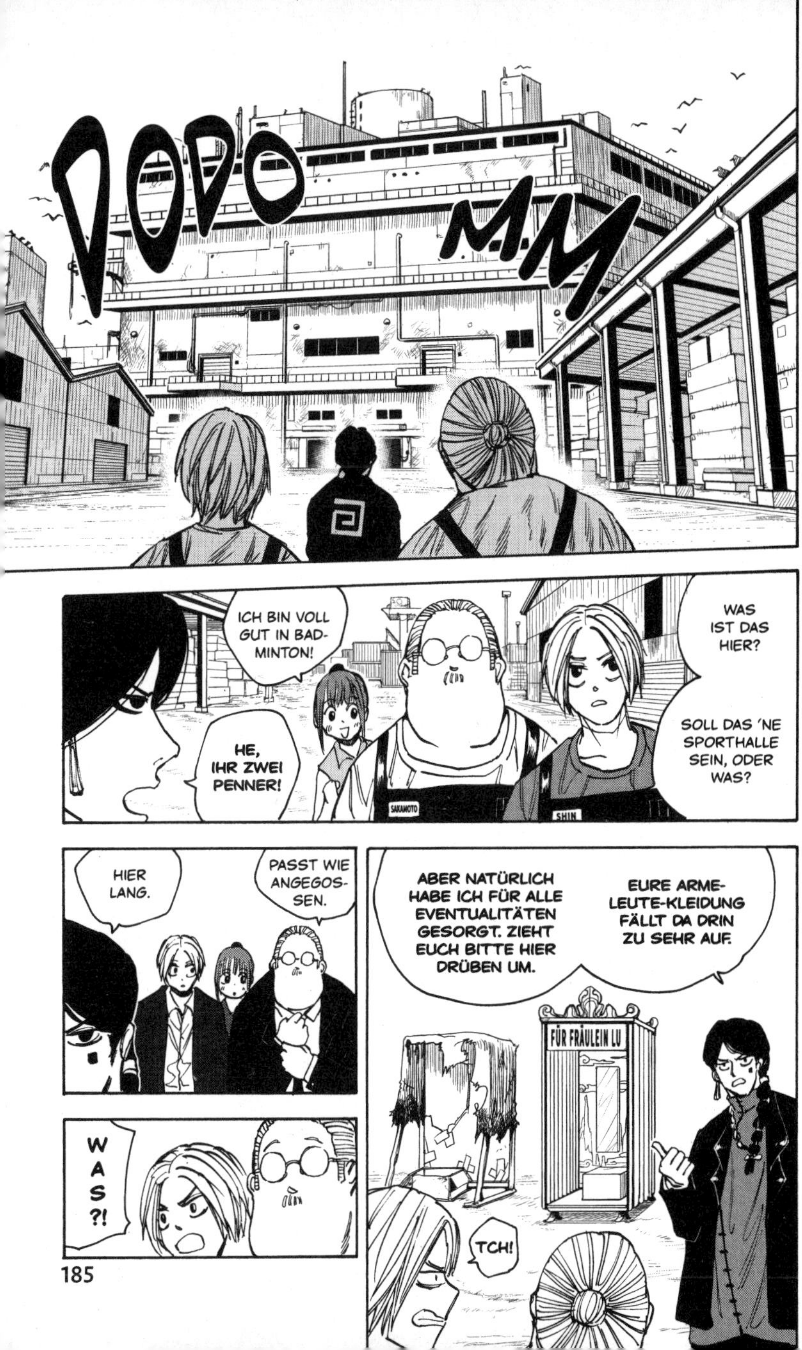
DODOMM
WAS IST DAS HIER?
SOLL DAS ´NE SPORTHALLE SEIN, ODER WAS?
ICH BIN VOLL GUT IN BADMINTON!
HE, IHR ZWEI PENNER!
SAKAMOTO
SHIN
EURE ARME-LEUTE-KLEIDUNG FÄLLT DA DRIN ZU SEHR AUF.
ABER NATÜRLICH HABE ICH FÜR ALLE EVENTUALITÄTEN GESORGT. ZIEHT EUCH BITTE HIER DRÜBEN UM.
FÜR FRÄULEIN LU
TCH!
PASST WIE ANGEGOSSEN.
HIER LANG.
WAS?!

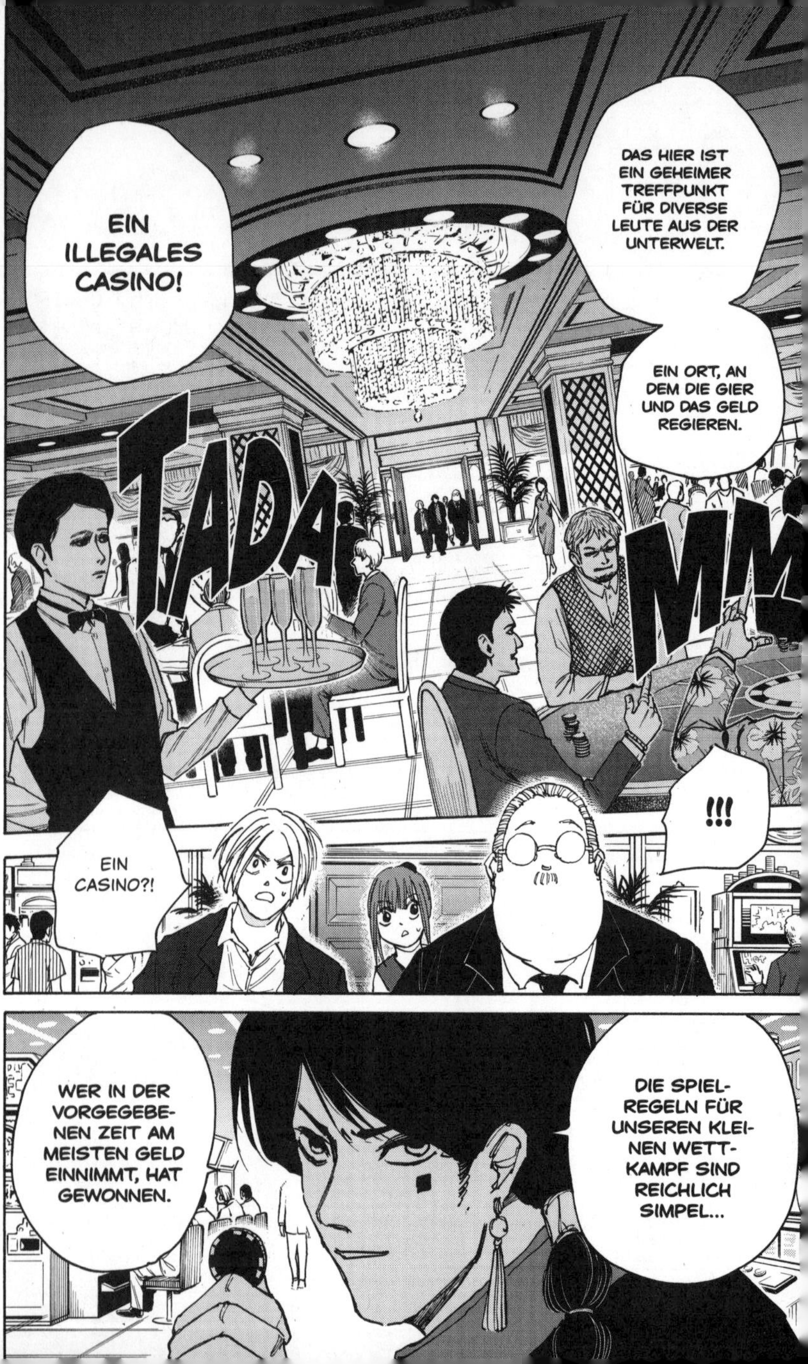
DAS HIER IST EIN GEHEIMER TREFFPUNKT FÜR DIVERSE LEUTE AUS DER UNTERWELT.
EIN ILLEGALES CASINO!
EIN ORT, AN DEM DIE GIER UND DAS GELD REGIEREN.
TADAMM
!!!
EIN CASINO?!
DIE SPIEL-REGELN FÜR UNSEREN KLEI-NEN WETT-KAMPF SIND REICHLICH SIMPEL...
WER IN DER VORGEGEBE-NEN ZEIT AM MEISTEN GELD EINNIMMT, HAT GEWONNEN.

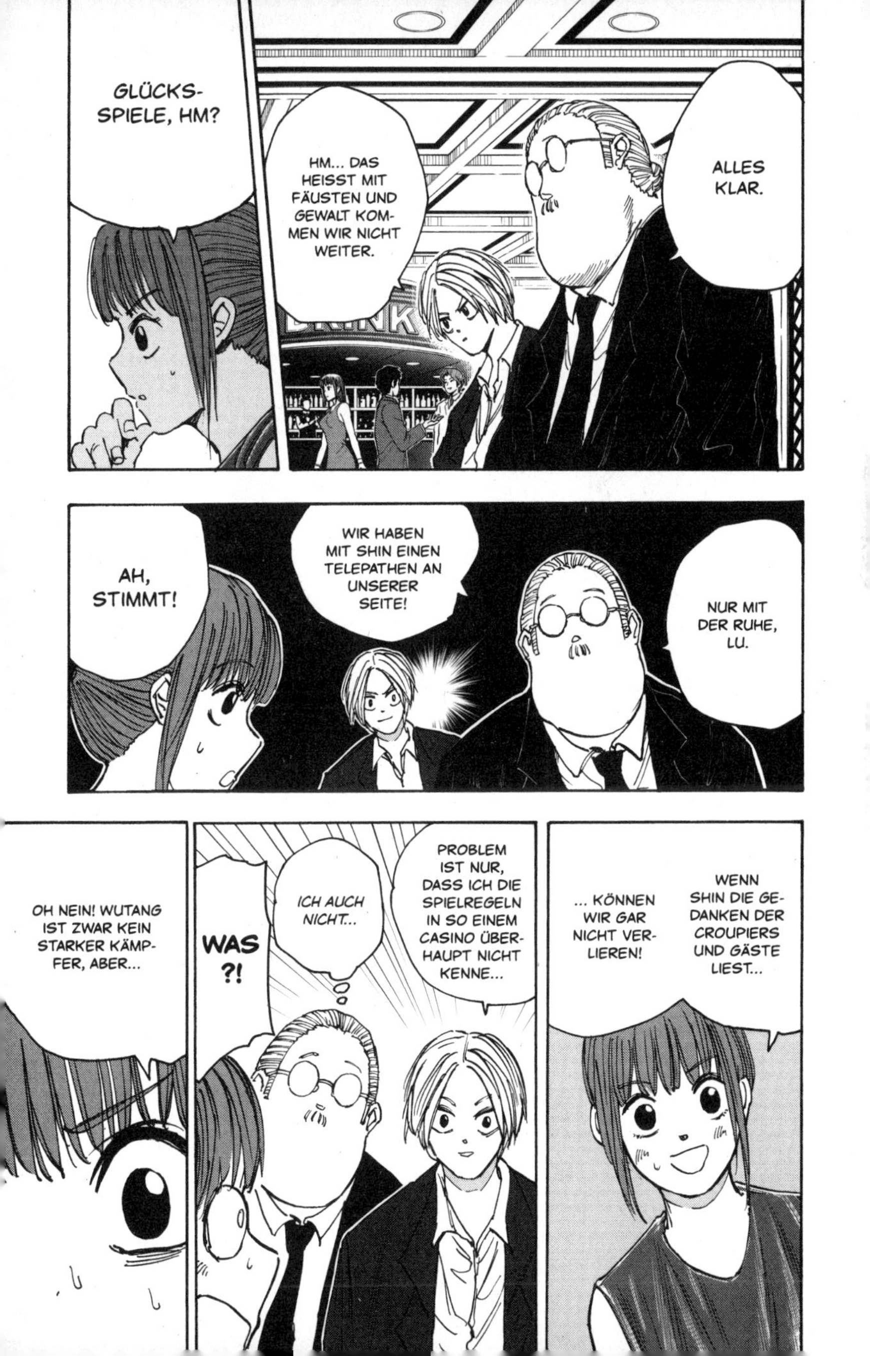
ALLES KLAR.
HM... DAS HEISST MIT FÄUSTEN UND GEWALT KOMMEN WIR NICHT WEITER.
GLÜCKS-SPIELE, HM?
NUR MIT DER RUHE, LU.
WIR HABEN MIT SHIN EINEN TELEPATHEN AN UNSERER SEITE!
AH, STIMMT!
WENN SHIN DIE GEDANKEN DER CROUPIERS UND GÄSTE LIEST...
... KÖNNEN WIR GAR NICHT VERLIEREN!
PROBLEM IST NUR, DASS ICH DIE SPIELREGELN IN SO EINEM CASINO ÜBERHAUPT NICHT KENNE...
ICH AUCH NICHT...
WAS ?!
OH NEIN! WUTANG IST ZWAR KEIN STARKER KÄMPFER, ABER...

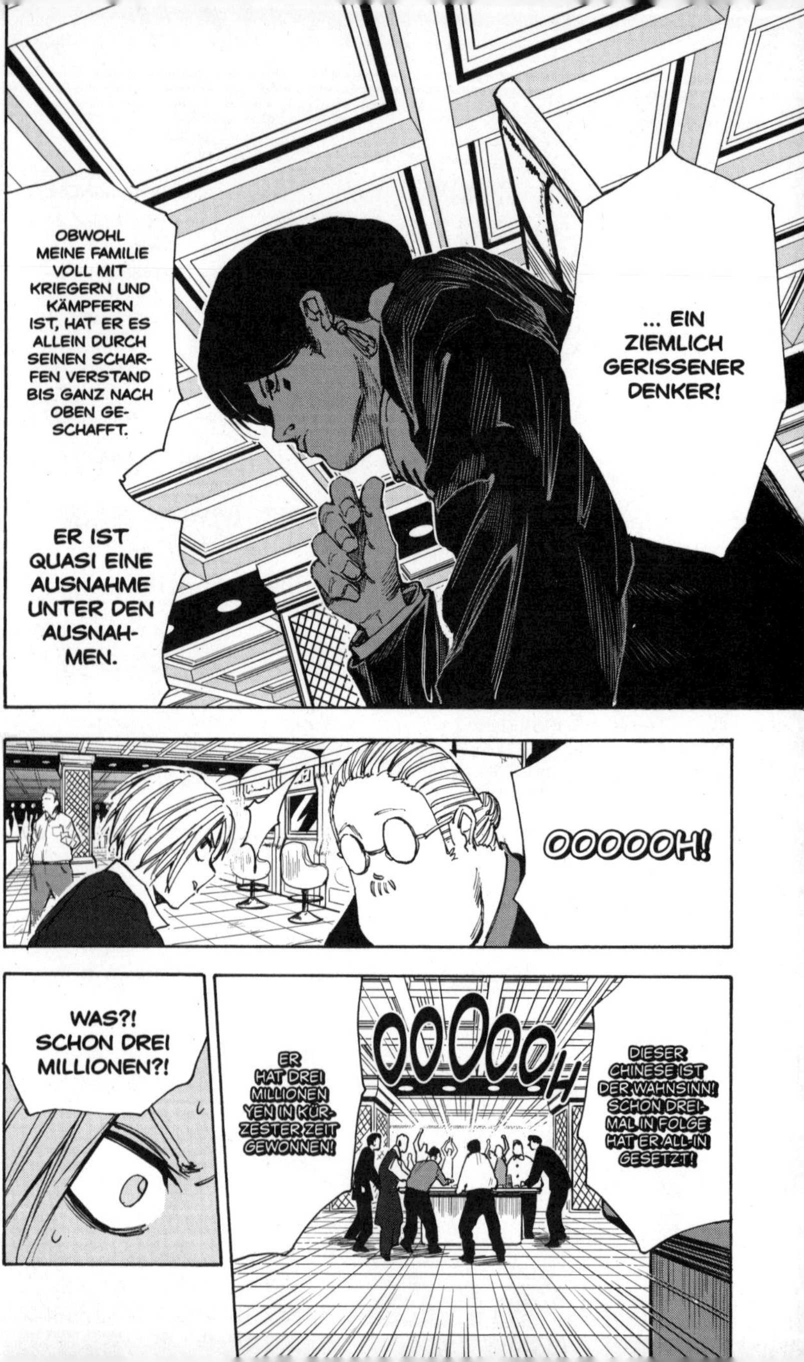

... EIN ZIEMLICH GERISSENER DENKER!
OBWOHL MEINE FAMILIE VOLL MIT KRIEGERN UND KÄMPFERN IST, HAT ER ES ALLEIN DURCH SEINEN SCHARFEN VERSTAND BIS GANZ NACH OBEN GESCHAFFT.
ER IST QUASI EINE AUSNAHME UNTER DEN AUSNAHMEN.
OOOOOH!
DIESER CHINESE IST DER WAHNSINN! SCHON DREIMAL IN FOLGE HAT ER ALL-IN GESETZT!
OOOOOH
ER HAT DREI MILLIONEN YEN IN KÜRZESTER ZEIT GEWONNEN!
WAS?! SCHON DREI MILLIONEN?!

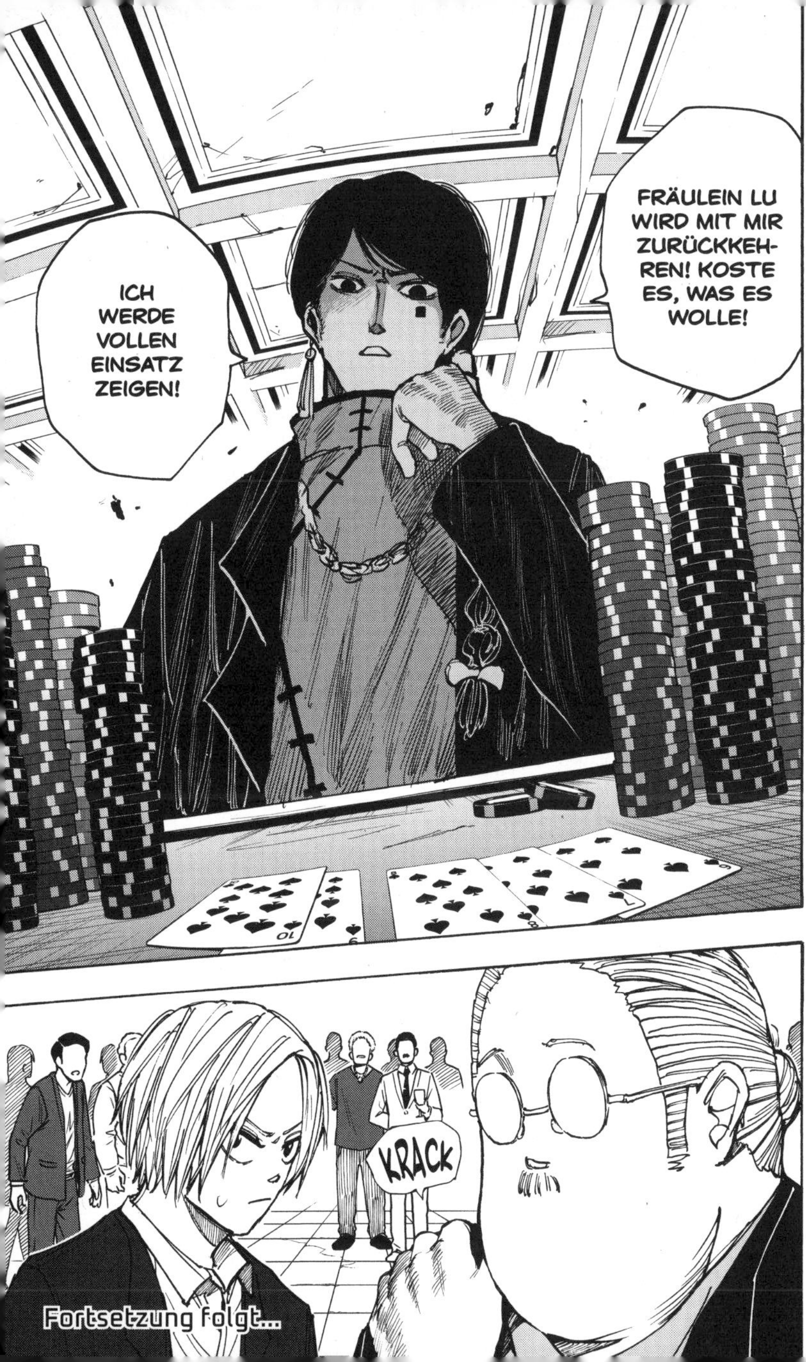
FRÄULEIN LU WIRD MIT MIR ZURÜCKKEH-REN! KOSTE ES, WAS ES WOLLE!
ICH WERDE VOLLEN EINSATZ ZEIGEN!
KRACK
Fortsetzung folgt...

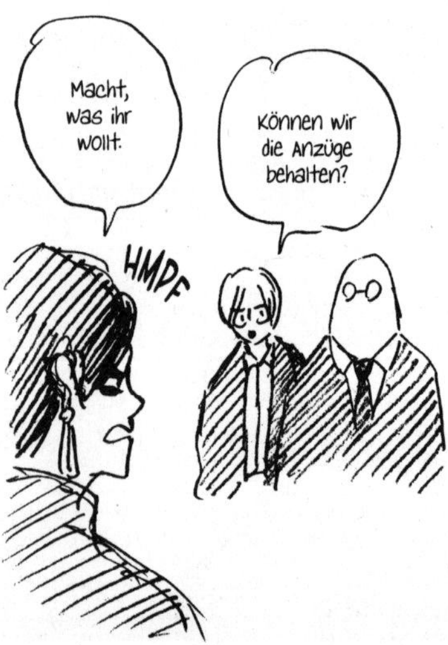

Macht, was ihr wollt.
HMPF
Können wir die Anzüge behalten?

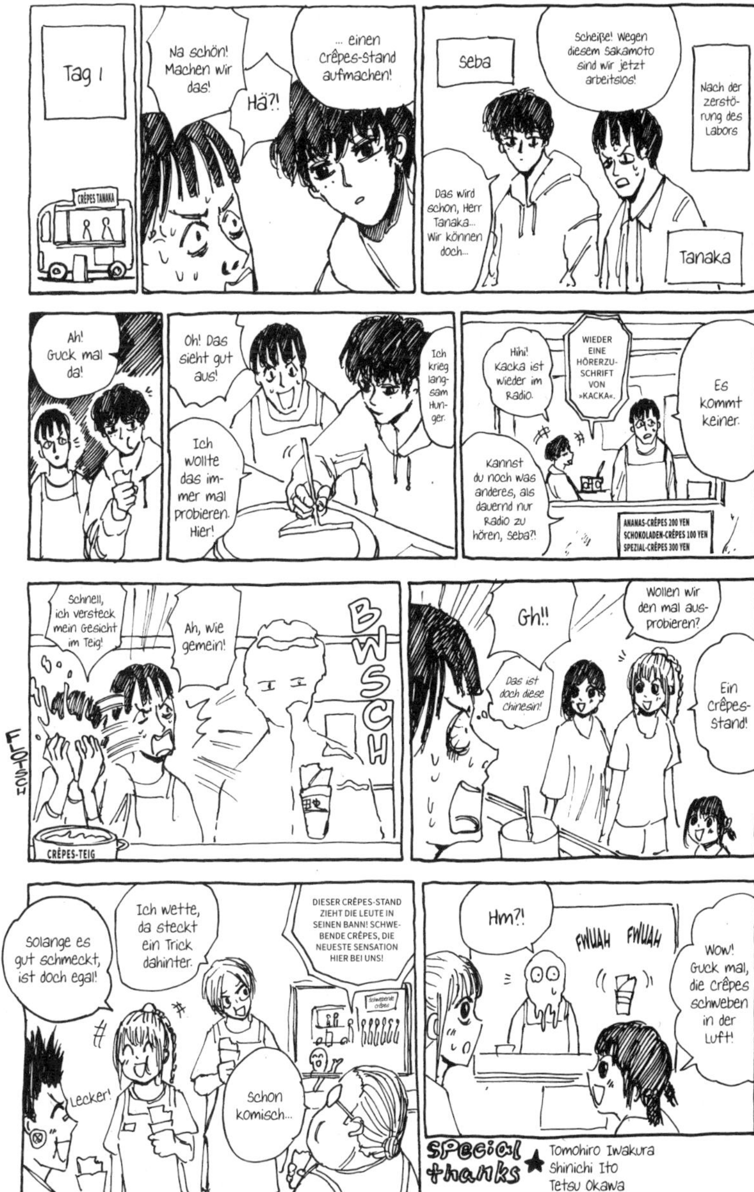

Special thanks ★
Tomohiro Iwakura
Shinichi Ito
Tetsu Okawa
Moro
Sosuke Ishikawa

Bonusmanga 1

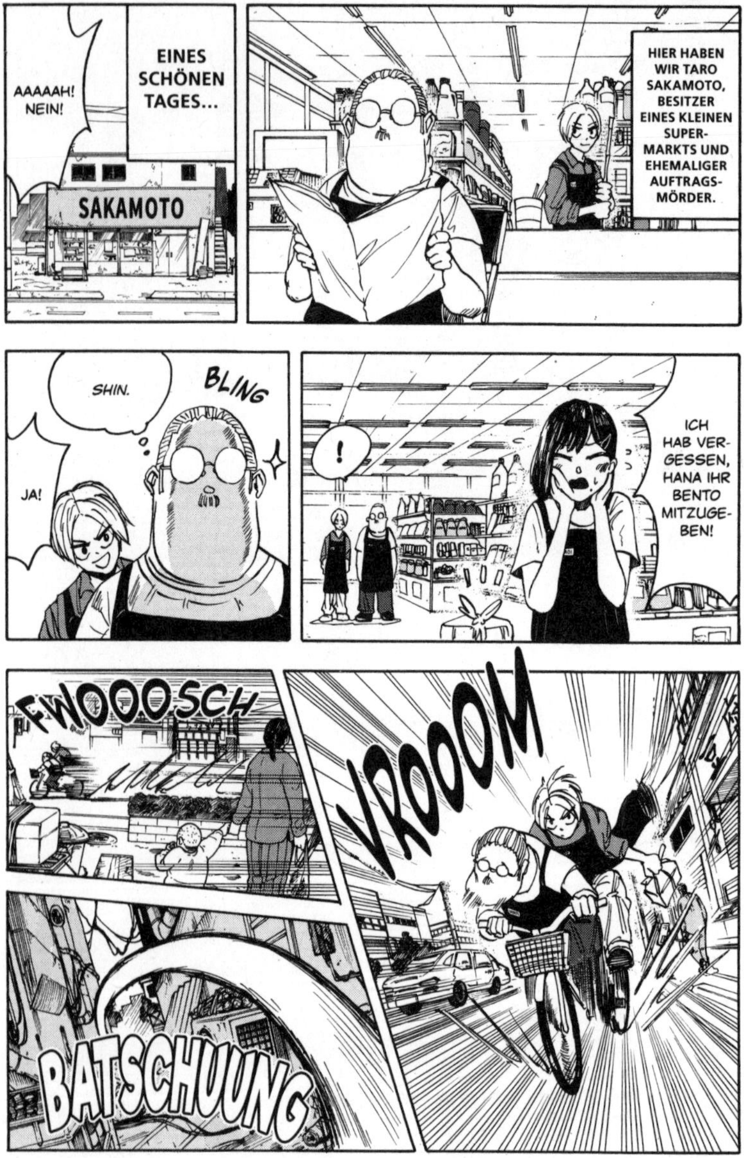

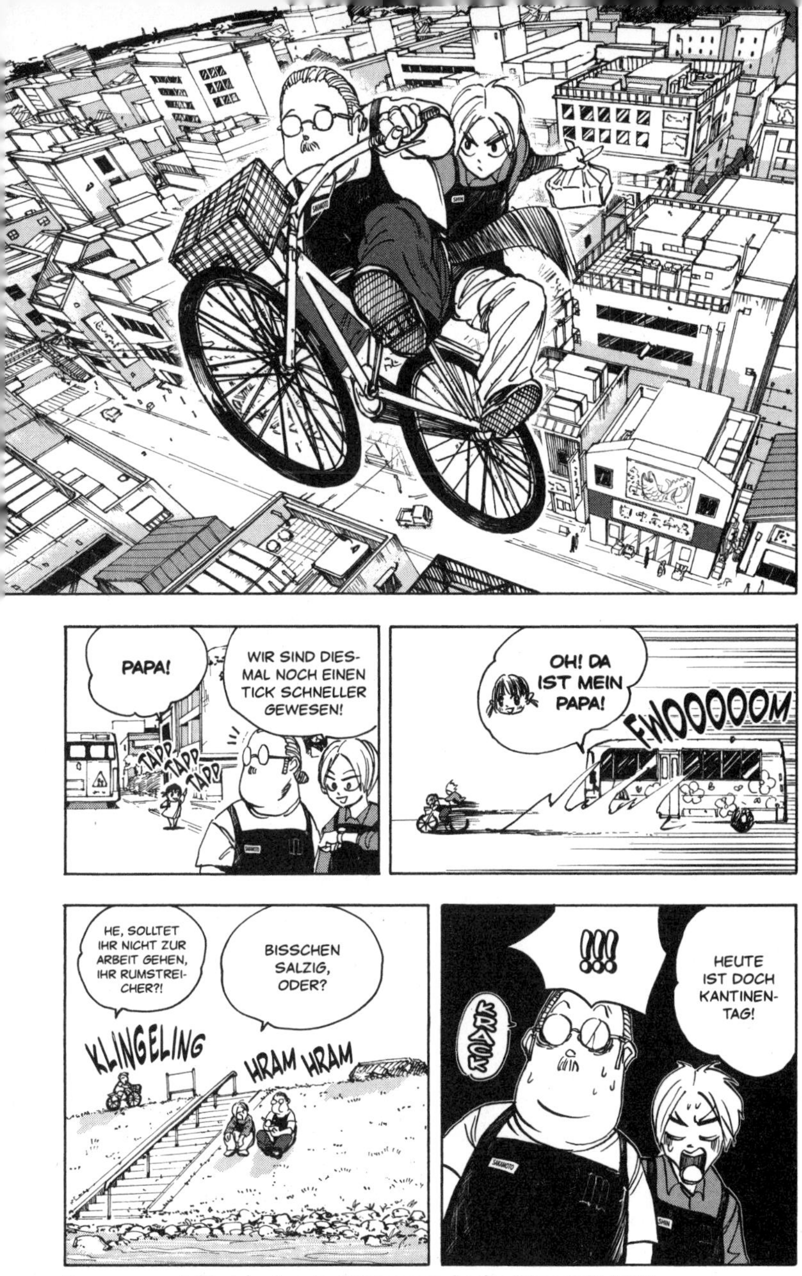

Bonusmanga 1 (Ende) – Aus der Winterausgabe der Jump GIGA 2021

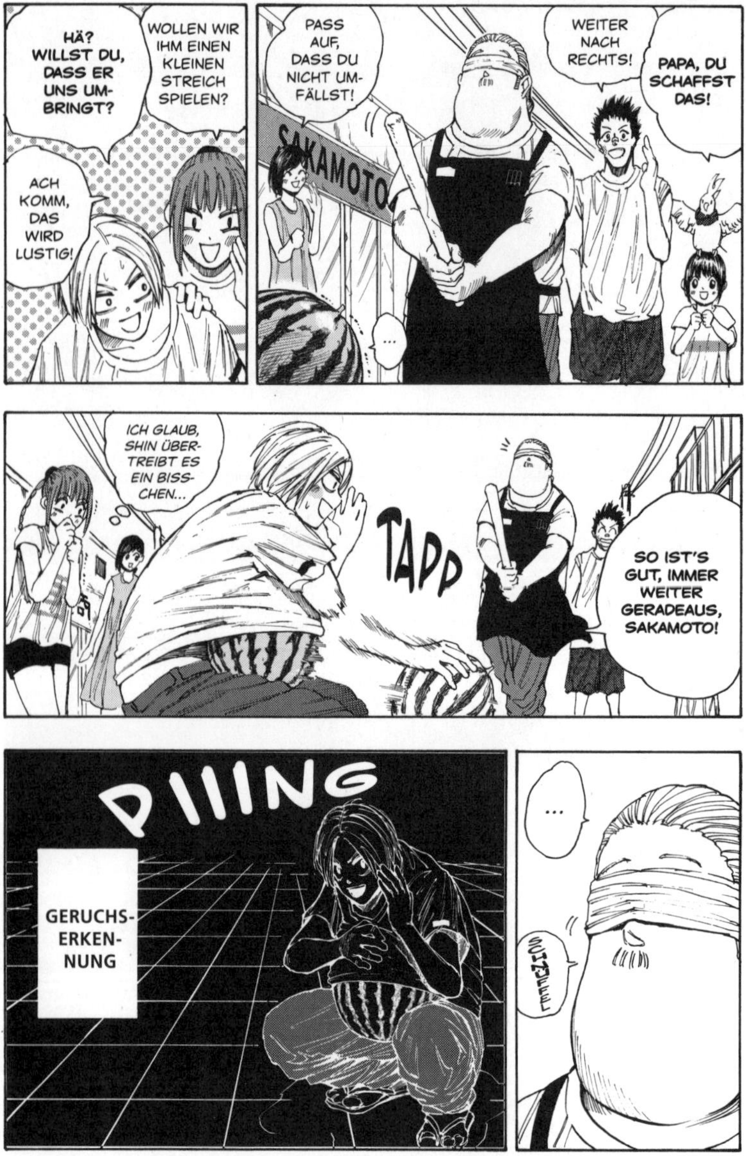
PAPA, DU SCHAFFST DAS!
WEITER NACH RECHTS!
PASS AUF, DASS DU NICHT UMFÄLLST!
SAKAMOTO
...
WOLLEN WIR IHM EINEN KLEINEN STREICH SPIELEN?
HÄ? WILLST DU, DASS ER UNS UMBRINGT?
ACH KOMM, DAS WIRD LUSTIG!
SO IST'S GUT, IMMER WEITER GERADEAUS, SAKAMOTO!
TAPP
ICH GLAUB, SHIN ÜBERTREIBT ES EIN BISSCHEN...
...
SCHNÜFFEL
PIIING
GERUCHSERKENNUNG

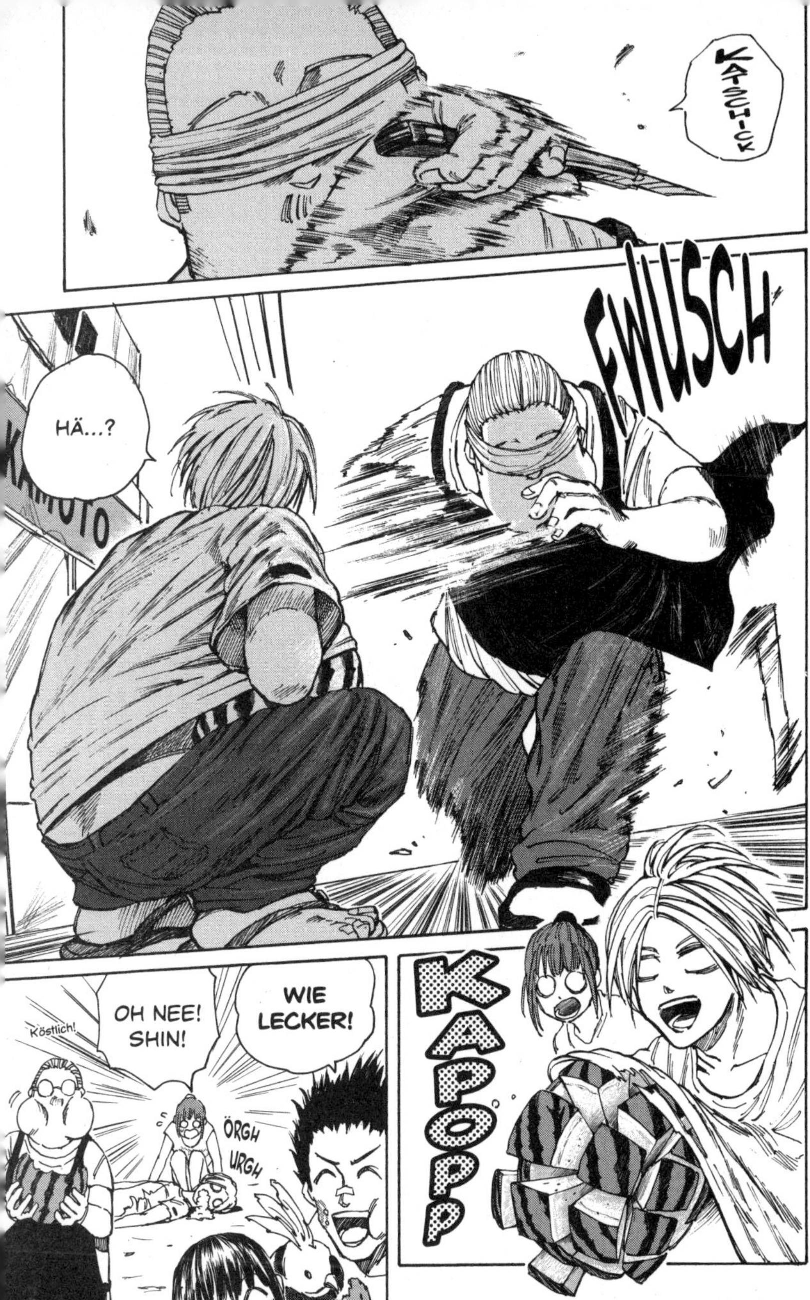

Bonusmanga 2 (Ende) – Aus der Weekly Shonen Jump, Doppelausgabe 36-37, 2021

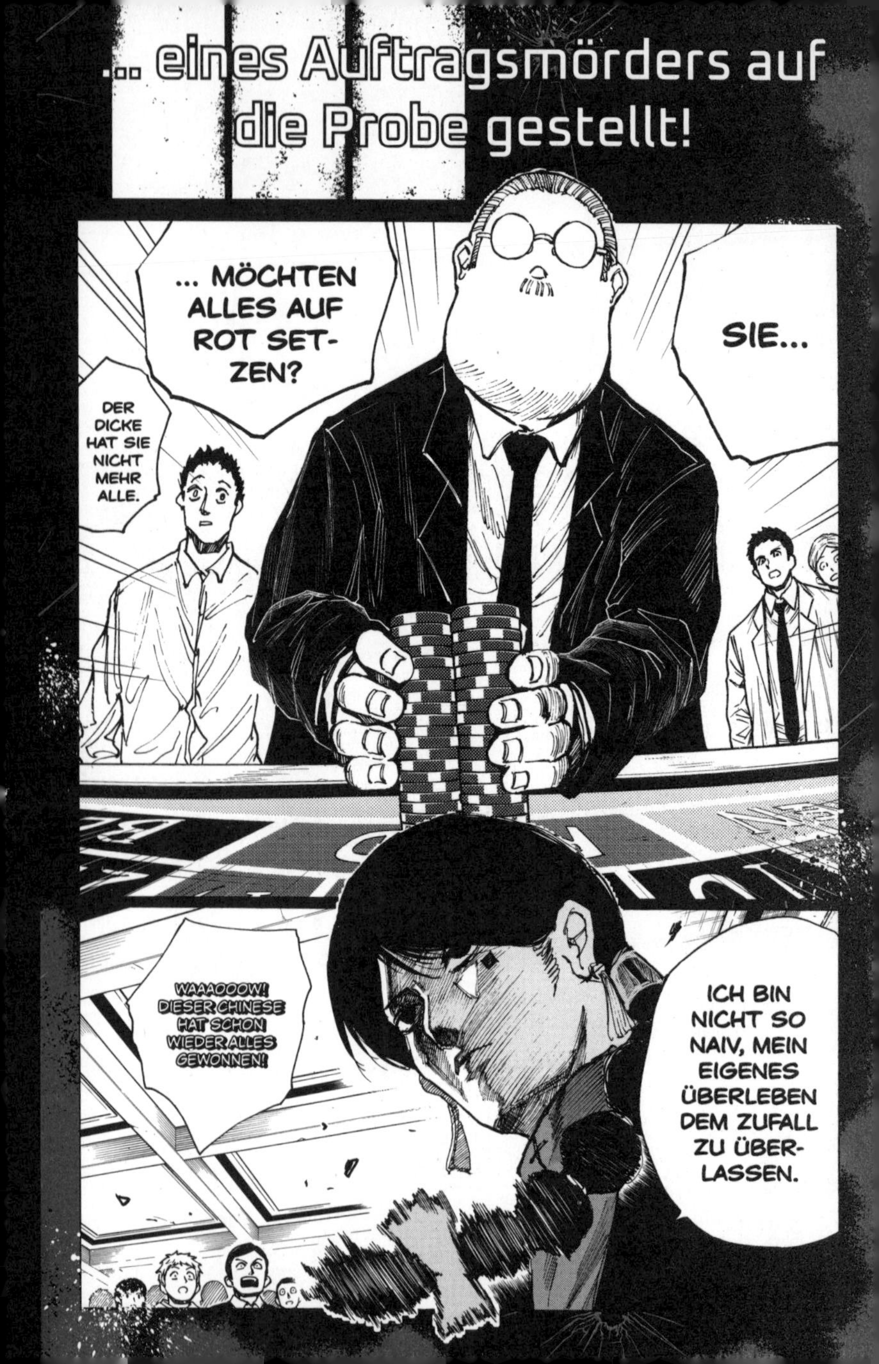
... eines Auftragsmörders auf die Probe gestellt!
SIE...
... MÖCHTEN ALLES AUF ROT SET-ZEN?
DER DICKE HAT SIE NICHT MEHR ALLE.
ICH BIN NICHT SO NAIV, MEIN EIGENES ÜBERLEBEN DEM ZUFALL ZU ÜBER-LASSEN.
WAAAOOOW! DIESER CHINESE HAT SCHON WIEDER ALLES GEWONNEN!

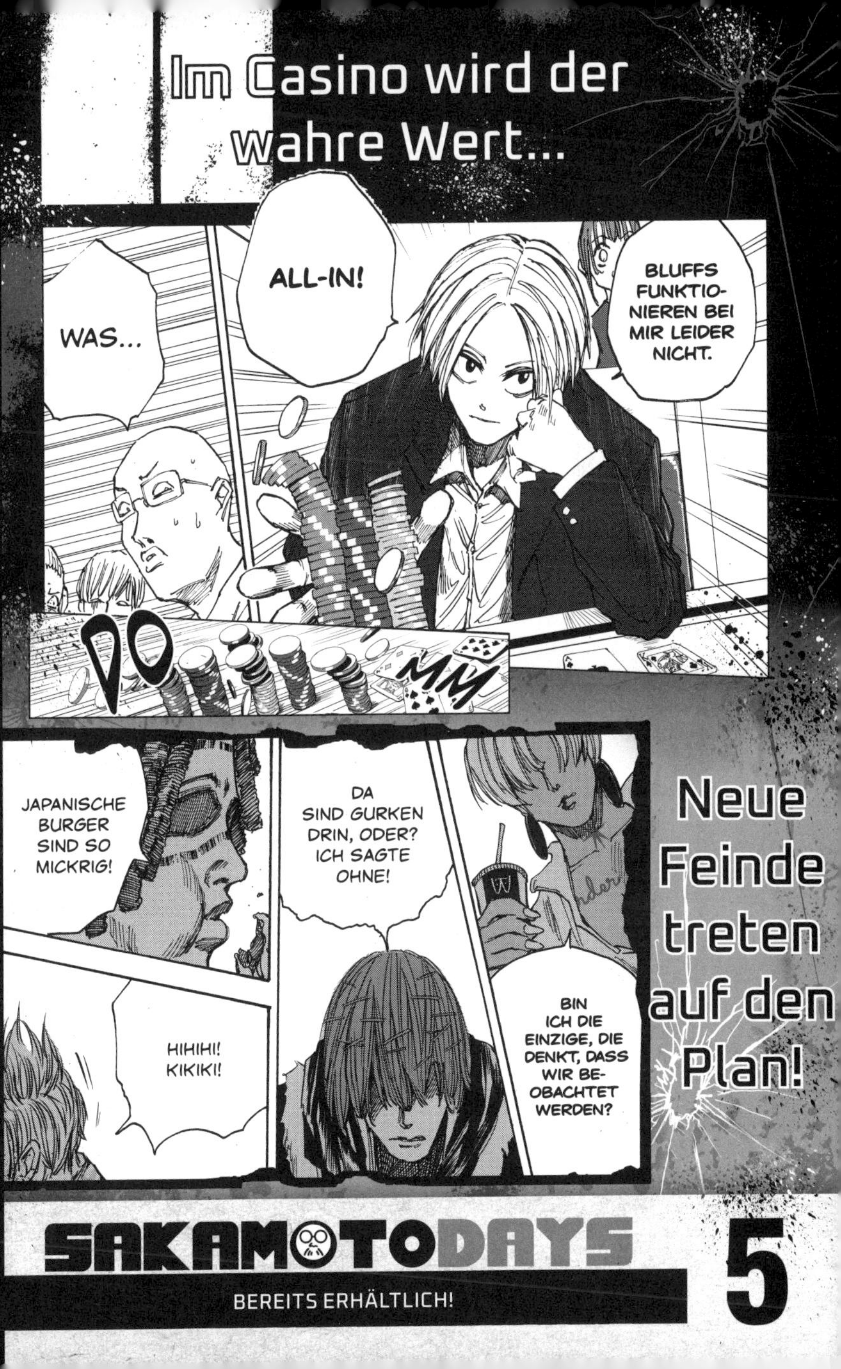
Im Casino wird der wahre Wert...
BLUFFS FUNKTIONIEREN BEI MIR LEIDER NICHT.
ALL-IN!
WAS...
DOMM
Neue Feinde treten auf den Plan!
BIN ICH DIE EINZIGE, DIE DENKT, DASS WIR BEOBACHTET WERDEN?
DA SIND GURKEN DRIN, ODER? ICH SAGTE OHNE!
JAPANISCHE BURGER SIND SO MICKRIG!
HIHIHI! KIKIKI!
SAKAMOTO DAYS 5
BEREITS ERHÄLTLICH!

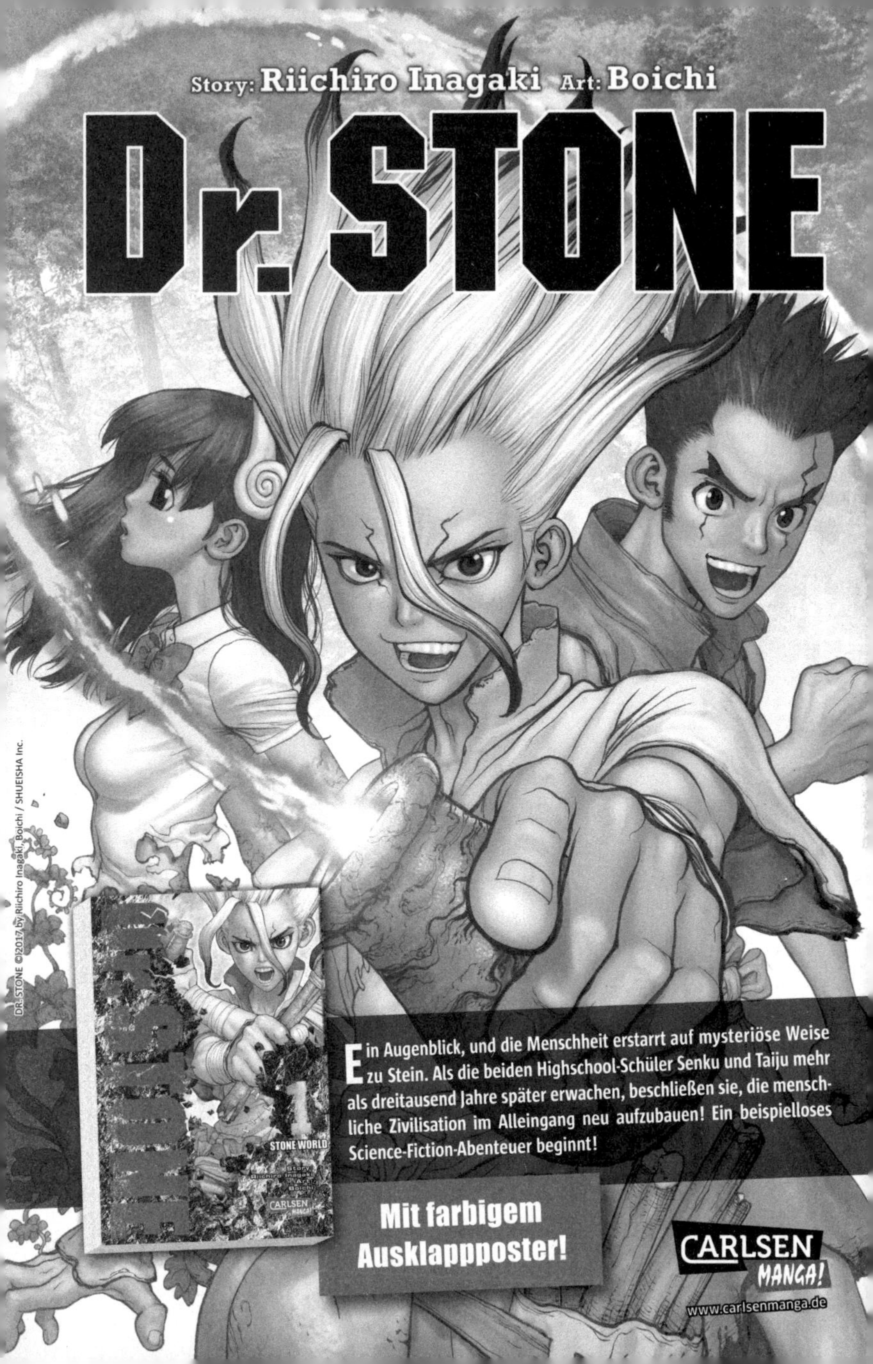
Story: Riichiro Inagaki Art: Boichi
Dr. STONE
Ein Augenblick, und die Menschheit erstarrt auf mysteriöse Weise zu Stein. Als die beiden Highschool-Schüler Senku und Taiju mehr als dreitausend Jahre später erwachen, beschließen sie, die menschliche Zivilisation im Alleingang neu aufzubauen! Ein beispielloses Science-Fiction-Abenteuer beginnt!
Mit farbigem Ausklappposter!
CARLSEN MANGA!
www.carlsenmanga.de
DR. STONE ©2017 by Riichiro Inagaki, Boichi / SHUEISHA Inc.

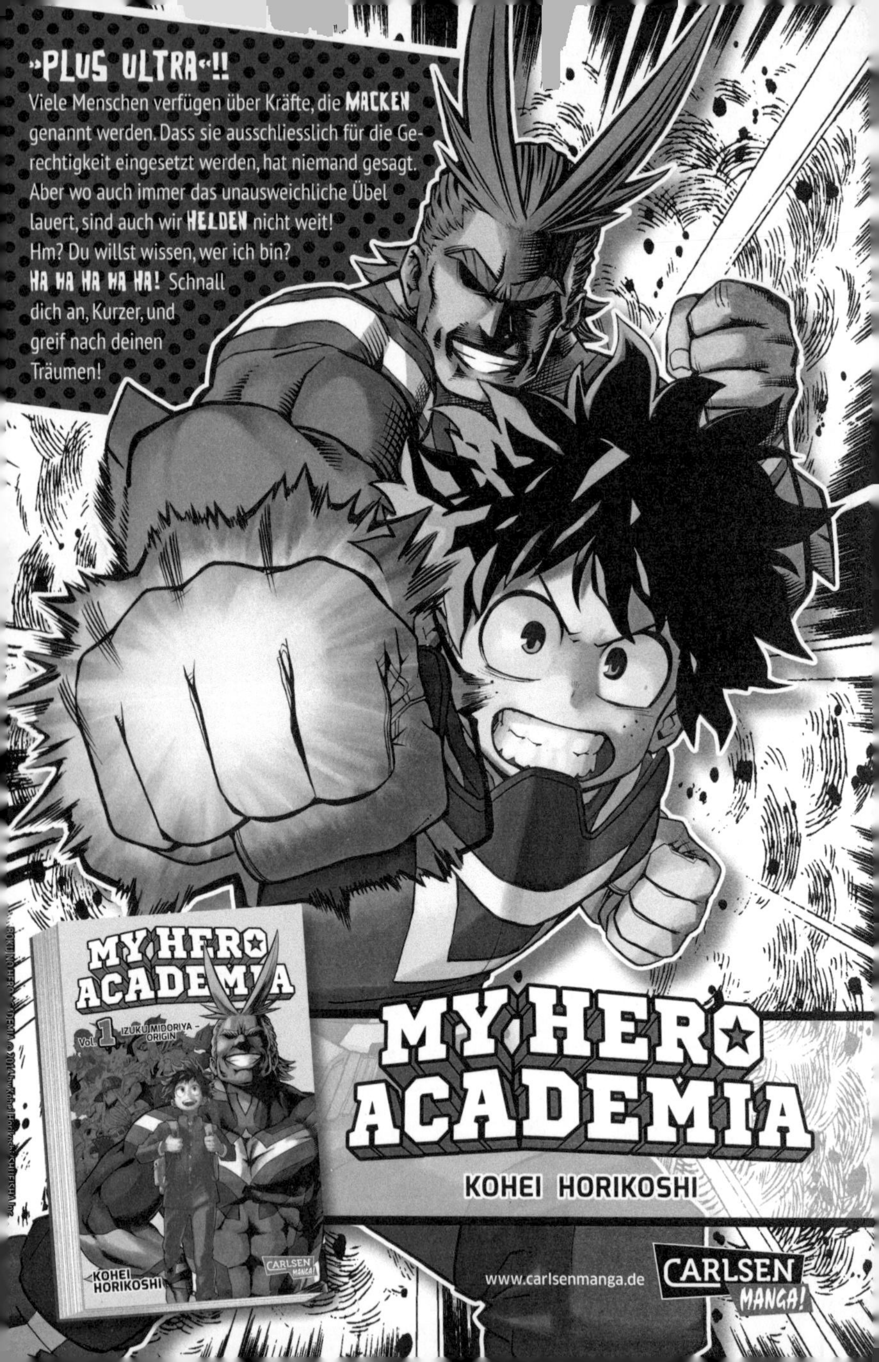
»PLUS ULTRA«!!
Viele Menschen verfügen über Kräfte, die MACKEN genannt werden. Dass sie ausschliesslich für die Gerechtigkeit eingesetzt werden, hat niemand gesagt. Aber wo auch immer das unausweichliche Übel lauert, sind auch wir HELDEN nicht weit! Hm? Du willst wissen, wer ich bin? HA HA HA HA HA! Schnall dich an, Kurzer, und greif nach deinen Träumen!
MY HERO ACADEMIA
Vol. 1 IZUKU MIDORIYA – ORIGIN
KOHEI HORIKOSHI
CARLSEN MANGA!
MY HERO ACADEMIA
KOHEI HORIKOSHI
www.carlsenmanga.de
CARLSEN MANGA!

MASHLE
MAGIC AND MUSCLES

Story and Art by
HAJIME KOMOTO

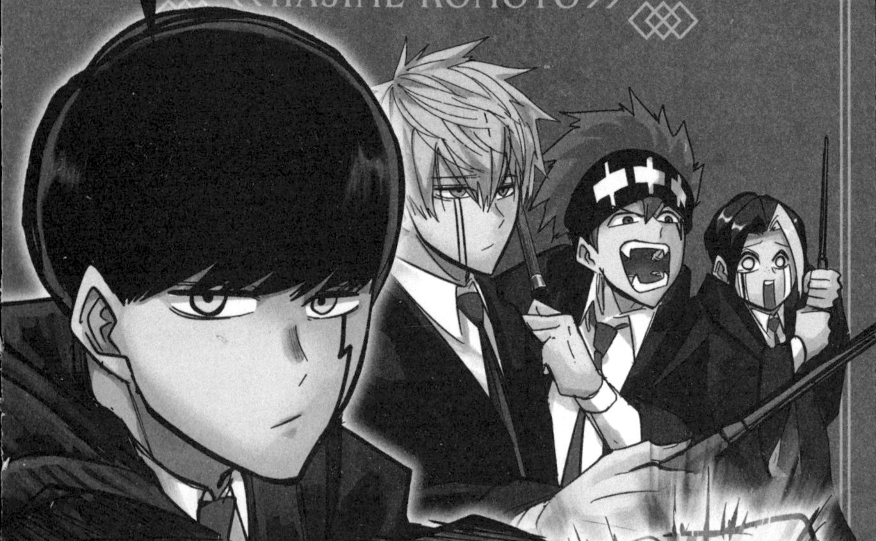

MAGIE IST GUT – MUSKELN SIND BESSER!

Im Reich der Magie wird der soziale Status durch die magischen Fähigkeiten bestimmt. Doch tief im Wald lebt Mash Burnedead, ein junger Mann, der seine gesamte Zeit damit verbringt, seinen Körper zu stählen. Er kann keine Magie benutzen, genießt jedoch ein friedliches Leben mit seinem Vater. Als das herauskommt, geraten beide in Gefahr. Die einzige Lösung: Mash wird in der Magieschule eingeschrieben, wo er die magische Konkurrenz schlagen muss! Wird sich Mash ohne einen Funken Magie und durch reine Muskelkraft einen Weg an die Spitze bahnen können?

CARLSEN MANGA!
www.carlsenmanga.de
carlsen_manga
carlsenmanga

MISSION: Yozakura Family

HITSUJI GONDAIRA

VORHANG AUF FÜR DIE SCHRÄGSTE UND GEFÄHRLICHSTE FAMILIE DER WELT!

Taiyo Asano ist ein extrem schüchterner Oberschüler. Die einzige Person, mit der er unbeschwert reden kann, ist seine Kindheitsfreundin Mutsumi Yozakura. Doch dann stellt sich heraus, dass Mutsumi ein Geheimnis hat, das Taiyos Leben völlig auf den Kopf stellt: Ihre Familie besteht aus lauter Superspionen! Und als wäre das nicht schon aufregend genug, trachtet Mutsumis großer Bruder ihm auch noch nach dem Leben! Wie weit wird Taiyo gehen, um seine Haut zu retten?

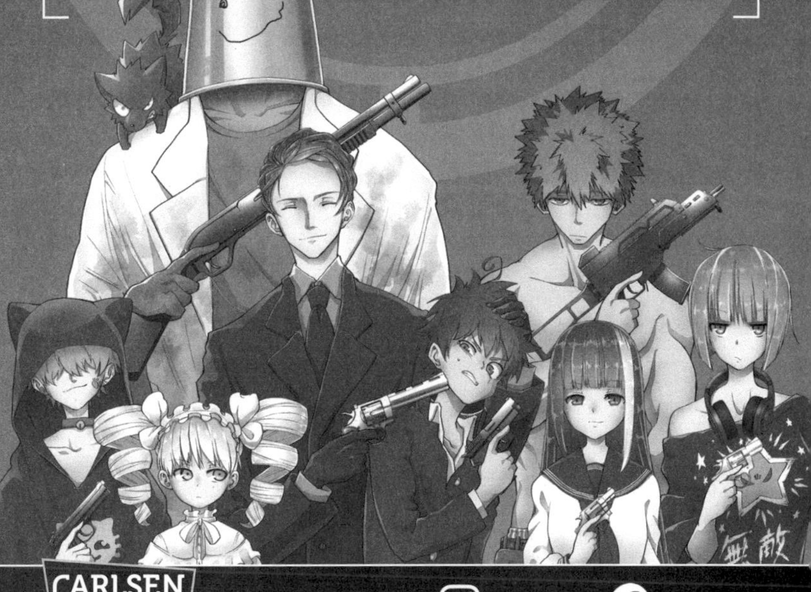

CARLSEN MANGA!

www.carlsenmanga.de

carlsen_manga carlsenmanga

STOPP

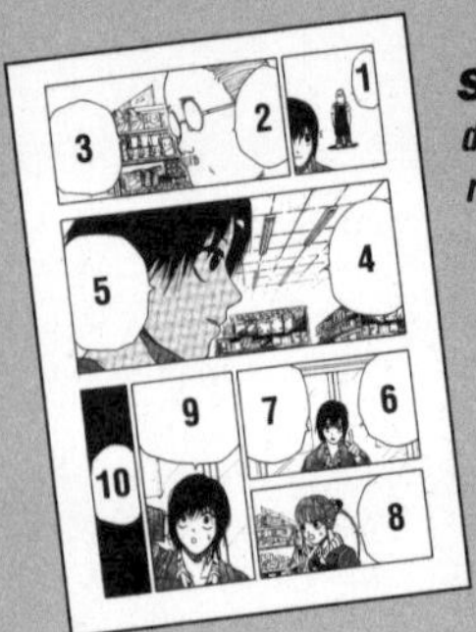

***SAKAMOTO DAYS** ist eine japanische Serie, die originalgetreu von »hinten« nach »vorne« und von rechts nach links gelesen wird. Man muss diesen Manga also »hinten« aufschlagen und Seite für Seite nach »vorn« weiterblättern. Auch die Bilder auf jeder Seite und die Sprechblasen innerhalb der Bilder werden von rechts oben nach links unten gelesen, so wie in der Grafik gezeigt.*

Ultimative Action mit dem besten Profikiller der Welt!

CARLSEN MANGA
Deutsche Ausgabe/German Edition

Aus dem Japanischen von Martin Gericke • SAKAMOTO DAYS © 2020 by Yuto Suzuki

Redaktion: Nina Kroesing • Textbearbeitung: Rebecca Richards
Lettering: Datagrafix • Produktionsmanagerin: Karen Kollmetz

ISBN: 978-3-551-79483-3